‘멜팅 팟(melting pot)’이라 불리는 미국 사회에서는 가까운 이웃이라 해도 그가 어느 나라 사람인지 구분하기가 쉽지 않습니다. 그러나 한 가지 분명한 기준이 있는데, 바로 어떤 명절을 지키는지 보면 됩니다. 일본인은 일본의 명절을, 중국인은 중국의 명절을, 그리고 한국인은 한국의 명절을 지킵니다. 이 책은 그리스도인이 지키는 절기를 이야기하며 그 의미를 풀어 냅니다. 예수 그리스도를 중심으로 한 구속사적 절기, 교회사 속에서 형성된 절기, 각 나라의 문화와 풍습에 따라 자리 잡은 절기를 균형 있게 구분하며, 이를 목회 현장에서 바로 적용할 수 있는 설교로 제시합니다. 절기가 단순한 행사나 전통을 넘어, 하나님을 더욱 깊이 배우는 신앙의 통로가 되고 있음을 확인할 수 있습니다. 절기 설교를 준비하는 목회자뿐 아니라 교회 절기에 관심 있는 모든 성도에게 적극 추천합니다.

김홍석 예장고신 총회장 역임, 안양일심교회 담임목사

이 책은 절기와 예전 전통을 성경적·역사적 관점에서 재조명하려는 진지한 시도를 담고 있으며, 한국 교회 목회 현장에서 지속적으로 제기되어 온 질문들에 신학적 답변을 모색합니다. 두 저자는 전통과 실천을 균형 있게 고찰하며, 절기 신학이 지닌 목회적 가능성과 형성적 의미를 명확하고도 체계적으로 제시합니다. 특히 절기를 둘러싼 오해를 정밀하게 해소하고, 예전적 사유의 폭을 넓히는 데 기여하는 대목이 돋보입니다. 한국 교회의 예전적 이해와 목회적 실천을 한 단계 성숙하게 만드는 중요한 발걸음이 될 것입니다. 이 귀한 작업을 기쁜 마음으로 추천합니다.

문화랑 고려신학대학원 예배학 교수

개혁파 목회자의 입장에서 절기 설교는 뜨거운 감자와 같습니다. 로마가톨릭의 성인 숭배 전통이 교회력 속에 스며든 상황에서 그 전통을 그대로 따를 수는 없습니다. 그렇다고 성탄절과 부활절, 나아가 종교개혁주일을 해마다 외면하는 것도 바람직한 선택은 아닙니다. 이 책은 이러한 긴장 가운데 구약과 신약의 성경신학적 토대 위에 서서, 2천 년 교회 역사 속 절기 논의의 핵심 쟁점을 차분히 짚어 줍니다. 더 나아가 목회 현장에서 절기를 어떻게 이해하고 설교로 풀어 낼 것인지 실제적인 방향과 사례를 제시합니다. 이 책을 통해 개혁파 목회자와 설교자들이 절기 설교에 관한 개혁주의 신학의 토대와 실천적 방향성을 확보할 수 있으리라 믿습니다.

이승진 합동신학대학원 예배설교학 교수

일반적으로 한국 교회는 교회력에 따른 절기를 고수하는 경향이 있고, 엄밀한 개혁교회는 어떤 절기도 지켜서는 안 된다는 입장을 취합니다. 이 책은 절기가 하나님께서 정하신 만남의 시간이자 구원의 은혜를 되새기는 거룩한 통로임을 상기시켜 줍니다. 절기를 폐지하느냐 유지하느냐 하는 이분법을 넘어, 신앙의 기억을 세대 간에 잇고 공동체의 믿음을 성숙하게 빚어 가는 도구로 활용할 수 있는 가능성을 보여 줍니다. 특히 절기를 따라 설교를 계획하고 목회 일정과 예전을 풍성하게 세울 수 있는 실천적 통찰은 강단과 교회 현장에 큰 도움이 될 것입니다. 일상과 예배를 하나님의 구속 경륜에 맞게 재배열하도록 초대하는 이 책은 일반 성도는 물론 목회자에게도 귀한 안내서가 되리라 확신합니다.

최덕수 현산교회 담임목사

다음 세 가지 이유로 이 책을 추천합니다. 첫째, 내용이 깊이 있고 풍성합니다. 절기를 통해 교회 역사 속 신앙 선배들이 축적해 온 지혜를 전하며, 하나님께서 교회를 통해 주신 '풍성한 삶의 리듬'을 체득하도록 이끕니다. 경건한 슬픔의 때와 기쁨의 축제, 놀라움과 환희의 리듬을 따라가다 보면, 교회의 절기들이 얼마나 사려 깊고 풍성한 보고인지 깨닫게 됩니다. 둘째, 오늘날 한국 교회 성도들의 형편을 끊임없이 헤아립니다. 목회자와 성도들이 무엇을 염려하는지, 무엇을 미처 생각하지 못하는지, 무엇이 더 중요하고 필요한지 마치 독자의 마음을 읽는 듯합니다. 이는 저자들이 목회자들을 오랜 세월 깊은 관심과 애정으로 바라보았기 때문일 것입니다. 셋째, 한국 교회에 매우 적실하고 유익하며, 읽기에 즐거운 책입니다. 구약과 신약 절기에 대한 구속사적 해설은 백미이며, 교회 역사 속 절기의 변천사는 지적 즐거움을 선사합니다. 절기 설교 제언과 실제 설교문까지 수록되어 신학대학원 교재로도 손색없습니다. 모든 목회자와 직분자의 필독서임을 확신합니다.

최정복 세종시장로교회 담임목사

절기와 설교, 하나님을 배우다

절기와 설교, 하나님을 배우다

하나님의 시간표를 따라가는
절기 설교의 신학과 실천

이성호 * 조광현

좋은씨앗

차례

들어가는 글

오늘날 한국 교회는 절기를 두고 많은 혼란을 겪고 있습니다. 어떤 교회는 성탄절과 부활절 정도만 지키고, 어떤 교회는 거의 매달 새로운 '주일'을 제정하며 절기를 남용합니다. 절기 준수의 여부와 방법에 관한 성경적 기준 없이 담임목사의 성향과 교회 분위기에 좌우되는 경우가 적지 않습니다. 절기 설교도 마찬가지입니다. 매해 반복되는 절기 설교는 설교자에게 그저 '하고 지나가야 하는' 설교로 인식되기도 합니다. 이 책은 이러한 현실을 직시하며 절기를 성경과 교회 역사 속에서 다시 살피고, 절기 설교가 목회 현장에서 올바른 역할을 감당하도록 그 자리를 되찾기 위해 기획되었습니다.

절기 분류

이 책은 먼저 절기에 대한 기본적인 질서와 분류를 제시합니다. 모든 절기가 같은 비중을 갖는 것은 아닙니다. 어떤 절기는 신앙고백의 중심에 놓여 반드시 지켜야 하는 반면, 어떤 절기는 시대 상황이나 목회적 필요에 따라 선택적으로 활용할 수 있습니다. 이러한 분류는 절기를 줄이거나 늘리려는 조정이 아니라 구속 역사의 큰 틀 속에 올바르게 위치시키려는 시도입니다. 절기 운영의 혼란을 줄이고, 각 절기를 어떻게 이해하고 실천할지에 관한 일관된 기준을 마련하는 데 기여할 것입니다.

성경과 교회사를 통한 통합적 절기 이해

절기는 구약과 신약, 그리고 교회사를 아우르는 통합적 시각 속에서 가장 균형 있게 이해할 수 있습니다. 구약에서 절기는 하나님의 백성이 함께 모여 구원의 은혜를 기억하는 자리였으며, 신약에서는 그 의미가 그리스도 안에서 온전히 드러나고 완성되었습니다. 이후 교회는 시대마다 절기를 성찰하고 정리하며, 신앙고백과 목회적 필요에 따라 절기를 다듬어 왔습니다. 이 책은 구약적 기원, 신약적 성취, 교회사적 발전이라는 구조 속에서 절기의 의미를 정리해, 절기를 풍성한 신학 전통 안에서 이해할 수 있도록 돕고자 합니다.

목회적 관점에서 절기 설교의 역할 바로잡기

많은 교회에서 절기는 한 번의 특별 예배에 머뭅니다. 그러나 이 책은 절기를 그 제한된 위치에서 벗어나 목회 전반을 이끄는 구조로 바라봅니다. 절기는 설교 계획을 정돈하고, 교육과 양육의 흐름을 구성하며, 성도의 신앙 여정에 일정한 리듬을 부여하는 시간적 구조가 될 수 있습니다. 주기적으로 돌아오는 절기 설교를 통해 교회는 매년 복음의 핵심 사건에 대해 다시 듣고, 그 빛 아래에서 현재를 해석합니다. 절기 설교가 제자리를 찾을 때 교회는 절기가 담고 있는 복음의 리듬을 따라갈 수 있습니다. 이 책은 그 과정이 가능하도록 절기 설교를 전체 목회에 연결하는 시각을 제시합니다.

절기 설교를 위한 실천적 지혜

해마다 돌아오는 절기 설교는 설교자에게 부담이 될 수 있습니다. 이 책은 절기 설교의 방향을 명확히 제시하고 실천적 지혜를 제공합니다. 특히 반복되는 본문과 익숙한 주제로 고민하는 설교자들을 위해 절기 설교의 본문 선정 방법을 제시합니다. 절기 설교를 준비할 때 반복과 창의성 사이에서 균형을 잡는 데 도움이 될 것입니다. 아울러 절기의 의미를 자연스럽게 담은 설교 샘플도 함께 수록해, 설교자들에게 실제적인 참고 자료가 되도록 했습니다.

이성호 교수님과 저는 같은 신학교에서 일하는 동료로, 평소 많은 대화를 나눕니다. 날씨에서부터 책, 영화, 뉴스, 음식, 가족 이야기까지 주제도 다양합니다. 이 교수님이 할아버지가 되신 후로는 손자 손녀 이야기도 빠지지 않습니다. 그러나 결국 대화는 늘 두 곳으로 모입니다. 바로 신학교와 교회입니다. 직업병일까요? 좀 더 좋게 말하자면 사명감이겠지요. 이 책 역시 교회에 관해 나누던 수많은 대화로부터 시작되었습니다.

근대 이후 신학이 여러 분과로 나뉘면서 전문성은 크게 발전한 반면 통합적 관점은 느슨해진 것이 사실입니다. 각 분과의 깊이 있는 전문성은 귀한 자산이지만, 분과 간의 대화가 단절되면 신학의 파편화가 초래됩니다. 교회사와 설교학을 연구하는 단 두 사람의 대화만으로 통전적 신학을 언급하는 것이 다소 거창하다는 생각도 들지만, 앞으로 학제 간 대화와 소통이 계속 이어지기를 기대합니다. 그런 의미에서 이성호 교수님의 연구실 방문은 언제나 반갑습니다.

고려신학대학원 연구실에서

공저자를 대표해, 조광현

1부

절기 속으로: 신학과 의미를 찾아서

1

시간적 존재로 살아가는 인간

시간의 주인이신 하나님

"태초에 하나님이 천지를 창조하시니라"(창 1:1).

성경의 첫 구절은 모든 피조물이 '시간 안에서' 창조되었음을 선언합니다. 인간도 예외가 아닙니다. 인간은 시간적 존재이며, 시간을 벗어나 살 수 있는 이는 아무도 없습니다. 이 사실은 인간이 피조물임을 분명하게 드러냅니다. 인류는 오랫동안 시간의 한계를 넘어서려는 열망을 품어 왔습니다. 타임머신과 같은 기계를 상상하기도 하지만, 그러한 상상조차 시간의 흐름 속에서 이루어질 뿐입니다. 심지어 죽음 이후에도 다른 시간 상태에 들어갈 뿐 시간 자체를 떠날 수는 없습니다.

반면 창조주 하나님은 시간에 제한받지 않으십니다. 하나님은 시간을 초월해 '시간 밖'에 존재하시며, 동시에 원하시면 시간 안으로 들어오실 수 있는 분입니다. 이것이 하나님의 영원성(eternity)입니다. 만일 하나님께서 시간 안으로 들어오실 수 없다면, 시간 속에서 살아가는 인간과 인격적인 관계를 맺으실 수도 없었을 것입니다.

창세기 1장은 하나님이 시간을 창조하시고 주관하시는 분임을 분명히 보여 줍니다.[1] 시간도 피조세계의 일부로서 하나님의 창조 질서 안에 있습니다. 성경은 하나님께서 "시간을 창조하셨다"라고 직접 진술하지는 않지만, 무(無)에서 세상을 지으신 하나님에 대한 기록을 통해 이를 유추할 수 있습니다. 창조 이전에는 아무것도 없었기에 시간도 존재할 수 없었습니다. 시간은 본질적으로 '변화'를 전제하는데, 아무것도 없는 상태에서는 변화가 있을 수 없기 때문입니다. 따라서 시간은 창조와 함께 시작되었다고 말할 수 있습니다.

이 주제에 대해 깊이 묵상한 신학자 가운데 한 사람은 고대 서방 교회의 최고 신학자로 불리는 아우구스티누스입니다. 그의 대표작 『고백록』의 후반부 핵심 주제는 '시간'인데, 난해하다는 이유로 일부 번역본에서는 축약되거나 누락되기도 했습니다. 아우구스티누스가

---

1 구약과 신약에서 시간과 관련된 기본적 연구에 대해서는 다음 두 논문을 참고하라. 최윤갑, "구약의 시간, 어떻게 설교할 것인가," in ed. 문장환 『성경에 나타난 공간과 시간, 어떻게 설교할 것인가?』 (서울: SFC, 2022), 193-217; 송영목, "신약의 시간, 어떻게 설교할 것인가?", 같은 책, 219-235.

시간을 깊이 묵상한 이유는 분명합니다. 하나님이 시간의 창조주라는 사실이 창조주 되심의 참된 의미를 밝히기 때문입니다.

신자들이 자주 하는 질문이 있습니다. "하나님은 천지를 창조하기 전에 무엇을 하고 계셨을까?" 아우구스티누스는 이 질문에 직접 답하기보다 당시 널리 알려진 수사적 표현을 인용해 이렇게 말합니다. "그런 신비를 호기심으로 캐묻는 자들을 위해 하나님은 지옥을 예비하고 계셨다."[2] 그러면서 질문 자체가 잘못되었다는 점을 지적합니다. 창조 이전에는 아무것도, 심지어 '이전'이라는 시간 개념조차 존재하지 않았기 때문입니다.

시간과 관련된 모든 질문은 하나님이 시간의 창조자라는 사실을 인식할 때 비로소 제대로 된 답을 얻을 수 있습니다.

하나님은 시간을 창조하셨을 뿐 아니라 다스리시는 분입니다. 창조와 섭리는 시간 안에서 긴밀하게 연결되어 있습니다. 하나님은 세상을 창조하신 후 피조세계가 스스로 돌아가도록 내버려두지 않으시고, 자신의 능력으로 지금도 보존하고 통치하십니다. 창세기 1장 2절은 창조 초기의 상태를 "땅이 혼돈하고 공허했다"고 기록합니다. 하나님은 혼돈 가운데 질서를 세우기 시작하셨고, 그 질서에는 '시간의 질서'도 포함되었습니다. 창조 기사에서 반복되는 "저녁이 되며

---

2 Augustine, *Confessions*, 11. 12. 14.

아침이 되니 이는 ○○째 날이니라"는 구절은, 창조와 함께 시작된 시간이 하나님의 통치 아래 있음을 보여 줍니다.[3]

하나님은 하루 만에, 아니 한순간에도 천지를 창조하실 수 있는 분입니다. 그럼에도 왜 6일에 걸쳐 창조하시고 일곱째 날에 쉬셨을까요? 이는 '시간의 질서' 속에서 인간에게 교훈을 주시기 위함이었습니다. 만약 모든 것을 순식간에 창조하셨다면, 인간은 시간에 관한 하나님의 뜻을 배우지 못했을 것입니다. 그냥 모든 시간을 자기 것이라 여기며 자기 마음대로 사용하면서 살아갔을 것입니다. 실제로 대부분의 불신자가 그러한 생각으로 살아가고 있습니다. 그러나 하나님이 시간의 창조자요, 그것을 질서 있게 만드신 주관자이심을 안다면, 그 시간을 하나님의 뜻에 따라 사용하는 것이 마땅합니다.

시간을 거룩하게 하신 하나님

하나님은 6일 동안 창조하시고 일곱째 날에 쉬심으로 자신이 시간의 주인임을 드러내셨고, 그 질서를 인간이 삶의 규범으로 삼도록

3 이 책은 창세기 주석서가 아니므로 저녁이 먼저 언급되는 이유, 해가 창조되기 이전의 아침·저녁의 구분, 하루의 정확한 시간 등의 해석 문제는 다루지 않는다. 다만 창세기 1장이 시간 개념을 상당히 강조하고 있다는 점은 분명하다.

하셨습니다. 십계명의 제4계명은 이를 분명히 밝힙니다.

> 안식일을 기억하여 거룩하게 지키라…이는 엿새 동안에 나 여호와가 하늘과 땅과 바다와 그 가운데 모든 것을 만들고 일곱째 날에 쉬었음이라. 그러므로 나 여호와가 안식일을 복되게 하여 그날을 거룩하게 하였느니라(출 20:8-11).

우리가 안식일을 지켜야 하는 이유는 창조주 하나님께서 일곱째 날을 자신의 특별한 소유로 구별하시고, 우리가 이를 기억하며 지키기를 원하시기 때문입니다.

하나님이 시간의 주인이심은 넷째 날의 창조에서 더욱 분명히 드러납니다. "하나님이 이르시되 하늘의 궁창에 광명체들이 있어 낮과 밤을 나뉘게 하고 그것들로 징조와 계절과 날과 해를 이루게 하라"(창 1:14). 이 구절의 마지막 부분을 더욱 정확하게 옮기면, "절기의 표지와 날과 해의 표지를 이루게 하라"입니다. 하나님은 눈에 보이지 않는 시간을 해와 달과 별을 통해 분별할 수 있도록 하셨습니다.

성경에서 '절기'는 이 구절에서 처음 등장합니다. 히브리어 '모에드(מועד)'는 특정한 모임의 시간을 뜻하므로 '계절'보다 '절기'가 더 적절한 번역입니다.[4] 국어사전에서 절기는 "한 해를 스물넷으로 나눈 계절의 구분"을 의미하는데, 이는 자연의 계절 구분일 뿐 성경적 개념인 '거룩하게 구별된 날'의 의미를 충분히 담아내지 못합니다. 성경의 절기에 가장 가까운 우리말은 '명절'입니다. 다만 한국어 성경에서 '절기'라는 용어가 이미 정착되었으므로 그대로 사용하되, 성경의 절기는 자연의 주기 아니라 '하나님이 지정하신 만남의 시간'이라는 본래의 의미를 기억해야 합니다.

시간에 대한 인간의 반역

창조 기사에 따르면 '일주일' 제도는 인간이 발명한 것이 아니라 하나님께서 창조 질서 속에 두신 제도입니다. 오늘날 거의 모든 나라가 7일 단위의 시간 체제를 사용합니다. 이슬람권은 금요일을, 유대교는 토요일을 일곱째 날로 삼지만, 7일 주기를 거부하는 나라는 없습니다. 이는 7일제가 특정 문화의 산물이 아니라 인류 공통의 시간 질서로 자리 잡고 있다는 증거입니다.

그렇다면 일주일은 꼭 7일이어야 할까요? 만약 인간이 만든 체

4 기동연, 『창조에서 바벨까지』 (서울: 생명의양식, 2009), 64.

제라면 바꾸는 것도 가능하지 않을까요? 실제로 이를 과감하게 실천에 옮긴 사람들이 있었습니다. 바로 1789년 프랑스 혁명을 주도한 혁명가들입니다. 프랑스 혁명은 근대 유럽의 사상과 사회 구조에 지대한 영향을 끼친 역사적 전환점이었습니다. 당시 혁명가들은 기존의 종교와 전통적 권위를 부정하고, 인간의 이성을 새로운 신처럼 높였습니다. 그들은 이성에 어긋난다고 판단되는 제도는 무엇이든 개혁의 대상으로 여겼습니다. 그들에게 하루 24시간, 한 주 7일, 1년 12개월의 체계는 비합리적인 전통처럼 보였습니다.

혁명가들은 시간을 십진법 체계로 전면 개편했습니다. 하루는 10시간, 한 시간은 100분, 한 주는 10일로 새롭게 규정했습니다. 달력, 시간 표기 방식까지 전부 바꾸었습니다. 하나님이 세우신 시간의 틀을 부정하고, 인간의 이성을 기준으로 새롭게 만들고자 한 것입니다.

그러나 이 시도는 오래가지 못했습니다. 십진법식 시간 체계는 이론적으로는 정연해 보였지만 실제 삶과 조화를 이루지 못했습니다. 노동과 휴식, 농경 주기, 신체 리듬 등 인간의 삶은 창조 질서에 깊이 뿌리내리고 있기 때문입니다. 만약 십진법식 시간 체계가 더 합리적이고 편리했다면, 오늘날 여러 나라가 이를 채택했을 것입니다. 그러나 7일제를 포기한 나라는 단 한 곳도 없습니다. 프랑스 혁명가들의 실험은 7일제가 단순한 관습이 아니라 하나님의 시간 질서라는 사실을 되레 증명한 셈입니다.

시간과 예배

인간이 시간의 영향을 받는다는 사실은 조금만 생각해 봐도 알 수 있습니다. 예를 들어, 12월 31일과 1월 1일을 비교해 봅시다. 지구의 공전 궤도가 타원형이기에 낮과 밤의 길이가 하루 사이에 미세하게 달라지기는 하지만, 그 차이를 체감할 수 있는 사람은 거의 없습니다. 그럼에도 대부분의 사람들은 이 두 날을 전혀 다른 의미로 받아들입니다. 한 해의 끝과 시작이라는 시간 구분이 인간의 마음과 행동에 실질적으로 영향을 미치기 때문입니다.

오래전 농경사회에서는 절기가 인간의 삶에 더욱 큰 영향을 미쳤습니다. 농번기와 농한기의 분위기가 확연히 달랐고, 추수의 계절이 오면 자연스럽게 '누군가에게' 감사하는 마음이 생겼습니다. 현대사회에서는 이런 절기 감각이 많이 희미해졌지만 완전히 사라진 것은 아닙니다. 연말 거리에서 들리는 구세군 자선냄비의 종소리는 절기의 변화를 느끼게 하고, 자연스럽게 이웃을 돌아보게 합니다. 그 소리가 한여름에 울렸다면 같은 감정이 일었을까요?

신자의 예배 역시 시간의 영향을 깊이 받습니다. 같은 내용을 기도하더라도 아침과 밤의 정서가 다릅니다. 한국 교회의 대표적 전통인 새벽기도회가 한밤중에 열렸다면, 지금처럼 보편적으로 뿌리내리기는 어려웠을 것입니다. 예배 전 여유 있게 준비해서 드리는 예배와 시간에 쫓겨서 참여하는 예배는 같은 순서라도 집중도와 마음가

짐이 다를 수밖에 없습니다.

무엇보다 예수님께서 부활하신 이후로 예배 날이 '한 주의 마지막 날'에서 '첫날'로 바뀌었다는 사실은 시간과 예배의 밀접한 관계를 보여 줍니다(행 20:7; 고전 16:2). 초대 교회는 부활의 날, 곧 '안식 후 첫날'을 기념하며 모여서 예배를 드렸습니다.

이러한 맥락에서 매달의 첫날(월삭)도 중요한 예배적 의미를 가집니다. 구약의 규례에 따르면 이스라엘 백성은 초하루에 번제와 화목제물을 드리고, 절기 때와 같이 나팔을 불었습니다(민 10:10). 이에 대해서는 여러 가지 해석이 있으나, 여기서 나팔 소리는 하나님을 이스라엘의 왕으로 선포하는 상징적 행위로 보는 것이 가장 분명합니다.[5] 이스라엘 백성은 매월 초하루마다 나팔 소리를 들으며 여호와 하나님이 그들의 하나님이심을 기억했습니다. 시간의 시작점마다 하나님을 예배함으로 삶의 리듬 속에서 그분의 주권을 인정한 것입니다.

---

5 Alfred Edersheim, *The Temple: Its Ministry and Services as They Were at the Time of Christ* (Grand Rapids: Eerdmans, 1994; reprint), 290-291.

알면 재미있는 역법 이야기

TALK MORE

시간은 인간의 삶에 깊은 영향을 주기 때문에, 인류는 오래전부터 시간을 측정하고 체계화하기 위해 다양한 방법을 고안해 왔다. 기본 단위는 지구의 자전(하루), 달의 공전(한 달), 지구의 공전(한 해)이다.

하루의 시작은 언제부터?

오늘날 하루는 자정(밤 12시)부터 시작하지만, 구약 시대의 하루는 '저녁부터' 시작했다. 성경을 이해할 때 이 차이는 중요하다. 예를 들어, 예수님께서 성찬을 제정하신 날과 십자가에 달리신 날은 현대의 날짜 계산으로는 서로 다른 날처럼 보이지만, 유대인의 시간 계산에 따르면 같은 날이다. 이러한 이유로 예수님의 수난 주간을 현대 달력에 정확히 날짜별로 맞추는 데 어려움이 있다.

양력과 음력, 그리고 윤달

지구의 공전과 달의 공전 주기 사이에는 약 11일의 불일치가 있어, 이를 보완하기 위해 윤달을 두는 태양태음력이 생겨났다. 현대에는 양력(그레고리력)이 보편적이지만, 오랫동안 음력도 사용되었고, 한국은 지금도 설날(구정)과 같은 명절을 음력으로 지킨다. 성경 시대에는 달의 차고 기움에 따라 절기를 정했기 때문에 사실상 음력 체계를 따랐다.[6] 이슬람교는 지금도 윤달 없이 순수한 음력을 사용해 절기와 계절이 일치하지 않는다. 반면 기독교는 양력을 따르고 있다.

율리우스력에서 그레고리력으로

오늘날 전 세계에서 쓰는 달력은 그레고리력이다. 주전 46년, 율리우스 황제는 태양의 주기를 기준으로 한 율리우스력을 제정했다. 1년을 365일로 정하고, 4년마다 하루를 더하는 윤년 제도를 두어 실제 공전 주기와 약 11분밖에 차이가 나지 않는 정밀한 달력이었다. 그러나 11분의 오차도 128년이면 하루, 1,280년이면 10일의 차이가 발생한다. 실제로 16세기에는 부활절 날짜가 본래보다 10일가량 어긋났고, 이를 바로잡기 위해 트렌트 공의회(1545-1563년)는 교황에게 달력 개정 권한을 부여했다. 교황 그레고리 13세는 천문학자 루이지 릴리오에게 개혁을 맡겼고, 1582년 새 달력이 공포되었다. 그해 10월에는 실제 날짜를 맞추기 위해 10일을 건너뛰는 조정이 이루어졌다.

가톨릭 국가들은 즉시 그레고리력을 채택했지만, 많은 개신교 국가들과 여러 동방정교회 국가들은 오랫동안 율리우스력을 유지했다.[7] 러시아는 20

---

6 기동연, 『성전과 제사에서 그리스도를 만나다』 (서울: 생명의양식, 2008), 173.

7 개신교 독일은 1700년, 영국은 1752년, 스웨덴은 1753년에 그레고리력을 채택했다. 에드

세기 초까지 율리우스력을 사용했기 때문에 1917년 혁명은 실제로는 11월에 일어났지만 '10월 혁명'으로 불린다. 오늘날에도 대부분의 동방정교회는 율리우스력을 사용하며, 그 결과 서방 교회의 절기 날짜와 13일 차이가 난다. 예를 들어, 동방정교회의 성탄절은 1월 7일이다. 2100년이 되면 그 오차는 하루 더 벌어질 것으로 예상된다.

연도는 어떻게 계산할까?

성경 시대에는 왕의 즉위년을 기준으로 연도를 계산했다. 오늘날 전 세계가 주로 사용하는 연호는 예수님의 탄생을 기준으로 한 서력(西曆)이다. 주전/주후(B.C./A.D., Before Christ/Anno Domini) 표기는 6세기 교황 요한 1세가 수도사 디오니시우스 엑시구스에게 부활절 날짜 계산을 맡기면서 마련되었다. 엑시구스는 예수님의 탄생을 로마 건국 754년으로 계산했고, 이를 연호 기준으로 삼았다. 후대 학자들은 약 4년 정도의 오차를 발견했지만, 이미 정착된 연호를 수정할 수는 없었다.

한편 B.C./A.D라는 표기가 기독교적 성격을 띤다는 이유로, 일부에서는 B.C.E./C.E.(Before Common Era/Common Era)를 사용하기도 한다. ◑

워드 T. 혼, 배한국 역, 『교회력』 (서울: 콘콜디아, 1971), 24. 한 예로 1742년 독일인 헨리 뮬렌버그는 하노버에서 3월 25일에 부활절을 지키고, 4월 17일 영국에 도착해 그다음 날(영국에서는 4월 7일) 또 한번 부활절을 지켰다.

교회력의 중요성

앞에서 살펴본 것처럼, 시간은 인간의 신앙과 예배에 깊은 영향을 미칩니다. 신자는 시간 속에서 하나님의 구속 사건을 기억하고, 정해진 때 공동체와 함께 예배하며 믿음으로 살아갑니다. 그렇다면 어떤 시간의 틀 속에서 살아가느냐 하는 것은 결코 가벼운 문제가 아닙니다.

세상에서 살아가는 신자들은 세상의 역법을 완전히 벗어나 살 수 없습니다. 그러나 하나님은 자신의 백성을 불러 세상과 구별된 거룩한 삶으로 이끄셨습니다. 시간의 영역도 예외가 아닙니다. 시간과 관련해 거룩하게 사는 가장 좋은 길은 세속력(世俗曆)이 아니라 교회력(敎會曆)을 따라 사는 것입니다.

주일성수는 교회력을 따라 사는 대표적인 예입니다. 불신자들에게 주일은 한 주의 마지막 날로 여가와 오락을 즐기는 날이 될 수 있습니다. 그러나 신자들에게 주일은 한 주의 첫날, 곧 하나님께 예배드리며 그분과 교제하는 날입니다. 세금, 임대료, 등록금 등 삶의 무거운 짐을 지고 있을지라도 신자들이 기쁨을 잃지 않는 이유는, 매주 주일마다 누리는 참된 안식의 소망이 있기 때문입니다.[8]

---

8 김정, 『초대교회 예배사』 (서울: CLC, 2014), 68.

그러나 한국 개신교에서는 교회력이 여전히 생소합니다. 많은 신자들이 교회력에 무관심하거나, 때로는 로마교회의 잔재로 오해하며 거부감을 가지기도 합니다. 물론 그러한 요소가 전혀 없는 것은 아니지만, 교회력 전체를 배척하는 태도는 지혜롭지 못합니다. 교회력의 기원은 초대 교회까지는 거슬러 올라가지 않지만, 중세 이전의 고대 교회에 뿌리를 두고 있는 오래된 교회의 전통입니다.[9]

이 지점에서 우리는 '성경'과 '전통'의 관계를 바르게 이해할 필요가 있습니다. 종교개혁은 '오직 성경'을 내세우며 기독교의 전통을 무차별적으로 폐기한 운동이 아니라, 성경에 비추어 비성경적 요소를 제거하고 성경적 전통을 회복하려는 운동이었습니다. 교회력도 마찬가지입니다. 교회력을 완전히 거부한다고 더 성경적인 삶을 사는 것은 아닙니다. 오히려 시간적 존재인 인간은 어떤 식으로든 일정한 시간의 틀 안에서 살아갈 수밖에 없습니다. 실제로 학생과 교사들은 학사 일정에 따라, 직장인은 업무 일정에 따라, 사업가는 사업 일정에 따라 살아갑니다.

오늘날 한국 개신교 신자들 대부분은 세속의 시간 질서를 따라 살아갑니다. 반면 기독교가 사회의 중심이었던 유럽에서는 오랫동안 교회력을 사용했으며, 지금도 로마가톨릭과 정교회는 각자의 전

---

9 안재경, 『기독교 사용설명서: 교회력』 (서울: 세움북스, 2021), 17-18.

통에 따라 교회력을 충실히 지키고 있습니다. 개신교회는 교단마다 교회력 운영 방식에 큰 차이를 보입니다.

한국 교회도 최근 교회력에 대한 관심이 높아지고 있지만, 예전(禮典) 전통이 약해 그 영향력은 크지 않습니다. 교회력을 도입했다고 해서 곧바로 유익을 얻는 것도 아닙니다. 이런 현실을 고려할 때, 교회력 전체를 엄격히 따르기보다 각 교회의 형편과 성도들의 신앙적 성숙도에 맞게 필요한 절기를 선택적으로 지키는 것이 바람직합니다. 다음 장에서는 교회가 절기를 어떻게 바라보고 지켜야 하는지, 그리고 절기를 통해 어떤 신앙의 방향성을 세워야 하는지 살펴보겠습니다.

일반적인 개신교 교회력

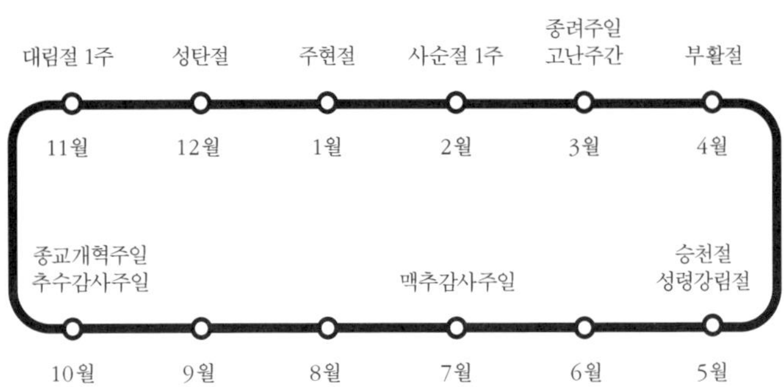

2
절기의 방향성 설정

절기가 없다면?

한국의 개신교회는 대체로 절기에 대한 관심이 미미하고, 있다 하더라도 매우 제한적입니다. 교단 차원의 기준도 뚜렷하지 못하다 보니, 절기의 채택과 운영이 담임 목사의 판단이나 개교회의 형편에 좌우되는 경우가 많습니다. 이런 환경에서는 절기가 교회를 건강하게 세우기보다 형식주의로 흐를 위험이 큽니다.

실제로 많은 교회에서 성탄절과 부활절조차 점차 연례행사처럼 소모되고 있습니다. 절기가 단지 '날짜 행사'로 전락하면, 성도들은 진정한 예배와 감사가 아닌 형식에 머물게 됩니다. 하나님은 형식주의에 빠진 이스라엘을 향해 이렇게 경고하셨습니다. "내 마음이 너희의 월삭과 정한 절기를 싫어하나니 그것이 내게 무거운 짐이라 내가 지기에 곤비하였느니라"(사 1:14).

이 말씀은 하나님께서 절기 자체를 싫어하신다는 뜻이 아니라, 진정성이 결여된 예배를 책망하신 것입니다. 구약, 특히 모세오경에는 절기에 관한 명령이 풍성하게 담겨 있습니다. 하나님께서 원하시는 것은 절기의 폐지가 아니라 올바른 준수입니다.

교회가 절기를 의미 있게 지키기 위해서는 먼저 필요성과 기준을 명확히 세우는 작업이 필요합니다. 절기가 과연 필요한지, 필요하다면 왜 필요한지, 어떤 범위에서 지킬 것인지를 정리해야 합니다. 이는 쉬운 일이 아닙니다. 특히 신약 시대를 살아가는 우리에게 더욱 어려운 일입니다. 성경이 절기에 대한 세부 규정을 명확히 제시하지 않기 때문입니다. 그러므로 성경뿐 아니라 신앙고백서와 교회 전통의 큰 틀 안에서 각 교회가 원칙을 세워야 합니다.

절기의 소멸은 단순히 일정이 사라지는 문제가 아닙니다. 절기가 사라지면서 성경의 중요한 진리와 교리가 함께 희미해지는 경우가 적지 않습니다. 대표적인 예가 오늘날 개신교회에서 거의 잊혀진 수태고지일(3월 25일)입니다. 수태고지는 천사가 마리아에게 성령으로 잉태될 것이라고 알린 사건을 기념하는 절기입니다. 가톨릭 전통에서 마리아 중심으로 변질된 측면이 있으나, 본래는 성자가 성령으로 잉태하신 복음의 핵심을 기념하는 날이었습니다.

우리는 매주 사도신경을 고백하며 "성령으로 잉태하사 동정녀 마리아에게 나시고"라고 암송합니다. 예수님의 잉태는 탄생 못지않게 복음의 본질에 속한 사건입니다. 출산과 잉태는 연결되어 있지만 시간적으로 구분되는 구속 사건이며, 둘 다 강단에서 선포되어야 합니다. 초기 교회에서는 성탄절보다 수태고지일을 더 중요하게 여긴 사례도 있었습니다. 만약 교회가 성탄절을 지킨다면, 수태고지일도 함께 기념하거나 최소한 그 복음을 선포하는 것이 자연스럽습니다. 그러나 절기가 사라지면서 수태 복음도 함께 희미해졌습니다. 이는 절기와 설교가 밀접하게 연결되어 있음을 보여 줍니다.

물론 절기만이 복음을 전하는 방식은 아닙니다. 예를 들어, 개혁교회가 전통적으로 시행해 온 교리문답 설교는 복음의 주요 주제들을 주기적으로 다루는 훌륭한 대안입니다. 그러나 교리문답 설교가 정착되지 않은 교회에서는 대안을 찾기 어렵습니다. 수태 복음을 몰라도 신앙생활은 가능하지만, 복음의 풍성함을 누리지 못한 채 살아간다는 아쉬움은 남습니다.

한국 개신교에는 청교도 전통의 영향을 받아, 절기를 매우 비판적 혹은 적대적으로 바라보는 이들이 있습니다. 이들은 주일 외에는 성경이 명한 절기가 없으므로 모든 절기를 폐지해야 한다고 주장합니다. 그러나 절기가 사라지면서 그와 관련된 복음의 내용까지 사라진다면, 절기를 없애는 것이 무슨 유익이 있을까요? 절기 자체가 본질은 아니지만, 절기를 무조건 거부하는 태도 역시 성경적이지 않습니다. 이 지점에서 우리는 교회 역사 앞에서 겸손할 필요가 있습니다.

교회 절기, 어떻게 볼 것인가?

절기를 무조건 없애거나 무조건 도입하는 양극단은 모두 바람직하지 않습니다. 성경의 가르침뿐 아니라 교회 역사 속에서 절기가 어떻게 해석되고 적용되어 왔는지를 함께 살펴야 합니다. 교회사에는 이미 수많은 논의와 시행착오가 축적되어 있기 때문에, 오늘날 우리는 신앙의 선배들이 처음부터 씨름했던 문제를 반복할 필요 없이 더 나은 위치에서 절기를 판단할 수 있습니다. 예를 들어, 325년 니케아 공의회의 결정이 없었다면 오늘날에도 우리는 부활절 날짜 문제를 두고 매년 논쟁을 반복하고 있을지도 모릅니다.

교회 역사를 통해 확인할 수 있는 중요한 사실은 성경이 절기에 대해 절대적, 세부적 규범을 제시하지 않는다는 것입니다. 따라서 절기의 중요성을 지나치게 강조하는 것도, 반대로 무시하는 것도 모두 교회의 유익에 도움이 되지 않습니다. 모든 절기를 동일한 비중으로 지키려는 태도 역시 부적절합니다. 절기의 성격과 의미에 따라 각 교회의 상황에 맞게 선별적으로 지키는 지혜가 필요합니다.

이를 전제로, 교회가 절기에 접근할 때 유념할 몇 가지 방향을 정리합니다.

첫째, 절기에 대한 지나친 관심은 건강하지 않습니다. 최근 한국교회 안에서 절기에 대한 관심이 높아진 것은 긍정적인 현상입니다. 그러나 절기가 많다고 신앙이 깊어지는 것은 아닙니다. 오히려 절기에 지나치게 몰입하다 보면 로마교회의 형식주의적 폐단에 빠질 위험이 있습니다. 로마교회는 전통이라는 이름으로 여러 비성경적 절기들을 도입했고, 성인(聖人)들을 기념하는 날까지 교회력에 포함시켰습니다. 한국 개신교는 성인 숭배를 거부했기에 이런 절기를 받아들이지 않았지만, 어린이주일처럼 성경적 근거가 없는 절기가 정착한 사례는 있습니다. 이런 절기는 본래의 취지를 잘 살리면 유익할 수 있으나, 그렇지 않으면 본질이 흐려지거나 교회에 부담이 될 수 있습니다.

둘째, 절기를 위한 절기가 되지 않도록 주의해야 합니다. 절기를 도입할 때 목회적 고민과 신학적 토대 없이 '분위기 쇄신용'으로 활용하는 경우가 있습니다. 단순히 다른 교회를 모방하거나 대형교회의 방식을 그대로 적용하면, 특히 작은 교회에서는 오히려 혼란이 생길 수 있습니다.

의미 있는 절기 운영을 위해서는 목회자가 먼저 절기에 대해 연구하고 확신을 갖는 과정이 필요합니다. 이후 당회와 교회 지도자, 성도들과 충분한 공감대를 형성해야 합니다. 이 과정에서 시간과 인내는 필수입니다. 설교와 성경공부 몇 번으로 인식을 바꾸기는 거의 불가능합니다. 성도들이 납득하지 못한 상태에서 도입한 절기는 오래가지 못하고 형식에 머물게 됩니다.

또한 절기에 과도한 기대를 거는 것도 경계해야 합니다. 처음에는 신선해 보이지만 반복되면 쉽게 매너리즘에 빠집니다. 절기는 수단이지 목적이 아님을 잊지 말아야 합니다.

셋째, 신실하게 주일성수를 해야 합니다. 주일, 곧 '주의 날'은 성경이 명시적으로 정한 유일한 절기라 할 수 있습니다. 다른 절기에도 예배를 드릴 수 있지만, 절기로 인해 주일예배의 중요성이 약화되어서는 안 됩니다. 예를 들어 성탄절 준비 과정에서 평일 프로그램이 지나치게 몰리면, 주일이 오히려 부속 행사처럼 느껴질 수 있습니다. 성탄절을 앞두고 쓰는 '대림절 ○번째 주일'과 같은 표현도 충분한 교육 없이 사용하면, 주일이 절기에 종속된 것처럼 보일 수 있으므로 주의해야 합니다.

넷째, 주일 외 절기를 전면 거부하는 태도도 건강하지 않습니다. 교회 역사에서 한때 주일 외 모든 절기를 폐지하자는 주장도 있었으나, 결국 교회의 지지를 얻지 못했습니다. 성경은 주일성수를 명령하지만, 주일에만 예배하라고 말하지 않습니다. 모든 시간은 하나님의 것이며, 매일의 삶이 그분께 드리는 예배가 되어야 합니다. 궁극적으로 우리는 새 하늘과 새 땅에서 영원토록 하나님을 찬양하며 살게 될 것입니다. 그러나 그 이전까지 시간 속의 존재로 살아갈 때는 주일과 절기를 통해 질서 있는 예배의 리듬을 형성할 필요가 있습니다. 이것이 교회 절기의 중요한 역할입니다.

절기를 지킨다는 것은 구체적으로 무엇을 의미할까요? 제4계명의 말씀은 그 핵심을 보여 줍니다.

> 안식일을 기억하여 거룩하게 지키라. 엿새 동안은 힘써 네 모든 일을 행할 것이나 일곱째 날은 네 하나님 여호와의 안식일인즉 너나 네 아들이나 네 딸이나 네 남종이나 네 여종이나 네 가축이나 네 문안에 머무는 객이라도 아무 일도 하지 말라. 이는 엿새 동안에 나 여호와가 하늘과 땅과 바다와 그 가운데 모든 것을 만들고 일곱째 날에 쉬었음이라. 그러므로 나 여호와가 안식일을 복되게 하여 그날을 거룩하게 하였느니라(출 20:8-11).

첫 구절의 히브리어 원문을 문자적으로 번역하면 다음과 같습니다. "기억하라 안식일을, 이날이 거룩하게 되도록." 이 표현을 따라가면 절기를 지킨다는 행위의 본질이 더욱 분명해집니다. 절기를 지킨다는 것은 근본적으로 '기억하는 것'입니다.

무엇을 기억해야 할까요? 하나님께서 창조하시고 쉬셨다는 사실, 그리고 그분이 창조주이자 구속주이심을 기억하는 것입니다. 이러한 '기억'은 단순한 회상이 아니라, 하나님께서 창조의 첫 주간에 행하신 일을 삶 속에서 따라 행하는 것을 포함합니다. 하나님께서 6

일 동안 일하시고 하루를 쉬셨듯이, 우리도 그분을 기억하며 쉬는 것입니다. 안식일은 모든 절기의 원형입니다.

물론 절기를 지키는 방식은 시대와 상황에 따라 달라질 수 있습니다. 구약 시대에는 안식일이 한 주의 마지막 날이었다면, 신약 시대에는 예수님의 부활로 인해 '안식 후 첫째 날', 곧 주일이 되었습니다. 구약 시대에 이스라엘 백성은 안식일에 별도의 제사를 드리지 않았습니다. 공동체 전체가 공적으로 쉬는 그 자체가 곧 창조주 하나님을 경배하는 방식이었기 때문입니다.

반면 신약 시대의 우리는 단순히 쉬는 데 그치지 않고 공적 예배에 참여함으로써 창조주이자 구속주이신 하나님을 기억합니다. 찬양과 기도도 중요한 요소이지만, 무엇보다도 말씀 선포(설교)가 절기의 핵심을 이루는 방식이 되었습니다. 성도들은 매 주일 말씀을 통해 창조와 구속의 복음을 듣고, 삼위 하나님의 은혜를 함께 기억합니다.

그러나 오늘날 주일성수 논의에서 '기억'이라는 본질적 요소가 약화된 모습을 종종 봅니다. 어떤 경우에는 '쉼'을 지나치게 강조하거나, 반대로 행사 중심으로 흐르기도 합니다. 물론 일상의 업무를 내려놓고 쉬는 것도 중요하지만 무엇을 위해 쉬는가가 더 중요합니다. 분주한 삶 속에서는 어떤 중요한 일도 깊이 새기기 어렵기 때문입니다. 우리가 쉬는 이유는 오직 하나님과 그분의 사역을 기억하기 위함입니다.

절기는 본래 신앙의 기억을 돕는 시간적 장치입니다. 그러나 본래의 목적을 잃으면 인간 중심의 행사로 변질될 위험이 있습니다. 특히 한국 교회에 자리 잡은 토속적 절기들이 이런 위험에 노출되어 있습니다. 어린이주일, 어버이주일, 스승의주일 등이 대표적입니다. 이날들이 단지 어린이를 즐겁게 하거나 부모와 스승에게 감사하는 행사로만 치러진다면, 세상의 기념일과 무슨 차이가 있을까요? 이날이 진정한 교회 절기가 되려면, 어린이를 복되게 하신 하나님, 부모를 통해 교회를 세우신 하나님, 주일학교 교사들을 통해 복음을 전하신 하나님을 기억하고 감사하는 날이 되어야 합니다.

다시 말해, 절기는 하나님 중심의 날이어야 합니다. 그리고 하나님 중심의 절기를 지키는 가장 좋은 방법은 그분의 말씀을 바르게 선포하는 것입니다. 여기에 진실한 기도와 적절한 찬송이 더해질 때, 예배 전체에 절기의 의미가 풍성하게 드러나게 됩니다.

절기를 더욱 의미 있게 하는 실천들

절기를 지키는 핵심은 말씀과 기도와 찬송입니다. 사실 이것만으로도 충분합니다. 그러나 실제 목회 현장에서는 절기를 맞이할 때 무언가 '특별한' 행사를 해야 한다는 부담을 느끼기도 합니다. 이런 시도 자체가 나쁜 것은 아니지만, 인간 중심의 행사가 되지 않도록 주의해야 합니다. 처음에는 좋게 보였던 시도도 시간이 지나면서 식상해질 수 있고, 작은 교회에서는 이런 행사들이 교인들에게 오히려 큰 부담이 되기도 합니다. 성도 전체가 절기의 의미를 충분히 이해하고 마음을 모으지 못하면, 절기를 준비하는 과정에서 갈등이 생기고 원망이 쌓일 수 있습니다. 그럴 바에는 아무것도 하지 않는 편이 차라리 낫습니다.

절기를 더욱 풍성하게 지키는 가장 좋은 방법 중 하나는 성례(세례와 성찬) 및 교회의 예식을 적극적으로 활용하는 것입니다. 한국 교회는 성찬식을 자주 시행하지 않는 편인데, 절기와 성례를 연결하면 그 의미가 훨씬 깊어집니다. 부활절에는 세례식을, 성령강림절에는 입교식을, 어린이주일이나 성탄절에는 유아세례식을, 추수감사주일에는 새가족 등록이나 회원 허입식을 연계할 수 있습니다.

부활절이나 성령강림절 오후 예배에 임직식을 시행하는 것도 좋은 방법입니다. 직분자 임직을 통해 성도들이 그리스도의 부활과 성령의 역사를 더욱 구체적으로 체험할 수 있기 때문입니다. 단, 직분의 본질과 구속 사역의 의미에 대한 교육이 먼저 충분히 이루어져야 합니다.

절기의 의미를 실천적으로 확장하는 또 한 가지 지혜로운 방법은 구제 헌금입니다. 절기 헌금을 단순한 재정 보충이 아니라 구제와 선교에 사용한다면 절기의 본래 취지가 더 잘 드러날 수 있습니다. 절기는 본래 교인들만을 위한 날이 아니라, 가난한 이웃과 공동체 전체를 향한 하나님의 은혜를 나누는 시간이기도 하기 때문입니다. 예를 들어 성탄절 헌금을 지역의 가난한 이웃을 위해, 어린이주일 헌금을 고아원이나 어린이 사역을 위해, 부활절 헌금을 그동안 협력해 온 교회나 선교지를 위해 사용할 수 있습니다.

주님은 "너희 보물 있는 곳에는 너희 마음도 있으리라"(눅 12:34; 마 6:21)고 말씀하셨습니다. 절기 헌금을 하나님의 마음이 향하는 곳으로 흘려보낼 때, 절기의 의미가 살아나고 교회 공동체도 함께 자라갑니다.

3
각 절기의 자리매김

절기 구분의 필요성

교회가 절기를 지키기로 했다면, 다음 과제는 절기의 중요도를 구분하는 일입니다. 모든 절기에 의미가 있으나 비중이 모두 같지는 않습니다. 이를테면 성탄절과 어린이주일을 동일선상에서 다루는 것은 자연스럽지 않습니다. 절기의 성격과 의미에 따라 구분과 위계를 세울 필요가 있습니다. 기준은 교단과 전통에 따라 다양합니다. 여기서는 대체로 장로교 전통을 따라 절기를 네 범주로 나누어 핵심 의미를 살피고, 설교와의 연결을 생각해 보겠습니다.

교회 절기의 구분과 위계

단계	절기	의미
1단계	**3대 절기** • 성탄절 - 예수 그리스도의 성육신 • 부활절 - 예수 그리스도의 부활 • 성령강림절 - 성령의 강림과 교회 탄생	핵심 구속 사건
2단계	**구속 사역과 관련된 그외 절기** • 주현절 - 예수 그리스도의 나타나심 • 종려주일 - 수난 주간의 시작 • 승천절 - 부활 후 하늘에 오르심	그리스도의 생애 확장
3단계	**개혁교회 전통과 관련된 절기** • 종교개혁주일 - 말씀 중심의 신앙 회복 • 추수감사주일 - 하나님의 섭리와 공급하심에 대한 감사	신앙 회복과 감사
4단계	**한국 교회의 토착 절기** • 맥추감사주일 • 송구영신예배 • 어린이주일 • 어버이주일 • 스승의주일	한국 교회의 역사와 문화

1단계: 3대 절기

교회 절기에서 성탄절, 부활절, 성령강림절은 특별한 위치를 차지합니다. 삼위 하나님의 구속 사역과 직접 관련된 핵심 사건을 기념하는 대표 절기입니다. 성경이 날짜나 절기 규범을 명시하지는 않지만, 교회가 역사 속에서 지켜 온 신앙의 유산으로서 가능하면 모든 교회가 한마음으로 의미 있게 지키는 것이 바람직합니다. 이날들을 절기로 지킬 때 성도는 그리스도와 성령의 구속 사역을 더 분명히 기억할 수 있습니다.

성탄절

성탄절은 3대 절기 중에서도 가장 널리 알려진 절기입니다. 특히 50대 이상 세대는 성탄절에 얽힌 어린 시절의 따뜻한 기억을 하나쯤 가지고 있을 것입니다. 성탄 전야에 주일학교 학생들이 축하 공연을 하면 교인들뿐 아니라 온 동네 사람들이 보러 왔습니다. 청소년들은 선물과 카드를 주고받으며 즐거움을 나누었습니다. 눈길을 밟으며 새벽송을 돌던 기억은 지금도 많은 이들의 마음에 아련히 남아 있습니다.

오늘날에는 이런 풍경이 거의 사라졌습니다. 성탄 기간에 크리스마스트리조차 보기 어려운 곳이 많습니다. 큰 교회에서도 성탄 전야 공연 무대에 오르는 아이들과 부모 정도만 참석하는 경우가 흔합니다. 아파트 문화의 확산과 사회적 분위기의 변화 속에서 예전과 같은 방식으로 성탄의 의미를 나누기가 점점 어려워지고 있습니다.

그렇기에 오늘 교회가 성탄의 의미를 전할 가장 주된 통로는 예배입니다. 목회자는 성탄 예배에서 복음의 메시지가 또렷이 드러나도록 설교, 공중기도, 봉헌, 찬송 등 모든 순서를 세심하게 준비해야 합니다. 과거보다 설교의 비중이 커진 지금, 절기 설교의 중요성도 그만큼 더 커졌습니다. 다른 절기와 마찬가지로 성탄 절기에 관한 모든 논의는 설교에서 출발해야 합니다.

성탄절은 평일에 해당하는 경우가 많고, 한국에서는 공휴일로 지정되어 있습니다. 또한 가장 대중적으로 인식된 절기이기도 합니다. 이 특성을 살려 예배 후 성도들이 함께 기쁨의 교제를 마련하는 것이 좋습니다. 규모가 작은 교회라면 전 교인이 함께, 큰 교회라면 소그룹 단위로 식사 모임을 갖는 방식도 의미 있습니다. 이런 자리는 불신자를 초청하기에도 부담이 적고, 과거의 '동네 잔치' 같은 성탄 분위기를 자연스럽게 되살릴 수 있습니다. 성탄절이 단지 교회 내부의 기념일이 아니라 세상을 향해 열린 절기라는 인식이 자리 잡는 계기가 될 것입니다.

성탄절은 전도의 기회이기도 합니다. 한 해를 돌아보는 시기이자 어려운 이웃을 생각하게 되는 때입니다. 신앙이 약해져 교회를 떠났던 이들이 다시 돌아올 가능성도 큽니다. 그런 점에서 성탄절은 복음을 전하기에 매우 적절한 시기입니다.

성탄절 헌금은 가능하면 구제나 선교에 사용하면 좋습니다. 성도는 더 기쁜 마음으로 봉헌에 참여하고, 절기의 의미는 교회 밖으로 확장됩니다. 교인들 간의 선물 교환도 좋지만, 한 해 동안 교회를 위해 수고한 이들에게 감사의 마음을 공식적으로 전하는 시간을 갖는 것도 의미 있습니다.

성탄절을 하루 행사로만 치르면 절기 후 공허함이 남기 쉽습니다. 교회력이 발달한 교회들은 4주간의 대림절(Advent)을 통해 성탄절을 기다리며 말씀과 예배로 마음을 준비해 왔습니다. 모든 교회가 이를 온전히 도입하기는 어렵더라도, 최소한 성탄절을 준비하는 짧은 기간에라도 말씀 묵상과 주일 설교 주제를 연계해 주제 의식을 이어 가려는 노력이 필요합니다.

의외로 많은 설교자가 성탄 설교를 어려워합니다. 대개 '성탄 본문'만을 찾으려 하기 때문입니다. 성탄 이야기는 마태복음과 누가복음에 각각 두세 장 남짓 기록되어 있고, 성도들도 익히 아는 내용입니다. 같은 본문으로도 새롭게 설교할 수 있으나, 익숙한 본문일수록 더 깊은 준비가 필요합니다.

성탄 설교를 풍성하게 하려면 본문을 성탄 기사로만 한정하지 않는 것이 좋습니다. 다만 성탄과 거리가 먼 본문을 선택해서는 안 됩니다. 핵심은 '성탄의 본질적 의미', 곧 그리스도가 육체를 입고 오심을 중심에 두는 것입니다. 그러므로 주님이 왜 이때에 오셨는지를 밝히는 본문이 성탄 설교로 적합합니다. 예를 들면 다음과 같습니다.

- 인자가 온 것은 잃어버린 자를 찾아 구원하려 함이니라(눅 19:10).
- 인자가 온 것은 섬김을 받으려 함이 아니라 도리어 섬기려 하고 자기 목숨을 많은 사람의 대속물로 주려 함이니라(막 10:45).
- 내가 온 것은 양으로 생명을 얻게 하고 더 풍성히 얻게 하려는 것이라(요 10:10).

성탄의 의미를 '그리스도의 오심'으로 확장해 보면 본문 선택의 폭이 훨씬 넓어집니다. 구약 전체가 결국 오실 그리스도를 증언한다는 사실을 기억한다면, 성탄을 단순한 아기 예수의 탄생이 아니라 구속사의 중심 사건으로 다룰 수 있습니다.

아울러 성탄은 2천 년 전에 일어난 사건의 기념일이 아닙니다. 주님은 지금도 하늘에서 우리를 다스리시며 보호하십니다. 그러므로 성탄 설교는 과거의 사건만이 아니라 오늘 우리의 삶에 임하시는 말씀으로 선포되어야 합니다.

성육신은 그리스도의 오심의 본질이자 성탄 복음 그 자체입니다. 사도신경이 고백하듯이 그리스도가 "성령으로 잉태되어 동정녀 마리아에게서 나셨다"는 선언이 설교의 중심이 되어야 합니다. 예수님이 참 하나님이자 참 인간이심은 복음의 핵심입니다. 하이델베르크 요리문답 제35문답은 이렇게 요약합니다.

하나님의 영원한 아드님은 참되고 영원한 하나님이시며 여전히 참되고 영원한 하나님으로서, 성령의 사역으로 동정녀 마리아의 살과 피로부터 참된 인성을 취하셨습니다. 그리하여 또한 다윗의 참된 자손이 되고 모든 일에서 그의 형제들과 같이 되셨으나 죄는 없으십니다.

이 복음을 선포하기에 성탄절만큼 좋은 날은 없습니다. 설교자는 이 진리를 중심에 두고, 하이델베르크 요리문답이나 웨스트민스터 교리문답 등 교회의 신앙 전통을 설교의 방향잡이로 삼을 수 있습니다.

◐ 성탄절 설교를 위한 제언

성탄절은 하나님께서 인간의 시간 속으로 들어오신 성육신의 신비를 기념하는 절기입니다. 하나님의 아들이 사람이 되심으로 세상은 구속의 새 시작을 맞았습니다. 이날은 단순한 탄생 기념일이 아니라, "하나님이 우리와 함께하신다"는 임마누엘의 약속이 성취된 날이며, 지금도 세상에서 일하시는 하나님의 구원 역사를 선포하는 날입니다.

- 성탄 기사에만 국한하지 말고, '그리스도의 오심'이라는 넓은 관점에서 본문을 선택하십시오.
- 구약 전체가 '오실 그리스도'를 예언하고 있음을 기억하며 성탄을 구속사의 중심 사건으로 다루십시오.
- 성탄을 과거의 이야기로만 전하지 말고, 지금 우리에게 임하는 복음으로 선포하십시오.
- 성육신 신학을 중심에 두고, 예수님이 참 하나님이자 참 인간이심을 분명히 전하십시오.

부활절

부활절은 성탄절과 더불어 성도들에게 가장 큰 영향을 주는 절기입니다. 성탄절이 불신자도 참여하는 경우가 많다면, 부활절은 신자들만 기념한다는 점에서 차이가 있습니다. 성경은 그리스도의 탄생보다 부활에 훨씬 더 많은 지면을 할애하고 있습니다. 그러나 목회를 오래하다 보면 부활절 설교 본문이 점점 한정된다는 사실을 실감하게 됩니다. 평소에 부활을 주제로 자주 설교한다면, 특별한 날에 새롭게 다가가기가 쉽지 않기 때문입니다.

부활절 설교도 성탄절 설교와 마찬가지로, 본문을 이른바 '부활 기사'에만 국한하지 않는 것이 좋습니다. 이 점에서 사도신경은 좋은 안내서가 됩니다. 사도신경은 부활을 두 가지 차원에서 고백합니다. 첫째는 과거의 사건, 곧 2천 년 전 실재했던 그리스도의 부활이며, 둘째는 미래의 사건, 즉 신자들의 부활입니다. 이 두 사건 사이에는 신자의 현재적 부활, 곧 중생(거듭남)이 자리합니다. 따라서 부활은 과거와 현재와 미래를 아우르는 하나님의 구속 역사입니다. 이러한 관점이 없으면 부활을 단지 옛날에 있었던 한 차례의 기적으로만 설교하게 됩니다. 예수님께서 2천 년 전 무덤에서 부활하셨다는 사실은 중요하지만, 그 부활이 오늘 우리의 삶에 어떤 능력으로 역사하는지를 선포하는 일이 더 중요합니다.

그리스도의 오심(성탄)과 가심(승천)을 함께 생각해야 하듯이, 부활 역시 그분의 죽음과 떼어놓을 수 없습니다. 부활 자체가 죽음을 전제하기 때문입니다. 죽지 않은 사람이 어떻게 부활할 수 있겠습니까? 따라서 부활절과 수난절은 결코 분리될 수 없는 절기입니다. 성탄을 4주간의 대림절로 준비하듯이, 교회는 오래전부터 부활절을 사순절(Lent)로 준비해 왔습니다. 최근 개신교회 안에서도 사순절을 지키는 교회가 조금씩 늘고 있습니다. 40일 동안 그리스도의 수난을 기억하며 부활을 준비하는 전통 자체는 문제될 것이 없습니다. 다만 역사 속에서 사순절이 형식주의나 미신으로 흘렀던 사례가 있었다는 점은 경계해야 합니다.

부활절을 기념하는 가장 좋은 방법 가운데 하나는 이날 세례식을 거행하는 것입니다. 세례만큼 부활의 의미를 신자들에게 가시적으로 보여 주는 예식은 없습니다. 바울은 로마서 6장에서 이를 강력하게 증언합니다.

> 무릇 그리스도 예수와 합하여 세례를 받은 우리는 그의 죽으심과 합하여 세례를 받은 줄을 알지 못하느냐. 그러므로 우리가 그의 죽으심과 합하여 세례를 받음으로 그와 함께 장사되었나니 이는 아버지의 영광으로 말미암아 그리스도를 죽은 자 가운데서 살리심과 같이 우리로 또한 새 생명 가운데서 행하게 하려 함이라(롬 6:3-4).

세례식은 언제든 시행할 수 있지만, 부활절에 세례와 부활의 복음이 함께 선포된다면 성도들이 복음의 능력을 더욱 풍성하게 누리는 시간이 될 것입니다.

사순절은 본래 부활절 세례를 준비하는 기간으로 시작되었습니다.[1] 굳이 '사순절'이라는 명칭을 쓰지 않더라도 이 기간을 세례 교육에 집중적으로 활용할 수 있습니다. 이 경우 세례 교육에 참여하는 성도와 그의 가족은 큰 기대 가운데 부활절을 맞이하고, 교회 전체는 이들을 위해 기도하며 부활을 기다리게 됩니다. 예를 들어, 사순절이 시작되는 주일에 당회가 세례 대상자를 공표하고 성도들에게 기도를 부탁하는 것입니다. 부활절에는 성도들이 직접 세례식을 지켜보며 부활의 복음을 눈앞에서 확인하고, 함께 성찬에 참여함으로써 부활의 능력을 실제로 누리게 될 것입니다. 예배 후 세례자들의 간증을 듣고 축하의 자리를 마련하면 부활의 기쁨이 더욱 풍성해질 것입니다.

부활절을 의미 있게 지키는 가장 바람직한 길은 별도의 행사나 프로그램을 준비하는 것이 아니라, 주님이 제정하신 성례를 중심에 두는 것입니다. 특히 작은 교회일수록 화려한 이벤트보다 성례를 충실히 시행하는 것이 부활의 복음을 신자들에게 전하고 경험하게 하는 데 훨씬 더 효과적입니다.

---

1 Juliette Day, "Lent and the Catechetical Program in Mid-Fourth-Century Jerusalem," *Studia Liturgica* 35 (2005): 129-147.

◐ **부활절 설교를 위한 제언**

부활은 기독교 신앙의 중심이며 복음의 핵심입니다. 그리스도의 부활은 하나님께서 죽음의 권세를 깨뜨리고 새 생명을 여신 사건으로, 신자에게 주어질 영원한 생명의 보증이며 교회의 존재 이유입니다. 바울은 "그리스도께서 살아나지 않으셨다면 우리의 믿음도 헛되다"(고전 15:17)고 단언합니다. 부활은 과거의 기적이 아니라 지금도 우리 안에서 역사하는 구원의 능력입니다.

- 사복음서의 부활 기사에만 머물지 말고, 부활을 과거-현재-미래의 구속 역사로 확장하십시오.
- 역사적 사실을 넘어 오늘의 신자에게 작용하는 부활의 능력을 선포하십시오.
- 십자가와 부활을 함께 조명하십시오. 부활은 죽음을 전제합니다.
- 세례와 성찬을 통해 부활의 복음을 가시화하십시오.

성령강림절

성탄절이 '그리스도의 오심'을 기억하는 날이라면, 성령강림절은 '성령의 오심'을 기념하는 절기입니다. 그러나 현실적으로 성령강림절은 성탄절에 비해 한국 교회 안에서 크게 주목받지 못합니다. 심지어 성령을 강조하는 오순절계 교회조차 성령강림절을 소홀히 다루는 경우가 있습니다. 성령의 능력과 은사에는 관심이 많지만, 정작 성령 하나님을 예배하는 일에 무심한 현실을 보여 주는 하나의 단면입니다. 성령강림절은 무엇보다 성령 하나님을 예배하는 날이어야 합니다.

오순절은 부활절로부터 50일째 되는 날로, 구약의 맥추절(칠칠절)에 해당합니다. 신약에서 바로 이날 성령께서 강림하셨기에 교회는 이날을 성령강림절로 지켜 왔습니다. 부활이 추수의 시작을 의미한다면, 성령의 오심은 추수의 완성을 뜻합니다.

흥미롭게도 한국 교회는 구약의 세 절기 중 하나인 초막절은 지키지 않으면서, 같은 구약 절기인 맥추절은 지키는 전통이 있습니다. 그러나 구약의 맥추절은 성령 강림을 통해 신약에서 이미 완전히 성취되었습니다. 따라서 신약 시대의 교회는 더 이상 이날을 맥추절로 지킬 필요가 없으며, 성령강림절로 기념하는 것이 성경적이고 신학적으로 옳습니다. 또한 성령강림절이 스승의주일과 겹칠 때가 있는데, 둘 중 하나를 선택해야 한다면 교회의 본질과 구속사의 관점에서 당연히 성령강림절이 우선되어야 합니다.

설교자가 설교 본문을 선택할 때 성령강림절이 가장 어려운 절기처럼 느껴지는 이유는, 성령 강림 사건이 사도행전 2장에만 기록되어 있기 때문입니다. 그러나 해결책은 간단합니다. '성령의 오심'과 '성령의 내주하심'을 주제로 삼아 성경 전체로 본문의 범위를 넓히면 됩니다. 평소 성령에 대해 설교할 기회가 많지 않았던 설교자들에게도 좋은 기회가 될 것입니다.

반대로 성령에 대해 자주 설교해 온 설교자라면, 오순절의 핵심 주제에 더욱 집중하는 것이 좋습니다. 오순절의 중심은 성령의 오심입니다. 성육신을 통해 그리스도의 육체적 몸이 세상에 나타났다면, 성령 강림을 통해서는 그리스도의 신비한 몸, 곧 교회가 탄생했습니다. 그러므로 성령과 교회의 관계를 중심 주제로 삼아 설교를 구성하는 것이 가장 적절합니다. 대표적인 본문으로 다음 구절을 들 수 있습니다. "너희는 너희가 하나님의 성전인 것과 하나님의 성령이 너희 안에 계시는 것을 알지 못하느냐"(고전 3:16). 이 말씀은 교회 공동체가 단순한 인간의 모임이 아니라, 성령께서 거하시는 하나님의 성전임을 선포합니다.

성령강림절을 보다 풍성하게 기념하기 위해 이날에 입교식을 시행할 것을 추천합니다. 입교란 유아세례를 받은 자녀를 교회의 온전한 회원으로 받아들이는 예식입니다. 시편 128편에서 노래하듯이, 하나님께서 우리에게 선물로 주신 자녀들은 감람나무 열매와 같습니다. 사순절 동안 세례 교육을 진행하듯이, 오순절 기간 동안 입교 교육(또는 새가족 교육 포함)을 집중적으로 실시한다면 교회 교육이 더욱 튼튼해질 것입니다. 교회 전체가 자녀들의 신앙 교육을 위해 기도하는 전통을 세운다면, 다음 세대가 더욱 건강하게 자라지 않겠습니까?

참고로 초대 교회에서는 세례받은 이들에게 부활절부터 성령강림절에 이르는 기간에 성찬의 신비를 가르치기 위해 '미스타고지(mystagogy, 세례 후 교육)'[2]라는 특별한 교육을 시행했습니다. 로마 제

---

2 어원적으로 '미스테리온(mysterion, 신비)'과 '아게인(agein, 이끌다)'의 합성어로, '성례전'의 신비에 대한 가르침'을 의미한다. 초대 교회에서 세례 후보자는 약 3년간 교육을 받고

국이 기독교 국가가 되면서 유아세례가 보편화되자, 세례 전 교육보다 세례 후 교육이 더욱 중요해졌습니다.

◐ 성령강림절 설교를 위한 제언

성령강림절은 삼위 하나님의 구속 사역이 완성되는 절기입니다. 그리스도의 성육신을 통해 하나님의 구원이 세상에 나타났다면, 성령 강림은 그 구원이 교회와 성도 안에 내주하는 사건입니다. 그날 성령께서 임하심으로 복음은 예루살렘을 넘어 땅 끝까지 확장되기 시작했습니다. 그래서 오순절은 흔히 '교회 탄생일'이라 불립니다.

- 성령 강림 사건은 사도행전 2장에만 기록되어 있지만, '성령의 오심', '성령의 내주하심'이라는 더 넓은 성경적 주제로 본문을 확장하십시오.
- 오순절의 핵심은 '성령의 오심'입니다. 성령과 교회의 관계를 중심으로 설교하십시오.
- 성령을 통해 얻는 유익에만 머물 것이 아니라, 성령 하나님을 예배하는 데 초점을 맞추십시오.
- 가능하면 오순절 기간을 입교 준비 시간으로 활용하고, 성령강림절에 입교식을 시행하십시오.

사순절 동안 집중 훈련을 거쳤다. 이어 고난주간에는 금식하며 강해 설교를 듣고 세례받을 준비를 했다. 부활절 새벽, 예전의 순서에 따라 세례를 받은 뒤에는 즉시 성찬에 참여했고, 이후 일주일 동안 '미스타고지'라 불리는 훈련을 받았다. Lionel L. Mitchell, *Lent, Holy Week, Easter, and the Great Fifty Days: A Ceremonial Guide* (Lanham and Others: Cowley Publications Book, 1996). 112.

2단계: 구속 사역과 관련된 그 외 절기

앞서 살펴본 기독교의 3대 절기는 그리스도의 구속 사역을 대표하는 보편적 전통이므로, 모든 교회가 함께 지키는 것이 바람직합니다. 그 외 절기들은 각 교회의 상황과 형편에 따라 선택적으로 지키되, 중요도를 살펴서 정착시키는 것이 좋습니다. 대표적으로 고난주간, 종려주일, 승천절, 수태고지, 주현절 등이 있습니다.

이 절기들은 신앙의 깊이를 더하고 복음의 핵심 사건을 상기하게 하므로 가능한 한 회복될 필요가 있습니다. 다만 준비와 이해가 충분하지 않다면 무리하게 도입하지 않는 것이 낫습니다. 절기는 그 자체보다 의미를 바르게 이해하고 전할 때 비로소 유익하기 때문입니다.

종려주일(고난주간)

종려주일은 예수님께서 예루살렘에 입성하신 사건을 기념하는 절기이며, 이튿날부터 고난주간이 시작됩니다. 예루살렘 입성은 스가랴의 예언이 성취된 사건입니다. "시온의 딸아, 크게 기뻐할지어다. 예루살렘의 딸아, 즐거이 부를지어다. 보라, 네 왕이 네게 임하시나니 그는 공의로우시며 구원을 베푸시며 겸손하여서 나귀를 타시나니 나귀의 작은 것 곧 나귀 새끼니라"(슥 9:9). 이스라엘의 위대한 왕이 나귀를 타고 입성하셨다는 사실은 그리스도의 비하(卑下), 곧 낮아지심을 상징합니다. 따라서 종려주일은 '승리의 행진'으로만 이해하기보다 고난의 시작으로 보는 것이 더 적절합니다.

이러한 관점에서 종려주일은 곧바로 이어지는 부활절과 긴밀히 연결됩니다. 그리스도의 고난과 부활은 복음의 핵심이므로 언제든 선포해야 하지만, 종려주일과 고난주간은 이를 집중적으로 선포할 수 있는 좋은 기회입니다. 고난주간 동안 새벽기도회나 수요예배에서 '그리스도의 고난'에 대한 말씀을 집중적으로 설교한다면, 성도들은 최소한 한 주간 동안 복음의 중심을 깊이 묵상하게 될 것입니다.

십자가 고난을 단순히 감정적 접근("얼마나 아프셨을까")으로만 다루는 것은 성경적이지 않습니다. 복음서 기자들은 예수님의 육체적 고통을 거의 강조하지 않았고, 단지 "그들이 십자가에 못 박으니라"는 짧은 문장으로만 기록합니다. 그들은 고난의 의미를 순종의 관점에서 바라봅니다. 예수님께서 십자가 위에서 하신 "내가 목마르다"라는 말씀도 단순한 육체적 갈증의 표현이 아니라, 구약성경의 예언이 성취되었음을 드러내는 선언이었습니다.[3]

예수님의 고난을 성경적으로 이해하려면 육체적 고통뿐 아니라 정신적, 영적 고난, 곧 수치의 차원에 주목해야 합니다. 예수님은 제자에게 배신당하고, 이방 군인들에게 체포되었으며, 불의한 재판장

---

3 이성호, 『요한복음, 복음으로 읽기』, 261-272.

에게 졸속 재판을 받으셨고, 죄인들의 조롱을 들으셔야 했습니다. 사도신경의 고백대로 그분의 생애 전체가 고난이었습니다. 이러한 관점을 기억하면, 종려주일과 고난주간의 본문은 십자가 장면만이 아니라 다양한 본문으로 확장됩니다. 배신, 억울함, 모욕, 외로움, 침묵 속의 순종과 같은 다양한 장면이 모두 고난의 복음을 드러내는 본문이 될 수 있습니다.

십자가는 고난 전체의 상징일 뿐이지 고난의 전부는 아닙니다. 이 점에서 하이델베르크 요리문답은 깊은 통찰을 줍니다.[4]

> 38문: 그분은 왜 재판장 "본디오 빌라도 아래에서" 고난을 받으셨습니까?
>
> 답: 그리스도는 죄가 없으나 세상의 재판장에게 정죄를 받으셨으며, 이로써 우리에게 임할 하나님의 준엄한 심판에서 우리를 구원하셨습니다.

이 짧은 문답은 재판받으심 자체가 복음의 핵심 사건임을 보여 줍니다. 실제로 요한복음은 종려주간의 많은 사건 중에서도 예수님의 재판 장면에 가장 많은 분량을 할애합니다. 이는 재판받으심이

---

4 하이델베르크 요리문답 해설에 대해서는 다음 책을 참고하라. 이성호, 『특강 하이델베르크 요리문답』 상/하(서울: 흑곰북스, 2013).

단순한 역사적 수모가 아니라, 하나님의 구속 사역이 드러나는 결정적인 사건이었음을 뜻합니다. 교리문답 없이 성경을 읽는다면 이러한 관점을 놓치기 쉽습니다. 교리문답과 절기, 그리고 성경은 서로 긴밀히 연결되어 있습니다. 절기와 교리의 안내를 따라 성경을 읽을 때, 복음의 메시지가 더 정확하고 풍성하게 드러납니다.

◐ 종려주일 설교를 위한 제언

종려주일은 예수 그리스도의 예루살렘 입성을 기념하는 절기입니다. 백성들의 '호산나' 환호 뒤에는 배신과 십자가가 기다리고 있었습니다. 이날은 단순한 승리의 행진이 아니라, 순종으로 고난의 길에 들어선 날입니다. 그리스도의 고난은 육체적 고통을 넘어 죄와 수치를 담당한 영적 고난이었습니다.

- 예루살렘 입성을 승리가 아닌 고난의 시작으로 보십시오.
- 십자가의 고난을 감정적 방식으로만 접근할 것이 아니라 구약의 성취와 순종의 관점에서 설교하십시오.
- 육체적 고통보다 수치와 영적 고난에 주목하십시오. 그러면 십자가 장면 외에도 선택할 수 있는 본문이 훨씬 다양해집니다.
- 재판받으심을 복음의 핵심 사건으로 다루십시오.
- 교리문답과 절기는 설교의 좋은 안내서입니다. 교리문답을 활용해 복음을 더 명확히 드러내십시오.

주현절

주현절(Epiphany)은 1월 6일로, 성공회나 루터교회를 제외하면 이 절기를 지키는 개신교회를 찾아보기가 쉽지 않습니다. 일반적으로 한국 교회는 예수님의 탄생을 중요하게 여겨 성탄절만 절기로 지키지만, 고대 교회는 성탄과 더불어 예수님의 공생애와 관련된 여러 사건을 함께 기념했습니다. 그 대표적인 예가 주현절입니다.

'에피파니(epiphany)'는 '출현' 또는 '나타남'을 뜻하며, 하나님께서 예수 그리스도를 통해 세상에 자신을 드러내신 사건을 가리킵니다. 흥미롭게도 성탄절은 4세기 이후에 정착된 절기인데 반해, 주현절은 그보다 앞서 교회가 지켜 온 매우 중요한 절기였습니다.[5]

주현절의 강조점은 동방 교회와 서방 교회가 다릅니다. 서방 교회는 예수님께서 동방박사들에게 왕으로 나타나신 사건을 기념하고, 동방 교회는 예수님께서 세례받으신 장면에서 삼위일체 하나님이 계시된 사건을 기념합니다.

성탄절과 주현절을 구분해서 이해하면 성경을 더 정확히 볼 수 있습니다. 많은 성도들이 목자들과 동방박사들이 거의 같은 시기에 아기 예수를 찾아와 경배했다고 생각하지만, 두 사건 사이에는 최소

---

5 Philip Schaff, *History of the Christian Church, vol. II: Ante-Nicene Christianity,* (Grand Rapids: Wm. B. Eerdmans, 1995; 재판), 221-222. 보다 자세한 논의는 다음 논문을 참고하라. 김정, "주현절의 기원과 신학적 함축들,"「신학논단」75 (2014), 47-75.

2년 이상의 시간 차이가 있습니다. 주현절이 사라지면서 성도들에게 성경적 사실이 정확히 전달되지 못한 결과입니다.

서방 교회의 관점에서 주현절의 중심 주제는 이방 선교입니다. 구약은 메시아 왕국이 임하면 먼 나라의 이방인들이 찾아와 하나님을 경배할 것이라 예언합니다(사 56장 등). 이러한 예언들은 주현절 설교의 본문으로 삼기에 매우 적절합니다. 마태복음 2장은 메시아를 맞아야 할 이스라엘은 오히려 예수님을 죽이려 하고, 이방인들이 멀리서 찾아와 경배하는 모습을 보여 줍니다. 마태는 이런 대조를 통해 예수 그리스도를 '이방을 비추는 빛'으로 선포합니다.

한편, 동방 교회의 전통도 신학적으로 큰 의미가 있습니다. 동방 교회는 주현절의 핵심을 예수님의 세례와 삼위일체의 계시에 둡니다. 예수님의 세례는 단지 성자께서 세례받으신 사건이 아니라, 성부의 음성이 들리고 성령이 임하시며, 성자가 물에 내려오신, 삼위 하나님이 동시에 나타난 장면입니다. 마가복음과 요한복음이 탄생 이야기를 생략하고 세례로부터 사역을 시작하는 이유도 여기에 있습니다. 영적 의미에서 예수님의 세례는 새로운 출현이자 구원의 문이 열리는 순간입니다.

오늘날 교회에서 삼위일체 교리를 깊이 다루는 설교가 줄어든 현실을 볼 때, 주현절은 삼위일체 신앙을 회복할 수 있는 중요한 기회가 됩니다. 이런 점에서 주현절을 세례와 삼위 하나님의 계시 중심으로 기념하는 동방 교회의 전통은 귀중한 신앙 유산입니다.

로마교회는 '주님세례대축일'을 주현절과 별도로 지키며, 주현절 이후 첫째 주일(대개 1월 둘째 주일)에 기념합니다. 한국 교회의 목회 현실을 고려하면 평일인 1월 6일은 절기로 지키기 어렵고, 신년 첫 주일도 여러 행사로 분주하기 때문에 1월 둘째 주일을 '주님수세주일'로 지키는 것이 가장 현실적인 방안이라 할 수 있습니다.

◐ 주현절 설교를 위한 제언

주현절은 예수 그리스도의 하나님 되심이 세상에 드러난 사건을 기념하는 절기입니다. 성탄이 "하나님이 오셨다"라면, 주현은 "그분이 누구신지 드러났다"는 선포입니다. 서방 교회는 동방박사들의 경배(마 2:1-12)를, 동방 교회는 예수님의 세례 사건(마 3:13-17)을 중심으로 이날을 지켜 왔지만, 공통된 메시지는 하나입니다. 그리스도를 통해 하나님의 구원이 모든 민족에게 드러났다는 것입니다.

- 주현절을 통해 탄생 기사에 관한 성경적 사실을 정확히 가르칠 수 있습니다.
- 서방 교회의 전통을 따른다면, 그리스도를 이방을 비추는 빛으로 선포하며 이방 선교를 중심 주제로 설교하십시오.
- 동방 교회의 전통을 따른다면, 주현절의 핵심을 삼위일체의 계시에 두십시오. 세례를 삼위일체 신앙과 연결하면 교회의 신앙교육에 큰 유익이 됩니다.

승천절

매주 신자들은 사도신경을 통해 '하늘에 오르신' 성자 하나님을 고백합니다. 승천은 복음의 본질 가운데 하나이며, 교회는 기회 있을 때마다 이 교리를 강단에서 선포해야 합니다. 로마교회는 오랜 세월 동안 승천 복음을 그림과 조각상으로 표현해 왔습니다. 덕분에 로마교회 신자들은 자연스럽게 승천이 중요한 교리라는 사실을 인식하고 있습니다. 반면 개신교회는 시각적 매개가 거의 없기 때문에 설교와 교리 교육이 승천 복음을 전하는 거의 유일한 수단입니다. 사도신경을 암송하는 것만으로는 승천 교리를 충분히 이해하기 어렵습니다. 승천절(Ascension Day)이 교회력에서 사라지면서 승천 복음도 함께 약화된 것이 사실입니다. 이는 절기와 복음이 밀접하게 연결되어 있음을 보여 주는 또 하나의 예입니다.

물론 절기가 없어도 복음은 선포되어야 합니다. 그러나 절기를 통해 복음이 자연스럽게 반복되고 심화되는 효과를 무시할 수 없습니다. 로마교회가 그림이나 형상으로 보여 주고자 했던 것 이상으로, 개혁교회는 말씀 선포를 통해 승천 복음을 분명히 들려주어야 합니다. 믿음은 들음에서 나기 때문입니다(롬 10:17). 실제로 개혁교회는 하이델베르크 요리문답(46-49문답)을 통해 승천 교리를 체계적으로 가르쳤습니다. 절기나 교리문답 없이도 승천 설교를 할 수 있지만, 그 경우 복음 선포가 전적으로 목회자의 신학적 관심과 역량에 달려 있습니다. 목회자가 승천 교리에 무관심하다면 성도들은 그만큼 들을 기회를 잃게 됩니다.

실제 신앙생활에서 승천은 종종 부활에 종속된 주제로 머뭅니다. 그러나 부활과 승천은 긴밀히 연결되어 있으면서도, 동시에 구분해서 이해해야 그 독특한 의미가 드러납니다. 승천의 본질은 승리입니다. 사도행전 1장은 이 사실을 잘 보여 줍니다. 여기에 두 가지 중요한 사건이 등장하는데, 하나는 승천이고 다른 하나는 사도직의 회복입니다.

역사적 순서로 볼 때 승천과 직분은 밀접하게 연결되어 있습니다. 사도들은 승천을 메시아의 승리로 이해했고, 이에 근거해 시편 109편의 말씀을 성취하기 위해 맛디아를 사도로 세웠습니다. 이 시편은 메시아의 승리와 원수에 대한 보응, 그리고 잃어버린 직분의 회복을 간구하는 저주시입니다. 사도 바울도 에베소서 4장 8절에서 "그가 위로 올라가실 때에 사로잡혔던 자들을 사로잡으시고 사람들에게 선물을 주셨다"라고 말하며 승천을 직분 수여와 연결해서 해석했습니다.

성탄절이 '하늘에서 땅으로 내려오신 그리스도'를 기념하는 절기라면, 승천절은 '땅에서 하늘로 올라가신 그리스도'를 기념하는 절기입니다. 성탄만 기념하고 승천을 기념하지 않는다면 복음의 절반만 전하는 셈입니다. 사도신경에 따르면 성탄은 구속 사역의 시작이고, 승천은 그 완성입니다. 지금 그리스도는 하늘 보좌 우편에 좌정해 통치하시며, 장차 심판주로 다시 오실 것입니다. 따라서 승천은 신자로 하여금 하늘을 바라보게 하고 장차 이루어질 일들을 소망하게 합니다.

오늘날 교회 직분이 세속화되는 현상도 승천 교리의 약화와 무관하지 않습니다.[6] 이 점을 생각할 때 승천절의 회복은 교회를 건강하게 세우는 중요한 출발점이 될 수 있습니다. 승천절 예배에서 승천의 복음과 직분의 의미를 함께 설교하고, 그날 임직식을 거행하며, 오후에는 전교인 직분 교육을 진행하는 것도 매우 효과적입니다.

◐ 승천절 설교를 위한 제언

승천절은 부활하신 예수 그리스도께서 하늘에 올라 하나님 보좌 우편에 앉으신 사건을 기념하는 절기입니다. 이는 부활의 완성이며 동시에 그리스도의 통치가 시작된 날입니다. 승천은 예수님께서 세상을 떠나신 것이 아니라, 온 세상을 다스리는 주로 높임 받으신 사건입니다. 승천 이후 그분은 성령을 보내 주셨고, 지금도 교회를 돌보십니다.

- 승천을 부활과 구분해 그 독특한 의미(승리와 통치)가 드러나게 하십시오.
- 승천을 교회 직분의 수여와 연결해 해석하십시오.
- 성탄이 '하늘에서 땅으로'라면, 승천은 '땅에서 하늘로'입니다. 두 절기의 의미를 함께 기념하십시오.
- 하이델베르크 요리문답 46-49문답은 승천 교리를 체계적으로 정리합니다. 이를 토대로 승천이 신자에게 주는 유익(중보, 위로, 소망, 통치의 확신)을 설교하십시오.
- 승천절에 임직식이나 전교인 직분 교육을 진행하는 것도 의미 있는 실천입니다.

6 이성호, 『직분을 알면 교회가 보인다』 (서울: 좋은씨앗, 2018), 34-37.

3단계: 개혁교회 전통과 관련된 절기

지금까지 살펴본 교회의 3대 절기와 구속사적 절기들은 모두 성경에 근거가 있으므로, 교회가 필요에 따라 지켜도 무방합니다. 설령 절기를 지키지 않더라도 그에 담긴 복음은 정기적으로 선포되어야 한다는 데 이견이 없습니다. 이제부터는 성경에 직접적인 근거는 없지만, 개혁교회 역사 속에서 형성된 절기들, 곧 종교개혁주일과 추수감사주일을 살펴보겠습니다. 종교개혁주일은 개신교 전체의 역사와, 추수감사주일은 미국 교회의 역사와 깊이 연결되어 있습니다.

종교개혁주일

10월 마지막 주일에 지키는 종교개혁주일은 흔히 '개혁교회의 유월절'이라 불립니다. 로마교회의 거짓 교리와 혼합 예배에서 벗어나 순전한 복음과 참된 예배를 회복하게 된 날을 기념하기 때문입니다. 직접적인 기원은 마르틴 루터(Martin Luther, 1483-1546년)가 1517년 비텐베르크성 교회 정문에 면벌부를 비판하는 95개 조항을 게시한 사건이며, 오늘날에는 루터교뿐 아니라 전 세계 개신교회가 함께 기념하고 있습니다. 종교개혁주일을 통해 교회는 해마다 자신의 정체성과 뿌리를 다시 확인합니다.

그러나 종교개혁이 본래 로마교회로부터의 해방을 의미했다 해도, 오늘날 개신교회가 로마교회의 실질적 위협을 받는 일은 거의 없습니다. 따라서 종교개혁주일에 단순히 로마교회의 오류를 지적하는 설교를 반복하는 것은 큰 의미를 주지 못할 수 있습니다. 오늘 대부분의 성도들은 로마교회에 대해 관심도, 문제의식도 크지 않습니다. 그보다는 "오늘날 교회가 종교개혁의 정신을 어떻게 이어 가야 하는가"에 초점을 맞출 필요가 있습니다.

무엇보다 많은 성도들이 종교개혁을 충분히 인식하지 못하고 있다는 사실 자체가 큰 문제입니다. 이는 하루아침에 바뀌거나 한두 편의 설교로 해결하기 어려운 일입니다. 종교개혁은 특정 교리에 국한된 것이 아니라, 하나님께서 섭리 가운데 교회를 새롭게 하신 역사적 사건이기 때문입니다. 흔히 종교개혁의 핵심으로 '이신칭의(以信稱義)'를 언급하지만, 이신칭의는 종교개혁이라는 거대한 사건 안에 포함된 하나의 요소일 뿐입니다. 게다가 이신칭의라는 용어 자체도 너무 익숙해 회중이 새로움을 느끼기가 쉽지 않습니다.

따라서 종교개혁주일을 교회사 교육의 장으로 삼을 필요가 있습니다. 교회사는 하나님의 섭리를 다루는 학문이며, 교회사를 배우면 성경을 더 깊이 이해하게 됩니다.

이날에는 교회사나 교리에 정통한 신학자를 초청해 특강을 진행할 수 있습니다. 특히 청소년과 청년들에게 교회사 속 실제 이야기는 신앙의 정체성을 세우는 데 큰 유익이 됩니다. 작은 교회라면 토요일 저녁이나 주일 오후에 인근 교회와 연합 강좌를 여는 방식도 가능합니다. 서로가 같은 개혁 신앙을 고백하는 공동체임을 확인하는 시간이 될 것입니다.

종교개혁주일 설교의 주제는 종교개혁의 핵심 정신을 드러내는 교리에서 출발하는 것이 좋습니다. 이를 위해 웨스트민스터 신앙고백서는 훌륭한 자료가 됩니다. 총 33장으로 구성된 이 신앙고백서는 교회의 다양한 환경 속에서 여러 설교 주제를 선택할 수 있도록 풍성한 내용을 담고 있습니다.[7] 예를 들어 교회 내 갈등이 있다면 제19장 '하나님의 율법'을, 예배 문제가 있다면 제21장 '종교적 예배와 안식일'을 참고할 수 있습니다.

웨스트민스터 신앙고백서가 다소 부담스럽게 느껴진다면, '다섯 가지 오직'을 중심으로 설교하는 것도 좋은 방법입니다.

- 오직 성경(Sola Scriptura)
- 오직 그리스도(Solus Christus)
- 오직 믿음(Sola Fide)
- 오직 은혜(Sola Gratia)
- 오직 하나님께 영광(Soli Deo Gloria)

이 다섯 문장은 종교개혁의 정신을 단순하고 분명하게 표현합니

7 웨스트민스터 신앙고백서 해설에 대해서는 다음 책을 참고하라. 이성호, 『비록에서 아멘까지: 웨스트민스터 신앙고백서 해설』 (안성: 그책의사람들, 2022).

다. 해마다 한 주제씩 돌아가며 설교하는 방식도 가능합니다.

다만, '오직(sola)'이라는 표현은 개혁교회 신자에게는 명확한 신앙 고백처럼 들리지만, 외부의 시각에서는 배타적이고 분파적으로 느껴질 수 있습니다. 실제로 로마교회는 '오직'을 비판하며 '그리고(et)'라는 확장적 개념을 내세운 바 있습니다. 따라서 '오직'을 설교할 때는 이 용어가 등장하게 된 역사적 배경과 교리적 맥락을 충분히 설명할 필요가 있습니다.

종교개혁주일은 또한 신학교와 신학 교육의 중요성을 일깨우는 날도 될 수 있습니다. 많은 성도들이 신학 교육의 가치를 체감하지 못하고, 일부 목회자들조차 신학교에 부정적인 의견을 갖고 있습니다. 그러나 개혁교회의 미래는 결국 신실하고 유능한 목회자를 양성하는 데 달려 있습니다. 현재 대부분의 신학교가 학생 등록금에 의존해 운영되는 현실은 개선되어야 합니다. 종교개혁주일을 계기로 신학교, 신학생, 신학 연구를 위한 헌금 전통을 세우는 것도 의미 있는 실천입니다.

◐ 종교개혁주일 설교를 위한 제언

종교개혁주일은 1517년 루터의 95개조 반박문 발표를 기념하는 절기입니다. 그러나 이 날은 단순히 과거를 추억하는 날이 아니라, 하나님의 말씀 앞에서 교회가 끊임없이 새로워져야 함을 일깨우는 날입니다. "오직 성경, 오직 그리스도, 오직 믿음, 오직 은혜, 오직 하나님께 영광"은 지금도 교회가 나아갈 길을 보여 주는 종교개혁의 핵심 원리입니다.

- 과거가 아니라 현재의 개혁 정신에 초점을 맞추십시오.
- 단순한 로마교회 비판이 아닌, 교회사 교육의 기회로 삼으십시오.
- 웨스트민스터 신앙고백서를 설교 자료로 활용하십시오.
- 다섯 가지 '오직'을 돌아가며 설교하되, 역사적·교리적 배경을 충분히 설명하십시오.
- 신학교와 신학 교육의 중요성을 강조하십시오.

추수감사주일

현재 대한민국 인구 중 농업 인구는 전체의 5퍼센트도 되지 않으며, 농촌 교회를 제외하면 실제로 '추수의 기쁨'을 체감하기 어렵습니다. 첨단 농업 기술이 발달한 현대에는 전통적 의미의 추수기 개념도 거의 사라졌습니다. 더욱이 한국 교회의 추수감사주일은 미국의 전통을 그대로 수용한 절기이기 때문에 우리나라의 농사 시기와도 맞지 않습니다. 이런 이유로 "추수감사주일을 추석 시기로 옮기자"는 제안도 종종 제기되고 있습니다.[8]

만약 '추수'라는 의미만 고집한다면, 이 절기는 점점 설득력을 잃을 것입니다. 그러나 초점을 '추수'가 아니라 '감사'에 둔다면, 추수감사주일은 여전히 교회가 지킬 만한 귀한 전통이 될 수 있습니다. 실제로 영어 *Thanks-giving Day*라는 표현에는 '추수'라는 단어가 없습

---

8 미국의 추수감사절은 11월 셋째 주 목요일, 캐나다는 10월 첫째 주 목요일에 지킨다. 한국 교회는 초기에 11월 셋째 주 수요일로 정했다가 이후 주일로 변경해서 지키고 있다.

니다. 문자 그대로는 단순히 '감사절'입니다. 이 감사절은 17세기 초, 잉글랜드 청교도들 가운데 분리주의자(the Separatists)가 신앙의 자유를 찾아 신대륙으로 이주해 생존과 수확의 은혜를 경험한 뒤 드린 감사 예배에서 비롯되었습니다. 이후 미국 문화 속에서 정착해 국가적 명절로 발전했습니다.

이 절기는 미국 선교사들이 한국에 복음을 전하면서 자연스럽게 소개되었습니다. 한국 교회의 감사절은 농경 사회의 수확 감사뿐 아니라, 복음을 전해준 선교사들의 방문과 선교의 시작에 대한 감사가 결합된 절기가 되었습니다.[9]

이 관점에서 보면, 추수의 계절은 단순한 곡식의 수확이 아니라 복음의 추수를 상징합니다. 예수님께서 "추수할 것은 많되 일꾼이 적으니 그러므로 추수하는 주인에게 청하여 추수할 일꾼들을 보내주소서 하라"(마 9:37-38)고 말씀하신 것처럼, 교회는 추수감사주일을 선교와 전도를 새롭게 점검하는 기회로 삼아야 합니다. 이날에는 선교사를 위해 중보기도를 드리고, 선교 헌금을 모금하며, 선교 보고나 간증을 듣는 자리를 마련할 수 있습니다. 교회 내 선교부가 있다면 사역을 나누고, 성도 가운데서 새로운 선교 인력을 세우는 계기로 삼을 수도 있습니다.

---

9 옥성득, "한국 교회 추수감사절은 미국 절기를 그대로 수용한 것인가?", https://korean-christianity.tistory.com/979?category=822828

또한 '감사'의 본질을 다시 점검할 필요가 있습니다. 한국 교회에서는 감사라고 하면 흔히 '감사 헌금'을 떠올리지만, 헌금이 감사의 전부가 되어서는 안 됩니다. 감사의 중심은 예배이며, 그 절정은 성찬에서 드러납니다.

성찬을 뜻하는 대표적 용어 중 하나인 '유카리스트(eucharist)'는 헬라어 '유카리스티아(εὐχαριστία)', 곧 '감사'에서 유래했습니다. 성찬은 그리스도의 몸과 피를 받은 은혜에 대한 감사의 고백이며, 초대 교회 성도들은 성찬을 통해 하나님께 받은 구원의 은혜를 새롭게 기억했습니다. 따라서 추수감사주일에 성찬을 함께 시행하는 전통을 세운다면, 우리의 감사는 더욱 깊고 풍성해질 것입니다.

◐ 추수감사주일 설교를 위한 제언

추수감사주일은 한 해 동안 하나님의 은혜와 공급하심에 감사드리는 절기입니다. 이 절기는 자신의 수고가 아닌 하나님의 은혜로 살아왔음을 인정하는 신앙의 고백이며, 받은 은혜를 이웃과 나누는 감사의 실천을 포함합니다. 실제로 초기 한국 교회는 이날 선교 헌금을 드리며 복음의 열매를 나누는 감사를 실천했습니다.

- 감사로 드러나는 하나님 중심의 삶에 초점을 맞추십시오.
- '추수'를 복음의 추수로 확장하십시오. 선교와 전도를 새롭게 점검하는 기회가 될 수 있습니다.
- 감사의 본질을 예배와 성찬에서 찾으십시오.
- 선교사를 위한 중보기도와 선교 헌금, 선교 보고와 간증을 통해 감사와 선교 실천을 연결하십시오.

절기 중에는 한국 교회만 지키는 절기들이 있습니다. 대표적으로 맥추감사주일, 송구영신예배, 어린이주일, 어버이주일, 스승의주일이 그렇습니다. 이 절기들은 앞서 살펴본 절기들과 달리 그 정당성을 성경이나 교회 전통에서 찾기 어렵습니다. 명칭 자체에도 신학적, 언어적 문제가 내포되어 있습니다.

맥추감사주일

한국 교회는 매년 7월 첫째 주일을 맥추감사주일로 지켜 왔습니다. 이름은 구약의 맥추절에서 유래했는데, 흔히 '보리 추수 감사'로 이해되었습니다. 그러나 이는 다소 오해를 일으킬 수 있는 표현입니다.[10] 먼저 출애굽기 23장 16절("맥추절을 지키라")에 나오는 맥추절은 문자적으로는 '추수의 절기(feast of harvest)'로, 원어 자체에 보리라는 개념이 명시되어 있지 않습니다. 더욱이 출애굽기 34장 22절의 "맥추의 초실절"에서 맥(麥)은 보리가 아니라 밀을 의미합니다. 물론 보리를 완전히 배제할 수는 없지만, 오순절 시기의 주된 추수 작물은 밀이었고, '맥'이 밀을 뜻하는 경우도 여러 곳에서 확인됩니다.

10 김진규, "맥추절(חג הקציר) 용어 번역의 문제." 「성경원문연구」 43 (2018), 40-57.

구약의 맥추절은 오순절(칠칠절)과 동일한 절기를 가리킵니다. 유월절 이후 초실절로부터 7주(49일)를 계산해 50일째 되는 날을 지켰기 때문입니다. 이때 이스라엘 백성은 밀 수확의 첫 단을 하나님께 드리고, 구원해 주신 하나님께 기쁨으로 감사했습니다.

그러나 한국에서는 오순절 대신 절기의 시기를 7월 초로 옮겨 지켜 왔습니다. 이는 우리나라의 보리 수확이 마무리되는 6월 말-7월 초와 시기적으로 맞물린 영향도 있습니다. 그 과정에서 오순절과 한 달 이상 간격이 생겼고, 결국 한국의 맥추감사주일은 오순절과의 구속사적 연관성은 약화되고 추수에 대한 감사만 남은 채 독립된 절기로 굳어졌습니다. 다시 말해, 맥추감사주일은 한국 교회만 지키는 토착 절기가 되었습니다.

따라서 맥추감사주일을 지킬 때에는 단순히 곡식 추수에 집중하기보다, 구약의 맥추절(오순절)이 지닌 본래의 의미와 신약의 성령 강림과의 연결을 분명히 인식해야 합니다. 가능하다면 맥추감사주일 대신 본래의 오순절을 회복하는 방안도 고려할 수 있습니다. 구약의 오순절이 신약에서 성령 강림으로 완성되었으므로, 오늘의 교회는 이를 성령강림절로 지키는 것이 신학적으로 더 바람직합니다.

그러나 맥추감사주일은 이미 한국 교회 안에 깊이 자리 잡은 절기인 만큼, 그 기원을 정확히 알고 바르게 가르치는 것이 무엇보다 중요합니다. 그렇게 할 때 맥추감사주일 역시 구원 역사 속에서 감사의 의미를 회복하는 기회가 될 것입니다.

송구영신예배

송구영신예배는 영국 감리교회에서 시작된 언약갱신 예배(Covenant Renewal Service)에 뿌리를 두고 있습니다. 이후 '제야 예배'라는 이름으로 불리다가 감리교 선교사들을 통해 한국에 소개되었습니다. 한국 최초의 제야 예배는 1885년 12월 31일에 열렸으며, 참석자는 장로교회와 감리교회 선교사 가정, 그리고 하인 두 명이었습니다.[11] 이 기도회에서 선교사들은 첫 회심자를 위해 간절히 기도했고, 그 응답으로 이듬해 7월 11일 노춘경이라는 인물이 세례를 받았습니다. 이후 제야 예배는 전국으로 확산되었고, 오늘날에는 교파를 초월한 송구영신예배로 자리 잡았습니다.

이 예배의 기원에서 우리는 다음 세 가지 중요한 요소를 발견할 수 있습니다. 첫째, 웨슬리의 언약갱신 기도문을 따라, 신자들은 자신의 모든 것이 하나님의 것임을 고백하고 그분의 뜻에 순종하겠다는 결단을 새롭게 했습니다. 둘째, 복음 전도와 회심의 열매를 위해 간절히 기도했습니다. 셋째, 장로교회와 감리교회가 함께 예배를 드리며 연합의 전통을 보여 주었습니다.

안타깝게도 오늘날 송구영신예배는 이런 전통을 거의 상실했습니다. 오히려 '말씀 뽑기', '죄 고백문 태우기' 등 비성경적 요소가 예

---

11 옥성득, 『첫 사건으로 보는 초대 한국교회사』 (서울: 짓다, 2016), 135.

배에 혼합되는 사례도 있습니다. 교회는 예배의 순결성을 지키는 데 각별한 주의를 기울여야 합니다.

한 해의 끝과 시작은 누구에게나 특별한 의미가 있습니다. 송구영신(送舊迎新)이라는 말처럼, 지나온 시간을 돌아보고 새해를 소망하며 성도들이 함께 예배드리는 일은 분명 유익합니다. 그러나 오늘날 송구영신예배는 과거만큼 활기를 보이지 못하는 경우가 적지 않습니다. 연말연휴 여행 문화가 확산되면서 교인들이 지역을 떠나는 일이 많아졌고, 철야 예배로 새해 첫날을 피곤하게 맞는 것에 대한 부담도 커졌기 때문입니다. 만약 송구영신예배가 더 이상 성도들의 공감을 얻지 못한다면, 신년의 첫 주일을 더욱 의미 있게 보내는 다른 방식도 모색해 볼 수 있습니다.

◐ 송구영신예배 설교를 위한 제언

송구영신예배는 한 해를 마치며 하나님의 인도하심을 기억하고, 새해를 하나님의 뜻에 응답하는 삶으로 시작하는 예배입니다.

- 언약갱신의 본래 의미를 회복하십시오.
- 복음 전도와 회심을 위한 중보기도를 강조하십시오.
- 비성경적 요소가 혼합되지 않도록 예배의 순결성을 지키십시오.
- 가능하면 인근 교회와의 연합예배를 고려하십시오.
- 성도들의 참여가 줄어든다면, 신년 첫 주일을 더 의미 있게 보내는 현실적 대안을 모색하십시오.

어린이주일, 어버이주일, 스승의주일

한국 사회에서 5월은 흔히 '가정의 달'로 불리며, 어린이날(5일), 어버이날(8일), 스승의 날(15일)이 이어집니다. 이에 따라 많은 교회들이 같은 시기에 어린이주일, 어버이주일, 스승의주일을 지켜 왔습니다. 그러나 이러한 주일은 한국 교회에만 존재하는 독특한 절기이며, 문화적 환경이 달라지면 언제든 사라질 수 있는 임의적 기념일입니다.

시간이 흐를수록 이 절기들은 본래 의도와 달리 인간 중심으로 치우칠 위험이 있습니다. 삼위 하나님을 예배하는 날이라기보다 어린이, 부모, 스승을 기리는 날로 변질되는 것입니다. 이런 점에서 로마교회의 성인 기념일과 본질적으로 차이가 난다고 보기 어렵습니다. 단지 로마교회는 죽은 성인을 기리고, 한국 교회는 살아 있는 사람을 기릴 뿐입니다.

또한, 이 절기들을 지키는 과정에서 성경 본문이 본래의 의미와 다르게 해석되는 일도 있습니다. 어버이주일에 주로 선포되는 제5계명 "네 부모를 공경하라"는 말씀은 십계명이 가르치는 권위 질서 전반에 대한 교훈임에도 단순히 '효도'로 축소되는 경우가 많습니다. 스승의주일에 자주 언급되는 에베소서 4장 11절도 본래는 '교회의 말씀 사역자', 즉 신학교의 교사(신학 교수)를 가리키는 구절임에도 불구하고, 흔히 주일학교 교사에 대한 말씀으로 오해되곤 합니다.

이처럼 성경적 근거가 약하고 사람 중심으로 흘러가는 절기는 점차 폐지하는 방향이 바람직합니다. 굳이 절기명을 사용하지 않더라도, 교회의 형편에 따라 적절한 날을 정해 어린이, 어르신, 교사, 교역자에게 감사의 마음을 표현할 수 있습니다.

더욱이 오늘날에는 주일학교가 없는 교회가 절반을 넘고, 주일학교 교사 없이 고령의 성도들만 남아 있는 교회도 많습니다. 이런 상황에서 과거와 같은 방식으로 어린이주일을 지키는 것은 형식주의만 강화할 위험이 있습니다. 만약 이 절기를 계속 지킨다 하더라도 초점은 사람을 기리는 데 있지 않고, 어린 자녀를 주신 하나님, 경건한 부모를 주신 하나님, 신실한 스승을 세우신 하나님께 감사하는 예배가 되어야 합니다. 주일은 무엇보다 주님의 날이며, 교회는 그분과 그분이 행하신 일을 기억하는 데 집중해야 합니다.

2부

절기의 뿌리와 가지: 형성과 변천

4
구약의 절기

유월절, 오순절, 초막절을 중심으로

구약 절기의 신학적 의미

하나님은 절기를 통해 자신이 시간의 주인임을 자기 백성에게 가르치셨습니다. 출애굽기, 레위기, 신명기에 나오는 여러 절기는 이 사실을 분명히 보여 줍니다. 이스라엘 백성은 마음 내키는 때에 임의로 예배할 수 없었으며, 하나님께서 정하신 장소와 시간에 따라 예배해야 했습니다. 절기 예배를 통해 그들은 하루, 한 달, 한 해 전체가 단순한 자연의 순환이 아니라 하나님의 통치 아래 놓여 있음을 끊임없이 인식했습니다.

구약의 절기가 전적으로 하나님에 의해 지정되었다는 점은 고대 근동의 다른 민족들과 비교하면 더욱 분명해집니다. 주변 민족들 역시 계절의 변화에 맞추어 신들을 섬기는 절기를 지켰지만, 이스라엘의 절기는 그 어디서도 찾아볼 수 없는 독특한 구조를 지니고 있었습니다. 그것은 바로 절기가 '7'이라는 창조의 패턴에 기초한다는 점입니다. 안식일, 안식년, 오순절, 희년 등은 모두 '7'과 관련되어 있으며, 이 전통은 고대 종교제도에서 유래한 것이 아니라[1] 창조와 안식의 질서에 뿌리를 두고 있습니다.

이처럼 절기의 성경적 개념을 이해하기 위해서는, 절기를 가장 풍부하게 다루는 부분인 구약에서 출발하는 것이 바람직합니다. 구약에서 절기에 해당하는 대표적 단어는 '모에드(מועד)'로,[2] 기본적 의미는 '모임', '만남'입니다. 문맥에 따라 모이는 때, 모이는 장소, 모임 자체를 가리키기도 합니다. 이스라엘은 하나님께서 정하신 장소인 성전, 그리고 하나님께서 정하신 시간인 절기에 모여야 했습니다. 장소(성전)와 시간(절기)은 긴밀히 연결되어 있었고, 모에드는 하나님께서 자기 백성과 만나기 위해 따로 구별하신 특별한 날을 의미합니다. 또 다른 단어 '하그(חַג)'는 '기뻐하다', '춤추다'에서 파생된 말로, 절기가 기쁨과 축제의 성격을 지니고 있음을 보여 줍니다(레 23:6).[3]

---

1 기동연, 『성전과 제사에서 그리스도를 만나다』, 138.

2 이외에도 '하그'도 있는데 다음 연구서를 참고하라. 강성구, 『모에드와 하그: 이스라엘의 거룩한 절기들과 예수 그리스도』 (서울: 서로사랑, 2001).

3 강성구, 『모에드와 하그: 이스라엘의 거룩한 절기들과 예수 그리스도』, 5.

하나님께서 정하신 절기는 율법에 따라 엄격히 지켜져야 했습니다. 절기 외의 날에 임의로 하나님을 경배하는 것은 중대한 죄였고, 절기를 자의적으로 변경하는 것은 곧 이스라엘의 정체성을 흔드는 행위였습니다. 북이스라엘의 여로보암은 백성들이 절기마다 예루살렘으로 내려가는 것을 막기 위해 단과 벧엘에 제단을 쌓고 절기 날짜를 바꾸었는데, 이것은 곧 이스라엘의 분열과 타락의 상징이 되었습니다(왕상 12:25-33).

그러나 절기 변경이 전적으로 불가능했던 것은 아닙니다. 모에드는 본래 하나님과의 만남을 위한 수단이었기에 부득이한 경우 날짜 조정이 허용되었습니다. 부정한 상태로 유월절에 참여할 수 없었던 사람들은 한 달 뒤에 유월절을 지켰습니다(민 9:10-11).

히스기야 시대의 종교개혁은 이러한 원리를 잘 보여 줍니다. 히스기야는 지도자들과 예루살렘의 온 회중과 상의해 유월절을 한 달 뒤로 연기했고, 무교절을 일주일 동안 지킨 후 다시 일주일을 연장했습니다. 율법의 조문만 보면 이는 규정을 어긴 일처럼 보이지만, 제사장들과 레위인들의 기도가 "여호와의 거룩한 처소 하늘에 이르렀다"(대하 30:27)고 기록된 것은, 하나님께서 그들의 진심 어린 예배를 기쁘게 받으셨음을 보여 줍니다.

절기의 관점에서 볼 때 구약과 신약은 뚜렷한 대비를 이룹니다. 신약에는 절기에 대한 구체적 가르침이 거의 없거나, 때로는 부정적으로 언급됩니다. 그 이유는 구약의 모든 절기가 예수 그리스도 안에서 완전히 성취되었기 때문입니다. 그러나 절기가 성취되었다고 해서 그 가치가 사라지는 것은 아닙니다. 절기는 영적으로 미성숙했던 구약 백성들에게 구원의 실질적 수단이었으며, 그리스도 안에서 재해석될 때 신약 성도들에게도 여전히 신앙적인 유익을 줄 수 있습니다.

이 책의 목적이 구약 절기를 상세히 다루는 데 있지 않기 때문에 전체 내용을 모두 소개할 수는 없습니다. 기본적인 설명만 하더라도 책 한 권의 분량이 될 것입니다.[4] 여기서는 절기와 관련된 핵심 개념과 주요 쟁점을 살피고, 구약의 3대 절기인 유월절, 오순절, 초막절을 중심으로 하나님께서 절기를 통해 어떻게 구속사를 드러내셨는지, 그리고 그 신학적 의미가 오늘의 교회에 어떻게 적용될 수 있는지를 고찰하고자 합니다.

구약 절기의 본질을 바르게 이해할 때, 설교자는 절기 설교의 중심 주제를 더욱 분명하게 세울 수 있습니다.[5]

---

4 이에 관해서는 다음 책을 참고하라. 기동연, 『성전과 제사에서 그리스도를 만나다』 (서울: 생명의양식, 2008).

5 강화구, "절기, 어떻게 설교할 것인가?" 『성경에 나타난 공간과 시간』, 237-262.

구약 3대 절기의 기본적 특성

구약에는 총 일곱 개의 절기가 있습니다. 유월절, 무교절, 초실절, 오순절, 나팔절, 속죄일, 초막절이 그것입니다. 이 절기들은 단순한 전통 행사가 아니라 하나님께서 자기 백성과 만나기 위해 정하신 특별한 날이었습니다. 각 절기는 고유한 의미와 정해진 시기를 지니며, 하나님께서 베푸신 구원과 언약의 은혜를 백성들이 계속해서 기억하도록 이끌었습니다.

이 가운데 유월절, 오순절, 초막절은 특별히 중요한 절기였습니다. 하나님은 이스라엘 백성에게 "네 모든 남자는 매년 세 번씩 주 여호와께 보일지니라"(출 23:17)고 명령하시며, 반드시 예루살렘 성전에서 이 절기를 지키도록 하셨습니다. 그러나 이 명령을 지키는 일은 결코 간단하지 않았습니다. 성막과 가까운 지역에 사는 사람들에게는 큰 문제가 아니었지만, 먼 곳에 사는 사람들은 많은 시간과 비용을 들여야 했습니다. 더 큰 문제는 국가 안보였습니다. 이스라엘의 모든 남자가 절기를 지키기 위해 한 지역에 모이는 동안 국가 안보는 어떻게 지킨단 말입니까?

이에 대해 하나님은 다음과 같이 약속하셨습니다. "내가 이방 나라들을 네 앞에서 쫓아내고 네 지경을 넓히리니 네가 매년 세 번씩 여호와 네 하나님을 뵈려고 올 때에 아무도 네 땅을 탐내지 못하리라"(출 34:24). 따라서 이스라엘 백성은 하나님을 만나기 위해 기꺼이 수고해야 했으며, 그 명령에 순종할 때 하나님께서 그들의 삶과 땅을 친히 지키실 것을 믿어야 했습니다.

추수와 관련됨

구약의 3대 절기는 모두 추수와 깊은 관련이 있습니다. 요약하면 유월절(3-4월)은 보리 수확의 시작, 오순절(5월)은 밀 수확의 절정, 초막절(9-10월)은 포도, 올리브 등 과일 수확과 관련이 있습니다.[6] 다시 말해 유월절은 추수의 시작, 오순절은 본격적인 추수, 초막절은 추수의 결실을 기념하는 절기였습니다.

이 절기들은 하나님께서 약속의 땅에서 베푸신 복을 기뻐하고 누리는 자리였습니다. 가나안은 '젖과 꿀이 흐르는 땅'이었지만, 풍성한 수확이 저절로 이루어지는 곳은 아니었습니다. 레위기 26장은, 이스라엘이 우상을 버리고 안식일을 지키며 하나님의 성소를 경외할 때에만 풍성한 열매를 주셨다고 기록합니다. 반대로 불순종하면 땅이 황무하게 될 것이라 경고했습니다.

절기를 통해 이스라엘은 하나님과의 언약 관계를 지속적으로 확인했고, 자신들이 누리는 땅과 소산이 하나님께 속한 것임을 고백했습니다.

---

6 이스라엘의 추수 기간은 우리나라와 상당히 다르다는 점을 기억해야 한다. 그렇지 않으면 성경의 절기를 기계적으로 해석하는 오류를 범할 수 있다.

구원 사역과 연결됨(출애굽)

구약의 3대 절기는 단순한 농경 의식이 아니라 하나님의 구원 사역과 긴밀히 연결되어 있습니다. 유월절은 기원 자체가 출애굽 사건에 있습니다. 오순절은 구약에 명시되어 있지는 않지만, 전통적으로 유대인들은 이날에 모세가 시내산에서 율법을 받았다고 생각했습니다.[7] 초막절은 이스라엘 백성이 광야에서 장막에 거할 때 하나님께서 어떻게 자신들을 지키고 인도하셨는지를 기억하는 절기입니다. 즉 절기는 단순한 기념일이 아니라 당시 사람들에게 구원의 복음을 드러내는 시간이었습니다.

구약 절기와 관련해 반드시 기억해야 할 핵심 중 하나는 절기의 목적이 바로 예배라는 사실입니다. 출애굽 당시 하나님은 모세를 통해 바로에게 이렇게 말씀하셨습니다. "내 백성을 보내라. 그러면 그들이 광야에서 내 앞에 절기를 지킬 것이니라"(출 5:1).

바로는 이 요구를 거부하며 애굽 땅 안에서 제사를 드리라고 제안했지만, 모세는 이를 단호히 거절했습니다(출 8:26). 하나님은 자기 백성이 애굽을 완전히 떠난 자리에서 자유롭고 안전하게 예배하기를 원하셨습니다. 다시 말해, 구원은 예배를 지향합니다. 이는 오늘날 신자들이 명심해야 할 성경의 교훈입니다. 구원받았다고 고백하

7 기동연, 『성전과 제사에서 그리스도를 만나다』, 189.

면서 하나님께 삶으로 예배드리지 않는다면, 그 구원이 온전하다고 할 수 없습니다.

하나님의 구원 역사는 절기의 질서 자체도 바꾸었습니다. 일주일이나 한 해의 길이가 달라진 것은 아니지만 순서가 바뀌었습니다. 하나님은 출애굽이 일어난 달을 "해의 첫 달"로 정하시고(출 12:2), 역사의 중심을 구원 사건으로 옮기셨습니다. 또한 신약 시대에는 제2의 출애굽에 해당하는 그리스도의 부활날인 주일을 새로운 안식일로 주셨습니다. 이는 성경에 직접 명시되어 있지는 않지만, 교회는 이를 하나님의 규례로 받아들여 오늘에 이르고 있습니다.[8] 이 두 가지 예는 하나님의 구원 역사가 시간과 절기에 영향을 미친다는 사실을 잘 보여 줍니다.

하나님께서 시간을 정하심

구약의 절기는 이스라엘 백성이 임의로 정한 날이 아니라 하나님께서 직접 정하신 시간입니다. 예배 장소인 성막(성전)이 하나님의 명령에 따라 정해졌듯이, 예배 시간 역시 하나님의 주권 아래 있었습니다. 그 대표적인 예가 속죄일입니다. "여호와께서 모세에게 이르시되 네 형 아론에게 이르라. 성소의 휘장 안 법궤 위 속죄소 앞에 아무

8 웨스트민스터 신앙고백서, 21장 7항.

때나 들어오지 말라. 그리하여 죽지 않도록 하라. 이는 내가 구름 가운데서 속죄소 위에 나타남이니라"(레 16:2).

이 명령에 따르면 하나님은 지성소 내 언약궤 위의 속죄소에 임재하셨고, 오직 대제사장만이 하나님께서 정하신 날, 정하신 방식으로만 지성소에 들어갈 수 있었습니다. 이때 대제사장은 목욕, 의복, 속죄 제물 등 모든 절차를 갖추어야 했습니다. 이 규례의 강조점은 분명합니다. 하나님은 '아무 때나' 만날 수 있는 분이 아니며, 하나님께서 정하신 시간과 방식을 따라야 예배가 효력을 가진다는 것입니다. 아무리 경건한 마음으로 드린다 해도 하나님께서 정하신 시간과 방식을 무시하면 아무 소용없었습니다.

공동체적 절기로 가난한 자들과 함께 기뻐함

구약의 3대 절기는 공동체 전체가 함께 즐거워하는 날이었으며, 특히 가난한 자, 고아, 과부, 나그네를 배려했습니다. 절기는 제사장이나 특정 계층만의 행사가 아니라 온 회중이 함께 기뻐하는 시간이었습니다.

오순절에 관한 규례는 다음과 같습니다. "너와 네 자녀와 노비와 네 성중에 있는 레위인과 및 너희 중에 있는 객과 고아와 과부가 함께…네 하나님 여호와 앞에서 즐거워할지니라"(신 16:11).

초막절의 규례도 동일합니다. "절기를 지킬 때에는 너와 네 자녀와 노비와 네 성중에 거주하는 레위인과 객과 고아와 과부가 함께 즐거워하되"(신 16:14).

유월절에는 명시적 규정이 없지만, 다음 구절을 통해 가난한 자를 위한 구제가 시행되었음을 알 수 있습니다. "네가 밭에서 곡식을 벨 때에 그 한 뭇을 밭에 잊어 버렸거든 다시 가서 가져오지 말고 나그네와 고아와 과부를 위하여 남겨두라. 그리하면 네 하나님 여호와께서 네 손으로 하는 모든 일에 복을 내리시리라"(신 24:19).

이처럼 절기는 자비, 구제, 공동체 연대를 실천하는 날이었습니다. 이스라엘은 절기 때마다 약자를 기억함으로써 자신들 역시 한때 애굽에서 종이었음을 되돌아보고(신 16:12), 하나님의 은혜를 다시 확인했습니다.

유월절

유월절의 기원과 어린 양의 의미

유월절은 출애굽의 위대한 구원 사건에서 유래하며 아빕월(첫째 달) 14일에 지켰습니다. 아빕월은 바벨론식 달력으로 니산월, 오늘날 태양력으로는 3-4월에 해당합니다. '유월(逾越, Passover)'이라는 명칭은 하나님께서 애굽에 마지막 재앙을 내리실 때, 장자를 치시는 심판이 이스라엘의 집을 넘어간 사건에서 나왔습니다.

이스라엘 장자들이 사망을 면한 이유는 어린 양의 피가 문설주와 인방에 뿌려졌기 때문입니다. 유월절 피뿌림을 위해 흠 없는 일 년 된 수컷 어린 양을 10일에 택해 14일까지 집에 두었다가(출 12:5-11)[9] 잡아 그 피를 바르고, 고기는 그날 모두 먹거나 남은 것은 불태웠습니다. 피뿌림과 식사는 구원의 의미를 함께 드러냅니다. 어린 양은 유월절의 핵심으로, 이스라엘 백성의 죄를 사하는 희생 제물이자 풍성한 양식이 되었습니다. 피뿌림에 비해 식사는 상대적으로 덜 강조되었지만, 어린 양을 먹는 행위까지 마쳐야 유월절 예식이 완결되었습니다.

출애굽 시 홍해를 건넌 역사는 40년 뒤 여호수아 시대에 이르러 요단강을 건너는 일로 재현됩니다. 이스라엘이 요단을 마른 땅같이 건널 때는 추수기라 강물이 언덕에 넘치는 시기였고(수 3:15), 곧 유월절 기간이었습니다. 여호수아서는 이스라엘이 요단강을 건넌 날짜를 첫째 달 10일로 명시합니다(수 4:19).[10] 그날 어린 양을 택하고, 나흘 뒤 유월절을 지킨 셈입니다.

두 사건의 차이는, 출애굽 때는 바다를 건너기 전 유월절을 지켰

9 이와 대조적으로 정확히 6개월 뒤 7월 10일 속죄일에 아사셀 염소는 광야로 내보내게 된다. 기동연, 『성전과 제사에서 그리스도를 만나다』, 180.

10 모세가 마지막 고별 설교를 했을 때가 마흔째 해 열한째 달 첫째 날임을 고려하면(신 1:3), 모세의 고별 설교와 요단강 도하 사이의 기간은 70일로 추정할 수 있다. Roy Adams, Crossin Jordan: Joshua, *Holy War, and God's Unfailing Promies* (Hagerstown: Review and Herald Publishing Association, 2004), 16.

고, 가나안 입성 때는 강을 건넌 후 유월절을 지켰다는 것입니다. 이로써 이스라엘은 애굽을 떠나기 직전과 가나안에 들어온 직후 모두 유월절로 하나님을 예배했습니다.

유월절과 그리스도의 십자가, 그리고 부활

유월절 어린 양은 그리스도의 모형이고, 따라서 유월절 예식은 십자가 사건의 모형입니다. 세례 요한은 예수님을 "세상 죄를 지고 가는 하나님의 어린 양"(요 1:29)이라 선포했습니다. 구약의 유월절 제사는 해마다 반복되었지만, 예수 그리스도는 단번에 영원한 속죄를 이루셨습니다.

유월절은 무교절, 초실절과 함께 이해해야 정확한 의미를 알 수 있습니다. 세 절기가 시간적으로 맞물려 있기 때문입니다. 무교절은 유월절 다음 날부터 7일간, 초실절은 유월절 이후 첫 안식일 다음 날입니다. 그래서 무교절은 실질적으로 유월절과 한 축으로 취급되기도 했습니다.[11]

무교절에서 가장 중요한 의식은 일주일 동안 무교병(마짜, מַצָּה)을 먹는 것입니다. 누룩을 넣지 않은 이 떡은 '고난의 떡'이라 불리는데, 그 이유는 이스라엘 백성이 "애굽 땅에서 급하게" 나왔기 때문입니

11 참고: "첫째 달 열나흗날에는 유월절을 칠 일 동안 명절로 지키며 누룩 없는 떡을 먹을 것이라"(겔 45:21), "유월절이라 하는 무교절이 다가오매"(눅 22:1).

다(신 16:3; 출 12:11). 그들은 일주일 내내 무교병을 먹으며 애굽에서 조상들이 받았던 고난과 하나님의 긴급했던 구원을 기억했습니다.

초실절(레 23:9-14)은 유월절 후 안식일이 지난 첫날로, 정해진 요일은 같지만 날짜는 해마다 달라집니다. 니산월 14일 이후 본격적으로 지난해에 파종한 곡식을 거두기 시작하며, 이때 가난한 자와 거류민을 위해 밭 모퉁이를 남기고 이삭을 줍지 말라는 계명이 주어집니다(레 23:22). 덕분에 이스라엘에서는 가난한 자와 이방인도 절기의 기쁨에 참여할 수 있었습니다.

초실절에 백성은 첫 이삭 한 단을 제사장에게 드리고, 제사장은 그것을 흔들어 요제(搖祭)로 바칩니다. 이는 하나님의 은혜로 얻은 수확에 대한 감사의 절기입니다. 초실절 역시 하나님의 구원 역사와 관련이 있는데, 그것은 바로 광야 생활의 마감을 의미합니다. 광야에서 이스라엘 백성은 하늘에서 내려오는 만나를 먹었습니다. 하지만 가나안 땅에 들어가 길갈에서 유월절을 지키고 나서 이틀 후, 그 땅의 소산을 먹은 다음 날 만나가 영원히 그쳤습니다(수 5:10-12). 이 날은 아마도 안식일이었을 것이고, 그다음 날 이스라엘 백성은 처음으로 초실절을 지켰을 것입니다.

초실절은 신약과도 직결됩니다. 예수님은 유월절에 죽으셨고, 안식 후 첫날, 즉 초실절에 부활하셨습니다. "그리스도께서 죽은 자 가운데서 다시 살아나사 잠자는 자들의 첫 열매가 되셨도다"(고전 15:20)라는 바울의 선포는 초실절의 맥락에서 보면 그 의미가 더 선명해집니다. 곧 유월절은 주님의 죽음을, 초실절은 주님의 부활을 예표합니다.

유월절은 해마다 요일이 달라지므로 예수님께서 죽으실 때는 유월절과 초실절 사이에 3일의 간격이 있었습니다. 신약성경에는 언급되어 있지 않지만, 그 부활의 아침에 예루살렘으로 초실절 봉헌을 위해 올라오는 이들이 많았을 것입니다.

유월절과 신앙 교육, 그리고 성찬

유월절은 자녀를 위한 신앙 교육의 절기이기도 했습니다. 가정에서 행하는 모든 의식은 출애굽을 기억하게 하는 살아 있는 교육의 장이었습니다. 하나님은 자녀들의 질문까지 미리 예상하셨습니다. "이 후에 너희의 자녀가 묻기를 이 예식이 무슨 뜻이냐 하거든 너희는 이르기를 이는 여호와의 유월절 제사라…우리의 집을 구원하셨느니라 하라"(출 12:26-27).

오늘날 세례와 성찬에서도 마찬가지로 자녀들이 질문하고, 부모와 교회가 가르치는 일이 자연스럽게 이루어져야 합니다. 그러나 성례 약화와 세대 분리 예배의 확산으로 인해 언약적 신앙 전수의 고리가 끊어지고 있는 것이 현실입니다. 이는 속히 회복해야 할 과제입니다.

또한 유월절 규정은 이방인도 할례를 받으면 유월절 식사에 참여할 수 있음을 보여 줍니다(출 12:43-51). 출애굽 당시 이스라엘 백성과 함께 나선 이방인들이 있었으며, 그들도 동일하게 유월절에 동참했습니다. 이는 출애굽의 구원이 유대인뿐 아니라 이방인에게도 열려 있었음을 분명히 드러냅니다.

여기서 할례와 유월절 식사의 긴밀한 연계가 드러납니다. 할례는 언약 백성의 표이고, 유월절 식사는 그 언약의 복을 누리는 행위입니다. 실제로 여호수아는 길갈에서 광야 세대에게 먼저 할례를 시행한 뒤 유월절을 지켰습니다(수 5:2-9). 그동안 광야에서 태어난 세대는 할례를 받지 않아 이방인과 같이 되었는데, 모든 백성이 할례를 받고 "애굽의 수치가 굴러간" 후에야 비로소 유월절을 지킬 수 있었습니다. '굴러가다'는 뜻의 '길갈'이라는 이름도 여기서 유래합니다. 즉 할례 후 유월절 식사는 이스라엘이 언약 백성으로서 정체성을 회복했음을 상징합니다.

이는 신약의 세례와 성찬의 관계를 분명히 보여 줍니다. 누구나 예배에 참석해 말씀을 들을 수 있지만, 성찬은 세례받은 자만 참여합니다. 성찬은 단순한 식사가 아니라 언약 공동체의 식사이기 때문입니다. 그러므로 세례식과 성찬식을 가급적 함께 시행하는 것이 바람직합니다. 시간상의 이유로 종종 세례나 입교만 거행하면, 새 신자가 공동체 안에서 새 신분을 확인하고 체험하는 과정이 지연되어 단절을 느낄 수 있습니다. 예배 시간이 길어지는 것이 문제라면 설교 시간을 조정하거나 찬양 순서를 간소화하는 등 예배의 중심을 성례에 두는 지혜가 필요합니다.

오순절 시기와 기본적 성격

오순절(Pentecost)은 초실절 이후 50일째 되는 날로, 히브리어로는 '하그 샤브오트(חַג שָׁבֻעֹת)'라 하며 문자적으로는 '주(週)들의 절기'라는 뜻입니다. 한글 성경에서는 '칠칠절'로 번역됩니다. 명칭에서 알 수 있듯이 오순절은 유월절 및 초실절과 긴밀히 연결되어 있습니다. 이스라엘 백성은 이 절기들을 지키는 동안 오순절을 손꼽아 기다렸고, 유월절과 오순절 사이의 기간은 기다림과 소망의 시간이었습니다.

오순절은 흔히 '추수의 절기'로 불릴 만큼 농사와 깊은 관련이 있습니다. 신명기 16장에 따르면 이스라엘은 하나님께 받은 복을 따라 예물을 드리고, 레위인 및 가난한 자들과 함께 성막에서 종 되었던 과거를 기억하며 기뻐했습니다. 오순절 규례에서 '기쁨'은 가장 중요한 요소입니다.[12] 애굽에서 종살이하던 때에는 수확이 있어도 참된 기쁨이 없었지만, 가나안 땅의 수확은 하나님의 약속이 성취된 결과였기 때문입니다.

시편 126편은 이러한 절기의 정서를 아름답게 노래합니다. "눈물을 흘리며 씨를 뿌리는 자는 기쁨으로 거두리로다. 울며 씨를 뿌

12 Christine Roy Yoder, "Sheaves, Shouts, and Shavout: Reflections on Joy," *Journal for Preachers* (2016), 16.

리러 나가는 자는 반드시 기쁨으로 그 곡식 단을 가지고 돌아오리로다"(5-6절).[13]

또한 오순절은 신앙고백의 절기였습니다(신 26장). 이스라엘 백성은 토지 소산의 만물을 바치며 제사장 앞에서 다음과 같이 고백했습니다.

> 내가 오늘 당신의 하나님 여호와께 아뢰나이다. 내가 여호와께서 우리에게 주시겠다고 우리 조상들에게 맹세하신 땅에 이르렀나이다…내 조상은 방랑하는 아람 사람으로서 애굽에 내려가 거기에서 소수로 거류하였더니 거기에서 크고 강하고 번성한 민족이 되었는데, 애굽 사람이 우리를 학대하며 우리를 괴롭히며 우리에게 중노동을 시키므로 우리가 우리 조상의 하나님 여호와께 부르짖었더니, 여호와께서 우리 음성을 들으시고 우리의 고통과 신고와 압제를 보시고 여호와께서 강한 손과 편 팔과 큰 위엄과 이적과 기사로 우리를 애굽에서 인도하여 내시고 이곳으로 인도하사 이 땅 곧 젖과 꿀이 흐르는 땅을 주셨나이다. 여호와여, 이제 내가 주께서 내게 주신 토지 소산의 만물을 가져왔나이다(3절, 5-10절).

13 시편 126편은 단순히 수확의 기쁨만을 노래한 것이 아니다. 1-3절이 언급하듯이, 이 시의 배경은 제2의 출애굽이라 할 수 있는 바벨론 포로의 귀환이다.

오순절의 예물은 단순한 감사 표시가 아니라, 구원과 약속의 땅을 주신 하나님에 대한 신앙고백이자 증거였습니다.

오순절과 율법 수여, 구속사의 연속성

전통적으로 유대인들은 오순절을 모세가 시내산에서 율법을 받은 날로 기념했습니다. 출애굽기 19장 1절은 다음과 같이 기록합니다. "이스라엘 자손이 애굽 땅을 떠난 지 삼 개월이 되던 날 그들이 시내 광야에 이르니라."

모세가 정확히 언제 하나님께 율법을 받았는지 특정할 수 없으나, 적어도 오순절과 매우 가까운 시기였음은 분명합니다. 출애굽은 위대한 기적이었지만, 시내산에서 이루어진 하나님의 계시와 율법 수여 역시 그에 못지않은 기적이었습니다. 그 이전까지 하나님은 모세 개인에게만 나타나 말씀하셨으나, 시내산에서는 이스라엘 백성 전체에게 직접 말씀하셨습니다. 이곳에서 하나님은 출애굽한 모든 백성을 모으시고 그들과 언약을 맺으셨습니다. 성경적 관점에서 오순절은 하나님께서 시내산에서 십계명을 주시며 이스라엘 백성과 언약을 맺으신 날, 곧 결혼한 날로 해석됩니다.

한 신학자는 이러한 구원과 결혼의 관계를 다음과 같이 요약했습니다.

> 애굽으로부터의 해방은 시내산 사건을 위한 준비일 뿐이다. 유월절은

율법 수여와 시내산 언약을 기념하는 절기인 오순절의 서막이다. 동시에 오순절은 유월절에 가장 심오한 의미를 부여하는 유월절의 결론이다.[14]

이처럼 절기들은 서로 독립적으로 존재하지 않고 유기적으로 연결되어 있습니다. 특히 유월절과 오순절의 관계를 이해할 때 절기의 의미가 훨씬 풍성해집니다.

구약 역사 속의 오순절

유월절과 오순절의 제사에는 중요한 차이가 있습니다. 유월절에는 누룩 없는 무교병을 사용했지만, 오순절에는 누룩을 넣은 '유교병 두 덩이'를 흔들어 요제로 드렸습니다(레 23:17). 보통 누룩은 부정적인 상징으로 기억되지만("유교병을 먹는 자는 이스라엘에서 끊어지리라", 출 12:15), 누룩을 넣은 유교병을 금지한 것은 무교절에만 해당되고, 오순절에는 감사와 기쁨의 상징으로 사용되었습니다. 이는 오순절이 '기쁨의 절기'라는 사실을 다시 한번 보여 줍니다.[15]

성경은 이스라엘이 역사 속에서 오순절을 어떻게 지켰는지 침묵

---

14 Göran Larsson, *Bound for Freedom: The Book of Exodus in Jewish and Christian Tradition* (Grand Rapids: Hendrikson, 1999), 127.

15 기동연, 『레위기』 (서울: 생명의양식, 2019), 838.

하지만,[16] 다음 두 사건을 통해 그 의미를 엿볼 수 있습니다. 하나는 아사왕의 종교개혁이고, 다른 하나는 룻과 보아스의 결혼입니다.

역대하 15장에 나오는 아사왕의 종교개혁을 보면, 시내산 사건을 연상하게 하는 표현이 많이 등장합니다.[17] 그는 재위 "제십오년 셋째 달"에 온 이스라엘을 모아 참된 제사를 드렸는데, 탈굼(아람어 성경)은 이때를 '샤부오트(칠칠절)'라고 명시합니다. 전체 맥락으로 볼 때, 아사왕의 개혁은 시내산 언약의 회복을 떠올리게 합니다.

룻기를 통해서도 우리는 오순절의 의미를 더 깊이 이해할 수 있습니다. 언제부터인지 정확히 알 수 없으나, 유대인들은 오순절 기간에 룻기를 낭독하는 전통을 이어 왔습니다. 여러 가지 이유가 있겠지만[18] 무엇보다 룻기의 배경이 보리와 밀의 추수 시기였기 때문일 것입니다. 추수할 때 밭 모퉁이의 곡식과 떨어진 이삭을 남겨두라는 율법 규정이 보아스를 통해 구체적으로 실천되는 모습을 볼 수 있습니다(룻 2:15-16). 유대인 보아스와 이방인 룻의 결혼 또한 오순절을 하나님과 이스라엘의 결혼기념일로 보는 신학적 이해와 맥을 같이합니다.

---

16 역대하 8장 13절에 따르면, 솔로몬왕이 성전을 준공하고 나서 안식일과 같은 일반 절기를 비롯해 유월절, 칠칠절, 초막절을 지켰다. 그러나 오순절 준수에 대한 구체적인 진술은 전혀 없다.

17 Larsson, *Bound for Freedom*, 185-186.

18 강성구, 『모에드와 하그』, 116-118.

마지막으로, 룻기 1장에서 모든 것을 잃었던 나오미가 마지막 장에서 다윗의 조부가 될 손자 오벳을 품에 안는 장면은, 오순절에 추수한 곡식단을 품에 안은 농부의 기쁨에 비유될 수 있습니다.[19]

초막절

광야 생활을 기억하게 하는 절기

초막절(일곱째 달의 절기, 느 8:14)은 다른 절기와 마찬가지로 이스라엘의 특별한 구원 역사와 관련이 있습니다. 이스라엘은 출애굽 후 곧바로 가나안에 들어가지 못하고 40년 동안 광야를 지나야 했습니다. 신명기 8장 2-4절은 그 이유를 이렇게 말합니다.

> 네 하나님 여호와께서 이 사십 년 동안에 너로 광야의 길을 걷게 하신 것을 기억하라. 이는 너를 낮추시며 너를 시험하사 네 마음이 어떠한지 그 명령을 지키는지 아니 지키는지 알려 하심이라. 너를 낮추시며 너로 주리게 하시며 또 너도 알지 못하며 네 열조도 알지 못하던 만나를 네게 먹이신 것은 사람이 떡으로만 사는 것이 아니요 여호와

---

19 룻기 설교에 대해서는 다음 설교집을 참고하라. 우병훈, 『룻기, 상실에서 채움으로』 (서울: 좋은씨앗, 2020).

의 입에서 나오는 모든 말씀으로 사는 줄을 너로 알게 하려 하심이니 라. 이 사십 년 동안에 네 의복이 해어지지 아니하였고 네 발이 부르지 아니하였느니라.

이 말씀에 따르면, 이스라엘 백성은 40년의 광야 생활을 반드시 기억해야 했습니다. 하나님은 그 기간 동안 그들을 낮추시고 시험하심으로 그들이 율법을 진심으로 따르는지 드러내고자 하셨습니다. 그러나 먹을 것도 입을 것도 없는 광야에서 율법만 요구하지 않으셨습니다. 만나로 그들을 먹이시고, 옷이 해어지지 않도록 보호하셨습니다. 이스라엘은 하나님의 명령에 순종할 수 있도록 충분한 돌봄을 받았습니다. 그 40년은 단순한 방황이 아니라 하나님의 말씀을 따라 사는 백성으로 훈련받는 시간이었습니다.

가나안에서 풍요를 누리게 된 세대가 하나님의 인도하심과 은혜를 잊지 않도록, 하나님은 초막절을 제정하셨습니다(레 23:42-43). 이스라엘 백성은 7일 동안 초막에 거주하며 자신들의 구원 역사를 기억하고, 그 땅에서 누리는 복에 감사하며 하나님을 예배했습니다.

역사 속의 초막절

초막절은 수장절(Feast of Ingathering)이라 불릴 만큼 추수와 밀접한 관련이 있습니다(출 23:16, 34:22). 모든 추수가 끝난 가장 풍요로운 시기에 지켜지는 절기로서, 구약의 3대 절기 중 가장 중요한 위치를 차지합니다. 초막절은 "일곱째 달 절기"(왕상 8:2; 대하 5:3) 또는 "여호와의 절기"(레 23:39)로 불렸으며, 무려 7일 동안 지켜졌습니다. 제물의 양도 다른 절기와 비교할 수 없을 정도로 많아서 수송아지만 합해도 70마리에 달했습니다.[20]

이같이 중요한 초막절을 이스라엘 백성은 구체적으로 어떻게 지켰을까요? 구약성경에는 초막절 준수와 관련된 세 가지 중요한 역사적 사건이 기록되어 있습니다.

첫 번째는 솔로몬의 성전 봉헌식입니다. 솔로몬이 성전을 완공한 후 언약궤를 안치하기 위해 온 회중을 예루살렘으로 소집했는데, 이때가 초막절이었습니다. 제사장들이 언약궤를 지성소에 놓고 나올 때, 하나님의 영광이 구름으로 성전을 가득 채웠습니다.

두 번째 사건 역시 성전 건축과 관련이 있습니다. 70년의 포로생활이 끝났을 때, 바사 왕 고레스는 이스라엘 백성을 돌려보내며 성전을 건축하라는 칙령을 내렸습니다. 스룹바벨과 예수아가 지도자가 되어 성전 재건을 시작했는데, 이때가 초막절이었습니다. 각지에 흩어진 백성들이 예루살렘으로 모여들었고, 성전의 기초를 놓기 전에 먼저 제단을 만들어 규례대로 초막절 제사를 드렸습니다(스 3:4).

---

20 기동연, 『성전과 제사에서 그리스도를 만나다』, 172.

세 번째는 예루살렘 성벽의 재건입니다. 성전은 재건되었으나 성벽은 70년 동안 폐허와 다를 바 없었습니다.[21] 이 소식을 들은 느헤미야가 기도하자 하나님께서 응답하셨고, 아닥사스다왕은 성벽 재건을 허락했습니다. 여러 방해에도 불구하고 하나님의 도우심으로 성벽은 52일 만에 완성되었습니다.

성벽 재건 후 7월 1일, 모든 백성이 수문 앞 광장에 모여 학사 에스라로부터 율법을 들었습니다(느 8:1, 3). 다음날 지도자들은 율법에 따라 초막절을 지켜야 한다는 사실을 깨달았습니다. 이에 포로에서 돌아온 회중은 초막을 짓고, 그 안에 거하면서 초막절을 지켰습니다. 느헤미야는 "눈의 아들 여호수아 때로부터 그날까지 이스라엘 자손이 이같이 행한 일이 없었다"고 증거했습니다(느 8:17).[22]

이방인에게 열려 있는 절기

초막절이 이방인에게 주는 의미는 구약 절기를 이해하는 데 중요합니다. 일반적으로 구약 절기는 유대인만을 위한 것으로 여겨지지만,

---

21 정중현, 『절망 위에 세우신 소망의 나라: 느헤미야 강해설교』 (안성: 그책의사람들, 2020), 20.

22 앞에서 언급했듯이 성전을 재건하기 전에 온 이스라엘 백성이 초막절을 지켰기 때문에 이스라엘이 이때에만 초막절을 지킨 것은 아니다. "이같이 행한 일이 없었다"는 표현은 초막절을 지킨 '방식'에 관한 것으로 이해해야 한다. Cf. David J. A. Clines, Ezra, *Nehemiah, Esther* (Grand Rapids: Eerdmans, 1984), 186.

스가랴 선지자는 이방 나라들 중 남은 자들도 매년 예루살렘에 올라와 초막절을 지키게 될 것이라 예언합니다. "예루살렘을 치러 왔던 이방 나라들 중에 남은 자가 해마다 올라와서 그 왕 만군의 여호와께 경배하며 초막절을 지킬 것이라"(슥 14:16).

흥미롭게도 하나님은 초막절을 지키지 않는 이방인들에게 비를 내리지 않겠다고 경고하십니다(슥 14:18). 이 경고는 초막절의 특별한 의식, 즉 실로암에서 물을 길어 수문을 통과해 제단에 붓는 의식과 연결됩니다.[23] 또한 초막절이 열방이 하나님을 경배하는 종말론적 비전을 포함하고 있음을 보여 줍니다.

구약 절기, 어떻게 설교할 것인가?

신약 시대를 살아가는 우리는 구약의 절기를 그대로 지키지 않습니다. 그러나 설교자는 어느 순간 이 절기에 대해 설교할 기회를 맞이하게 됩니다. 앞에서 확인했듯이 절기를 설교하는 일은 결코 쉽지 않지만, 그렇다고 외면할 수도 없습니다. 절기는 성경이 전하는 중요한 구속사의 한 부분이기 때문입니다.

---

23 기동연, 『소선지서 II: 미가 - 말라기』 (서울: 대한예수교장로회 총회출판국, 2017), 730.

구약 절기와 신약에서의 성취

그러므로 설교자는 먼저 구약 절기의 의미와 구조를 정확히 이해해야 합니다. 충분한 연구 없이 설교에 나선다면 부정확한 내용을 전하기 쉽습니다. 절기를 바르게 이해하려면 성경 본문뿐 아니라 고대 근동의 문화와 유대 전통까지 함께 살펴야 합니다. 물론 지나치게 해설 위주로 흐르면 설교가 본래의 목적에서 멀어질 수 있습니다. 기본적인 연구를 바탕으로 핵심을 정리하고, 필요한 부분을 적절히 확장해 가는 것이 바람직합니다.

앞서 살펴본 것처럼 구약의 절기는 크게 두 주제, 곧 하나님의 구속 사역(출애굽)과 약속의 땅에서 누리는 복(추수)에 기초합니다. 이 두 주제를 염두에 둘 때, 오늘의 교회와 성도에게도 바르게 적용할 수 있습니다. 더 나아가 이 절기들은 예수 그리스도 안에서 성취되었고, 지금은 성령을 통해 우리 가운데 적용되고 있습니다. 그러므로 구약의 절기는 반드시 신약의 빛으로 해석되어야 합니다. 다음 장에서 살펴보겠지만, 신약을 통해 우리는 구약 절기의 참된 의미를 훨씬 더 풍성하게 이해할 수 있습니다.

5
신약의 절기

절기의 성취와 변화

구약 절기의 연속성과 불연속성

절기의 관점에서 구약과 신약의 차이는 분명합니다. 구약에는 수많은 절기가 존재했고, 그 모든 절기는 엄격히 지켜져야 했습니다. 하나님은 절기를 어기거나 소홀히 여기는 자를 사형과 같은 무거운 형벌로 다스리라고 명령하셨습니다. 그러나 신약에는 절기에 대한 가르침이 매우 적고, 대체로 부정적이거나 소극적으로 언급됩니다. 시간이 흐르면서 구약 시대의 절기는 대부분 사라졌고, 어떤 절기는 다른 이름으로 계승되거나 성경에 없는 절기들이 새롭게 더해지기도 했습니다.

절기를 온전히 이해하려면 구약과 신약의 가르침을 함께 고려해야 합니다. 절기에 대해 알아야 할 가장 기본적인 사실은 구약의 모든 절기가 그리스도 안에서 성취되었다는 점입니다. 따라서 구약의 절기는 신약 시대에 더 이상 적용되지 않으며, 적용되더라도 이전과 같은 방식은 아닙니다. 예를 들어 율법에 따르면 안식일을 더럽히거나 안식일에 일하는 자는 사형에 처해야 했지만(출 31:14), 오늘날 우리는 주일성수를 어겼다고 성도를 죽이거나 출교시키지 않습니다. 이처럼 절기에 있어 구약과 신약 사이에는 분명한 불연속성이 있습니다.

그렇다면 구약의 절기는 어떻게 신약에서 계승되었을까요? 절기는 형식이며, 절기가 가르치는 복음이 본질입니다. 절기는 목적 그 자체가 아니라 그리스도의 구속 사역을 기억하게 하는 수단입니다. 구약의 유월절은 그리스도의 죽으심과 부활로 성취되었고, 오순절은 성령의 강림으로 완성되었으며, 초막절이 약속한 물과 빛은 그리스도 안에서 실현되었습니다. 이런 의미에서 절기가 바르게 이해되고 활용될 때, 성도들에게 여전히 큰 유익이 됩니다.

그러나 절기는 신약의 성도들이 반드시 지켜야 할 절대적 규범이 아니며, 복음을 기억하게 하는 유일한 수단도 아닙니다. 이 차이를 분별하지 못하면 절기에 대한 극단적 태도에 빠지기 쉽습니다. 일부 사람들은 성경에 기록된 절기를 문자 그대로 적용해야 한다고 주장하지만, "성경에서 지키라고 했으니 지켜야 한다"는 논리는 겉으로는 신실해 보일지라도 실제로는 그리스도 안에서 이미 이루어진 성취를 부정하는 위험한 태도입니다.[1] 절기를 다룬 성경 본문은 언제나 성경 전체의 흐름과 구속사적 관점 속에서 해석되어야 합니다.

절기의 연속성과 불연속성을 바르게 이해할 때, 우리는 구약의 절기라는 '형식'은 폐지되었지만, 그것이 가리키던 '본질'은 신약에서 더욱 풍성하게 계승되었다고 말할 수 있습니다. 절기를 지키지 않더라도 절기가 가리키는 복음은 더욱 선명하게 선포되어야 합니다. 이것이 신약 시대의 교회가 구약의 절기를 대하는 바른 자세입니다.

성탄절: 그리스도의 탄생

그리스도의 생애를 기록한 사복음서 중 마태복음과 누가복음은 예수님의 탄생을 비교적 자세히 전합니다. 이러한 탄생 기사는 이후 기독교 절기에 큰 영향을 미쳤습니다. 성탄, 즉 예수님의 성육신은 십자가와 부활과 더불어 복음의 핵심이며 당연히 설교를 통해 선포

---

1 제칠일안식일예수재림교회(안식교)는 토요일을 안식일로 지킨다. 그들의 주장은 "성경의 안식일은 토요일이며, 안식일이 주일로 바뀌었다는 근거는 성경 어디에도 없다"는 것이다. 안상홍증인회(하나님의교회) 역시 같은 논리를 사용한다. 그들은 성경이 유월절을 영원히 지키라고 명했기 때문에 오늘날에도 유월절, 오순절, 나팔절 등을 지켜야 한다고 주장한다. 신천지 또한 초막절을 지키며, 자신들이 영적으로 타락한 애굽(기성교회)에서 해방되어 광야에서 살고 있음을 기념한다고 말한다. 이처럼 성경의 절기를 문자적으로 해석하는 것은 신앙을 왜곡시키는 위험한 결과를 초래할 수 있다.

되어야 하지만, 그날 자체를 기념해야 하는가는 또 다른 문제입니다. 적어도 신약성경은 이 점에 대해 침묵합니다. 무엇보다 우리는 예수님이 태어나신 정확한 날짜도 알지 못합니다.

당시 이스라엘 지도자들은 메시아가 베들레헴에서 태어날 것을 알고 있었지만, 언제 태어날지는 알지 못했습니다(마 2:5-6). "그 지역에 목자들이 밤에 밖에서 자기 양 떼를 지키더니"(눅 2:8)라는 구절은 성탄일이 적어도 겨울은 아니었다는 점을 암시합니다.[2] 엄밀히 말해, 성탄절은 성탄일을 기념하는 날이라기보다 성탄 사건을 기념하는 날입니다.

누가복음은 예수님의 탄생 시기에 대해 중요한 역사적 단서를 제공합니다. 예수님의 탄생은 가이사 아구스도 황제와 구레뇨 수리아 총독과 밀접하게 연결되어 있습니다(눅 2:1). 누가의 기록을 통해 우리는 예수님의 탄생이 단순한 신화나 종교적 전승이 아니라 명백한 역사적 사건이었음을 확인할 수 있습니다. 당시 세계 최강국 로마 제국의 명령에 따라 유대인들은 본국으로 돌아와 호적 등록을 해야 했습니다.

이 사실을 통해 누가는 중요한 신학적 메시지를 전합니다. 과거 바사의 고레스왕이 포로가 된 유대인을 돌려보내 성전을 재건하게

2 I. Howard Marchall, *The Gospel of Luke*, NIGCT (Grand Rapids: Pater Noster & Eerdmans, 1978), 108. 목자들이 밖에서 양을 치는 시기는 4월에서 11월까지였다.

함으로써 하나님의 구속 계획을 이루는 도구가 되었듯이, 로마 제국의 아구스도 황제 역시 하나님께서 사용하시는 도구였다는 것입니다. 호적 명령은 결국 요셉과 마리아를 베들레헴으로 이동시켰고, 아구스도는 자신도 모르는 사이에 메시아 탄생에 관한 구약의 예언(미 5:2)을 이루는 역할을 감당했습니다. 누가는 이를 통해 예수님이야말로 참된 평화의 왕이심을 선포합니다.[3]

성경은 비록 예수님이 탄생하신 정확한 '날짜'에 대해서는 알려주지 않지만, '때'의 중요성은 분명하게 증언합니다. 바울은 갈라디아 교회에 이렇게 말합니다.

> 때가 차매 하나님이 그 아들을 보내사 여자에게서 나게 하시고 율법 아래에 나게 하신 것은 율법 아래에 있는 자들을 속량하시고 우리로 아들의 명분을 얻게 하려 하심이라(갈 4:4-5).

"때가 차매"를 문자적으로 번역하면 '시간이 충만했을 때'라는 의미입니다. 에베소서 1장 9절의 "때가 찬 경륜"이라는 표현도 동일한 맥락입니다. 종합하면 이는 '율법의 지배가 끝났을 때'로 해석하는 것이 가장 적절합니다.[4] 예수님으로 말미암아 새로운 구원의 시

---

3 Darrell L. Bock, *Luke: 1:1-9: 50,* ECNT (Grand Rapids: Baker Book House, 1994). 203.

4 Anna Rambiert-Kwaśniewska, "Paul's 'Fullness of Time' (Gal 4:4) and "Fullness of

대가 시작되었습니다.

율법 아래에서 나신 예수님은 율법에 철저히 순종하셨습니다. 누가는 이 사실을 매우 구체적으로 증언합니다. 예수님은 난 지 8일 만에 할례를 받으시고, 40일 후 예루살렘 성전에서 하나님께 봉헌되었습니다. 이 사건은 성탄 기사에서 상대적으로 덜 주목받지만, 성탄의 본질을 이해하는 데 매우 중요한 본문입니다. 이는 레위기 12장의 정결 예식과 관련되어 있으며, 누가는 이 모든 일이 율법대로 이루어졌음을 거듭 강조합니다.[5] 하나님께서 정하신 때에 세상에 나신 예수님은, 하나님께서 정하신 방식에 따라 자신의 사명을 완수하신 것입니다.

마지막으로, 예수님이 열두 살 때 일어난 사건을 살펴보겠습니다. 주목할 것은 그 장소와 시기입니다. 사건은 예루살렘 성전에서 유월절 기간에 일어났습니다. 해마다 요셉과 마리아는 유월절을 지키기 위해 예루살렘에 올라갔습니다. "그날들을 마치고 돌아갈 때"(눅 2:43)라는 표현은, 이들이 유월절뿐만 아니라 무교절과 초실절까지 다 지켰다는 사실을 나타냅니다.

요셉과 마리아는 소년 예수를 잃어버린 줄도 모른 채 돌아갔다가 다시 찾기까지 사흘이 걸렸습니다. 현대 신약학자들은 이 사흘

Times" (Eph 1:10), *Verbum Vitae* 38/1 (2020), 199-218.

5 기동연, 『레위기』, 437-438.

에 큰 의미를 두지 않지만, 전통적으로 교부들은 이 '사흘'을 예수님의 부활과 연결시켰습니다.[6] 만약 이 해석이 타당하다면 우리는 성탄 기사 속에서도 이미 복음의 핵심인 십자가와 부활이 선포되고 있음을 확인할 수 있습니다.

복음서가 전하는 예수님의 생애 초기 사건

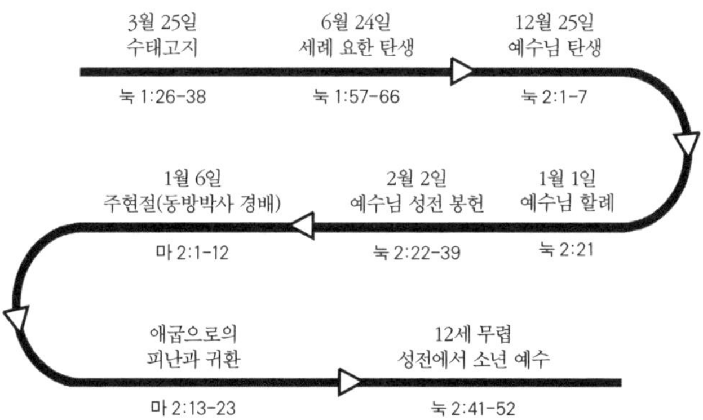

* 날짜는 전통 교회력 기준

6 Danny Christopher, "The Appropriation of Passover in Luke-Acts" (Ph.D. Diss., Durham University, 2016), 115-150. 대니는 이 탁월한 학위 논문에서 전통적인 교부의 입장을 설득력 있게 변증한다.

그리스도의 할례와 유아세례

TALK MORE

예수님은 태어나신 지 8일째 되는 날, 율법의 명령에 따라 할례를 받으셨다(눅 2:21). 이 사건은 단순한 관습이 아니라, 하나님께서 인간의 몸을 입고 율법 아래로 들어오셨다는 사실을 보여준다. 그러나 예수님의 할례가 오늘 우리에게 '규범'으로 주어진 것은 아니다. 구약의 할례가 신약의 세례로 완성되었기에[7] 8일에 대한 규정도 함께 폐지되었다고 보아야 한다.

역사적으로 로마교회와 정교회는 성탄 후 8일째 되는 1월 1일을 '그리스도의 할례절(Feast of the Circumcision of Christ)'로 지켜 왔다. 오늘 우리가 이 절기를 반드시 회복해야 할 필요는 없다. 다만 예수님께서 실제로 할례를 받으셨다는 사실은 복음을 이해하는 데 매우 중요하다. 만일 할례절이 존재한다면, 신자들은 최소한 일 년에 한 번은 "그리스도의 할례"(골 2:11)를 기억할 기회를 갖는 셈이다. 그러나 절기가 사라진 오늘날 우리는 이 사실을 잘 인식하지 못하거나, 인식하더라도 그 의미를 깊이 묵상할 기회가 거의 없다.

7 침례교회는 할례와 세례를 연결시키는 것을 구약 이스라엘과 교회를 혼동하는 것이라고 비판한다. 이 점에서 침례교회는 구약과 신약의 불연속성을 강조한다.

사도 바울은 이 사건의 신학적 의미를 다음과 같이 설명한다. "그리스도께서 하나님의 진실하심을 위하여 할례의 추종자가 되셨으니 이는 조상들에게 주신 약속을 견고하게 하시고, 이방인들도 그 긍휼하심으로 말미암아 하나님께 영광을 돌리게 하려 하심이라"(롬 15:8-9).

로마서 15장에 따르면 그리스도의 할례는 다음과 같은 복음적 의미를 가진다. 첫째, 그리스도의 할례는 하나님이 진실한 분이심을 증명한다. 둘째, 그 진실하심은 아브라함과 이삭과 야곱에게 하신 약속을 변함없이 성취하신다는 뜻이다. 셋째, 그 약속에는 이방인도 포함된다.

그리스도의 할례를 이해할 때 가장 중요한 점은 우리가 유대인이 아니라 이방인이라는 사실이다. 그리스도께서 할례를 받으셨기에 이방인인 우리의 자녀는 더 이상 할례를 받을 필요가 없다. 이제 신약의 성도는 그리스도의 할례를 대신하는 세례를 통해 하나님의 언약 백성임을 확증받는다. 따라서 교회는 비록 할례절을 따로 지키지 않더라도 그 의미를 분명히 알고 있어야 한다.

개신교에서는 설교 외에 할례의 의미를 드러낼 기회가 많지 않다. 그러므로 성탄절이나 새해에 그리스도의 할례에 담긴 복음을 선포하는 것이 유익하다. 특히 유아세례식을 의미 있게 시행하는 것이 중요하다. 유아세례식에서 "그리스도께서 율법 아래 태어나 할례를 받으셨다"는 복음의 의미를 설명한다면, 그 선포는 훨씬 큰 힘을 발휘할 것이다.◑

그리스도의 죽으심과 부활이 유월절과 관련되어 있다는 사실은 그분의 사역을 이해하는 데 매우 중요합니다. 예수님은 임의의 때에 죽으시거나 부활하신 것이 아니라, 유월절(무교절) 기간에 고난받으시고 부활하셨습니다.

예수님은 잡히시던 밤, 신약 교회를 위한 영구적 규례, 곧 성찬을 제정하셨습니다. 예수님께서 제자들에게 "내가 고난을 받기 전에 너희와 함께 이 유월절 먹기를 원하고 원하였노라"(눅 22:15)고 말씀하신 것도 같은 뜻입니다. 복음서를 종합해 보면, 예수님의 대적들은 그분을 체포할 방도를 꾸미고 있었지만, 예수님은 제자들에게 유월절 식사를 준비하게 하셨습니다. '저녁에서 다음 저녁까지'를 하루로 계산하는 유대인의 날짜법에 따르면, 유월절 식사와 예수님의 죽으심은 같은 날에 벌어진 사건입니다. 구약의 유월절 어린 양이 예표한 참된 어린 양께서 바로 그날 십자가에서 희생되신 것입니다.

구약의 유월절 식사에서 가장 중요한 음식은 무교병과 어린 양이었습니다. 그러나 예수님께서 제정하신 성만찬에서 강조되는 것은 떡과 포도주입니다. 구약에는 포도주에 대한 언급이 거의 없기 때문에 당시의 유대 전통을 참고해야 합니다. 이 전통에서 포도주는 유월절 식사의 핵심 요소였습니다. 참석자들은 네 번에 걸쳐 관련

본문을 읽고 시편을 찬송하며 포도주를 차례로 마셨습니다.[8] 이 예식을 통해 그들은 애굽으로부터 구원해 주신 하나님을 기억했을 뿐 아니라, 장차 이방의 권세로부터 구원해 주실 하나님을 기대했습니다. 예수님은 이 전통을 사용해 친히 떡과 포도주로 이루어진 신약 시대의 성례를 제정하신 것입니다.

특히 유월절 식사가 기쁨과 감사의 잔치라는 점은 매우 중요합니다.[9] 그러나 오늘날 우리의 성찬식에서 기쁨과 감사의 표정을 발견하기는 쉽지 않습니다. 여러 이유가 있겠지만, 성찬을 지나치게 그리스도의 죽으심에만 집중시키기 때문일지도 모릅니다. 물론 바울 사도는 고린도 교회 성도들에게 말했습니다. "너희가 이 떡을 먹으며 이 잔을 마실 때마다 주의 죽으심을 그가 오실 때까지 전하는 것이니라"(고전 11:26).

하지만 여기서 한번 더 생각해야 합니다. 그리스도의 죽으심을 전한다는 것은 무엇을 의미할까요? 만약 단순히 고통만을 기억하는 것이라면, 빵과 포도주보다 가시나무나 대못이 상징으로 더 적절할지도 모릅니다. 그러나 예수님께서 떡과 포도주를 사용하신 이유는 십자가에서 찢기신 몸과 흘리신 피가 우리의 참된 양식과 음료가 되기 때문입니다.

---

8 기동연, 『성전과 제사에서 그리스도를 만나다』, 181-182.

9 이성호, 『성찬, 천국잔치 맛보기』 (여수: 그라티아, 2016; 개정판).

만일 그분의 죽으심만을 기억하는 것이 성찬의 목적이라면, 사도들은 주일이 아니라 금요일에 성찬을 시행했을 것입니다. 실제로 어떤 교회들은 고난주간의 금요일에 성찬식을 시행하기도 합니다. 그러나 이는 성찬의 본질을 온전히 이해하지 못한 결과입니다.

대부분 성찬식이라고 하면 예수님께서 잡히시던 전날 밤의 장면만 떠올립니다. 그러나 부활하신 바로 그날, 엠마오로 가던 두 제자와 예수님께서 식탁을 함께 나누셨다는 사실도 잊지 말아야 합니다(눅 24:30-35). 제자들은 길에서 들은 말씀뿐 아니라 식탁의 교제를 통해 예수님의 부활을 확신할 수 있었습니다.

유월절과 식사의 관계는 오병이어의 기적에서도 확인됩니다. 요한복음 6장 4절은 이 사건의 시점을 분명히 밝힙니다. 바로 유월절이었습니다. 유월절의 관점에서 이 기적을 바라본다면, 예수님의 사역이 훨씬 더 풍성하고 구체적으로 드러납니다. 유월절을 통해 홍해를 건넌 이스라엘 백성을 모세가 광야에서 만나로 먹였듯이, 새로운 모세로 오신 예수님도 광야에서 자신에게로 온 수많은 백성을 먹이셨습니다.[10]

결론적으로, 구약의 유월절은 예수 그리스도의 죽으심과 부활로 완전히 성취되었습니다. 그렇다면 오늘 우리는 유월절을 어떻게 지

---

10 황원하, "예수 그리스도 안에서 완성된 절기," 최정기 편집, 『한국 교회를 건강하게 세우는 공간』 (서울: 고신언론사, 2014), 146.

킬 수 있을까요?

십자가에서 성취된 복음을 매 주일 바르게 선포함으로 지킬 수 있습니다. 특히 부활절 성찬을 통해 지킬 수 있습니다. 유월절의 참 어린 양이신 그리스도를 기억하며, 그분의 죽으심과 부활로 이루어진 구원을 기쁨과 감사로 축하하는 것입니다. 이것이 신약 시대에 유월절을 지키는 방법입니다.

오순절: 성령 강림과 교회 탄생

성탄절이 주님의 오심을 기념한다면, 오순절은 신약 교회의 탄생을 기념하는 날, 곧 교회의 '생일'이라 할 수 있습니다. 이날은 성령께서 교회에 임하신 날이기도 합니다. 예수님께서 세례받으실 때 비둘기 모양으로 임하신 성령은 오순절에 "불의 혀"와 같은 형상으로 제자들에게 임하셨습니다. "하늘로부터 급하고 강한 바람같은 소리"가 들린 것은, 구약의 시내산 임재가 오순절 성령 강림의 배경이 되고 있음을 보여 줍니다.[11]

---

11 그레고리 K. 비일, 『성전신학: 하나님의 임재와 교회의 선교적 사명』, 273-274. 실제로 오순절에 회당 예배에서 출애굽기 19-20장과 민수기 17-18장이 낭독된 것을 고려하면, 제자들도 모였을 때 이 성경 본문을 읽으며 성령의 임재를 위해 기도했다고 추측할 수 있다.

다른 절기 역시 성령과 무관하지 않지만, 오순절은 성령의 사역과 가장 밀접한 절기입니다. 성탄절이 그리스도의 오심을 기억하는 날이라면, 오순절은 성령의 오심을 기억하는 날입니다. 그리스도의 육체적 몸이 성령으로 잉태되고 성령으로 부활하셨듯이(롬 1:4), 그리스도의 신비한 몸인 교회 역시 성령으로 설립되었습니다.

그러나 오순절은 독립된 사건이 아닙니다. 오순절이라는 명칭 자체가 이미 그리스도의 죽으심과 부활을 전제합니다. 복음서의 기록에 따르면, 부활과 성령 강림 사이에는 다음과 같은 중요한 구속사적 흐름이 자리합니다.

> 그리스도의 부활 → 지상명령 → 그리스도의 승천 → 사도직의 회복 → 성령 강림(오순절)

따라서 오순절을 이해하려면 이 전체의 흐름을 함께 보아야 합니다.

오순절만을 지나치게 강조하는 이들은, 오순절을 기점으로 제자들이 두려움에서 벗어나 담대한 증인이 되었다고 강조합니다. 그러나 이는 성경의 증거와 다릅니다.[12] 예수님의 승천을 목격한 제자들

---

12 고재수, 『성령으로의 세례와 신자의 체험』 (서울: 개혁주의신행협회, 1989), 37.

은 더 이상 숨어 있지 않았습니다. 그들은 날마다 성전에서 하나님을 찬송하며, 주님이 약속하신 성령을 기다렸습니다(눅 24:52-53). 이처럼 승천 자체가 이미 제자들에게 큰 확신을 준 사건이었습니다.

전통적으로 교회는 그리스도의 승천일을 절기로 지켜 왔습니다. 설령 승천절을 별도로 지키지 않는다 하더라도, 승천 복음은 설교를 통해 반드시 선포되어야 합니다. 승천은 탄생으로 시작된 그리스도의 구속 사역이 완성되었음을 의미하기 때문입니다.

예수님의 승천 이후 제자들이 10일 동안 했던 가장 중요한 일은 사도직 보선이었습니다. 약 120명의 제자들이 마가의 다락방에 모였을 때, 베드로는 시편 109편 8절 "그의 직분을 타인이 취하게 하소서"를 인용하며, 가룟 유다를 대신할 사도를 세워야 한다고 말했습니다. 베드로는 승천을 메시아의 승리로 이해했고, 그 승리의 표지로 무너진 사도의 직분이 회복되어야 한다고 판단했습니다. 그리하여 제비뽑기를 통해 맛디아가 선출되었고, 사도의 직분이 온전히 회복되었습니다.

그리고 그 후 성령께서 임하셨습니다. 이는 사도들이 맡은 직무를 감당하도록 하시기 위함이었습니다. 지상명령을 수행하기 위해 사도들은 모든 민족을 제자로 삼아야 했습니다. 그러나 대부분 고등교육을 받지 못한 그들이 외국어로 복음을 전하는 일은 거의 불가능했습니다. 이때 성령께서 제자들에게 임하셨고, 방언의 은사를 주셨습니다. 이로 인해 여러 지방에서 온 사람들이 각자 자기 나라 말로 "하나님의 큰 일"(행 2:11)을 들을 수 있었습니다. 오순절의 방언은 기도가 아니라 복음의 증언이었습니다.

베드로는 담대하게 설교하며 선포했습니다. "너희가 십자가에 못 박은 이 예수를 하나님이 주와 그리스도가 되게 하셨느니라"(행 2:36). 말씀이 명확히 선포되자 청중은 마음에 찔려 "형제들아, 우리가 어찌할꼬"라고 탄식했습니다. 베드로는 "회개하여 각각 예수 그리스도의 이름으로 세례를 받고 죄 사함을 받으라. 그리하면 성령의 선물을 받으리니"라고 외쳤습니다. 그날 3천 명이 세례를 받아 최초의 신약 교회가 세워졌습니다. 그들은 사도의 가르침을 받아 서로 교제하고 떡을 떼며 오로지 기도하기를 힘썼습니다(행 2:42).

요약하면, 부활하고 승천하신 주님께서 승리의 선물로 교회에 직분을 주시고, 그 직분자들이 직무를 잘 수행하도록 오순절에 성령을 보내 주셨는데, 특별히 방언의 은사를 주셨습니다. 사도들은 방언으로 하나님의 큰 일을 선포했고, 설교를 듣고 회개한 수많은 사람에게 세례를 베풀어 교회를 세웠습니다. 회개하고 세례받은 자들은 말씀과 성찬과 기도에 전념했습니다. 이 세 가지를 '은혜의 외적 수단'이라 합니다. 최초의 신약 교회는 이 수단을 통해 계속 성장했습니다.

오순절 사건 자체는 역사 속에서 단 한 번 일어난 구원 사건이므로 반복될 수 없습니다. 예수님의 성탄이 반복될 수 없는 것처럼 성령의 유일한 임하심도 반복될 수 없습니다. 이러한 불연속성을 이해

성령 강림과 교회의 탄생

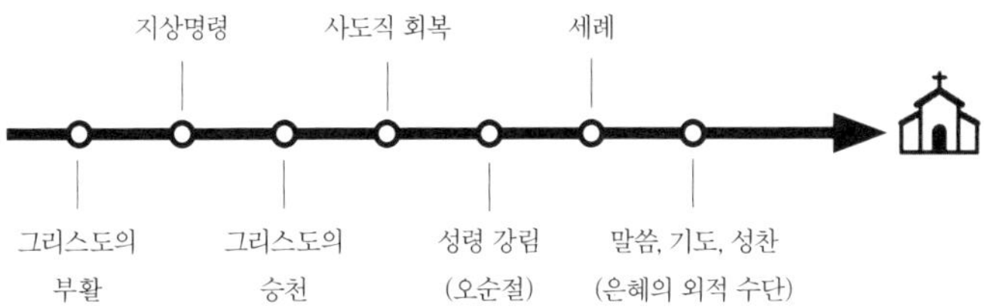

하지 못하면 오순절의 위대함이 훼손될 수 있습니다.

그러나 오순절의 어떤 요소들이 반복될 수 없다는 말은 아닙니다. 신약성경에서 말하는 '성령으로의 세례'[13]은 주로 오순절에 일어났던 일을 가리킵니다. 신자들은 죽으시고 부활하신 예수님을 믿을 때 성령으로 세례를 받게 됩니다. 이 성령은 오순절에 임하셨던 바로 그 성령이며, 이 성령으로의 세례를 통해 모든 신자는 한 몸, 곧 교회를 이룹니다. 따라서 오늘날 우리가 오순절을 지킨다는 것은, 오

---

13 '성령 세례'라는 표현은 한국 교회에서 널리 사용되지만, 성경에는 직접적으로 등장하지 않는다. 이 표현은 마치 성령이 세례를 베푸는 주체인 것처럼 오해될 소지가 있는데, 보다 정확한 표현은 '성령으로의 세례'이며, 여기서 성령은 '물로의 세례'와 대조되는 세례의 수단을 의미한다. 고재수, 『성령으로의 세례와 신자의 체험』, 9.

순절에 임하신 성령을 찬양하고 경배한다는 뜻일 뿐 아니라, 성령 강림과 관련된 구속 사건을 기억한다는 뜻입니다. 또한 모든 신자가 이 성령을 선물로 받음에 대해 감사하며 신앙 공동체로 살아간다는 뜻입니다.

초막절: 물과 빛의 절기

절기를 올바르게 이해할 때, 우리는 성경이 가진 풍성한 의미를 깨닫게 됩니다. 신약성경에서 절기가 차지하는 비중은 크지 않지만, 예수님의 사역을 이해하는 데 매우 중요한 배경이 되곤 합니다. 어떤 경우에는 절기 자체가 복음서의 큰 틀을 이루기도 합니다. 요한복음이 대표적인 예입니다. 절기에 대한 이해 없이는 요한복음을 온전히 이해하기 어렵습니다.[14] 예수님께서 "나는 세상의 빛이다"(요 8:12)라고 말씀하신 장면도, '빛의 절기'라 불리는 초막절의 배경을 모른다면 이것이 메시아 선포임을 놓치기 쉽습니다.[15]

초막절은 일 년 마지막 추수를 기뻐하는 절기입니다. 그러나 유월절과 오순절에 비해 신약에서 상대적으로 덜 주목받고, 오늘날 대

14 권해생, 『요한복음』 (서울: 대한예수교장로회총회출판국, 2021; 확대개정판).

15 이성호, 『요한복음, 복음으로 읽기』 (서울: 좋은씨앗, 2020).

부분의 신자들에게도 그 중요성이 잘 알려져 있지 않습니다. 구약에는 초막절에 대한 규정이 자세히 기록되어 있지만, 신약의 여러 본문이 겉보기에는 초막절과 별다른 연관이 없어 보이기 때문입니다.

하지만 요한복음은 초막절을 특별히 강조합니다.[16] 주목할 점은 초막절이 지켜지는 과정에서 모세 시대 이후 두 가지 중요한 예식이 추가되었다는 사실입니다. 하나는 성전에서 물을 붓는 예식이고, 또 하나는 성전을 횃불로 환하게 밝히는 예식입니다. 그래서 초막절은 종종 '물과 빛의 절기'라고 불립니다.

이 두 예식은 구약 본문에 명확히 기록되어 있지 않지만, 이를 이해하지 못하면 요한복음에서 '물'과 '빛'을 왜 그렇게 중요한 주제로 다루는지 파악하기 어렵습니다.

물의 의미

초막절 기간 동안 성전에서 물을 붓는 예식은 다음과 같이 진행되었습니다. 제사장은 황금주전자를 들고 실로암 연못으로 내려가 물을 길어옵니다. 실로암은 히스기야왕이 기드론 시내의 물을 예루살렘으로 끌어오기 위해 만든 시설입니다(대하 32:30). 이 물은 성전으로 옮겨져 제단 아래에 있는 대야에 부어지고, 준비해 둔 포도주도

---

16 Bruce K. Satterfield, "John 7-9 in Light of the Feast of Tabernacles," in *The Testimony of John the Beloved* (Salt Lake City: Deseret Book Company, 1998), 249-265.

함께 부어졌습니다. 초막절 7일 동안 이 예식이 반복되었습니다.[17]

이 전통이 언제 정착되었는지 정확히 알려져 있지 않지만, 많은 학자들은 이사야 12장 3절이 그 배경이 되었을 것으로 봅니다.[18]

이 사실을 알고 요한복음 7장을 읽으면 의미가 선명해집니다. "초막절이 가까운지라"(요 7:2)는 표현은 그 장 전체가 초막절 배경 속에서 진행되고 있음을 보여 줍니다. 실제로 7장 곳곳에서 '명절'이라는 표현이 반복됩니다. 마침내 절기의 마지막 날, 예수님께서 다음과 같이 선포하셨습니다.

> 누구든지 목마르거든 내게로 와서 마시라. 나를 믿는 자는 성경에 이름과 같이 그 배에서 생수의 강이 흘러나오리라(요 7:37-38).

초막절의 물 붓는 예식을 알지 못하면, 이 말씀의 의미를 충분히 이해하기 어렵습니다. "명절 끝날 곧 큰 날"(요 7:37)이 정확히 어느 날을 가리키는지에 관한 논쟁은 여전히 있습니다. 하지만 초막절이 7일 동안 진행되고, 그다음 날이 '성회' 혹은 특별한 안식일로 지켜졌다는 기록을 고려하면, 이는 여덟 번째 날로 볼 수 있습니다. 유대 전통에서 초막절 여덟 번째 날은 첫 비를 내려 주신 하나님을 기뻐

---

17 강성구, 『모에드와 하그』, 178. 기동연, 『성전과 제사에서 그리스도를 만나다』, 196-198.

18 "그러므로 너희가 기쁨으로 구원의 우물들에서 물을 길으리로다."

하는 날이자, 메시아 시대에 영적인 비를 내려 주실 것이라는 그분의 약속을 기대하는 날로 여겨졌습니다.

예수님의 약속에서 논쟁이 되는 부분은 '물이 어디서 나올 것인가'입니다. 일반적으로 "그의 배에서"라는 표현에서 '그'는 성도가 아니라 예수님 자신을 가리킨다고 보는 해석이 힘을 얻고 있습니다. 예수님을 새로운 성전으로 이해할 때, 생수에 대한 이 약속은 더욱 분명해집니다.[19] 에스겔이 본 환상에는 성전으로부터 물이 흘러나와 온 세상을 살리는 장면이 등장하는데(겔 47장), 이 환상이 예수님 안에서 성취되었습니다.

당시 제자들은 이 물이 무엇을 뜻하는지 알지 못했지만, 후에 그것이 성령을 의미한다는 사실을 깨달았습니다(요 7:39). 결국 초막절에 선포된 예수님의 말씀은 절기 자체가 성전과 깊이 관련되어 있으며, 그 모든 의미가 예수 그리스도 안에서 완성되고 계승된다는 사실을 다시 한번 확인시켜 줍니다.

빛의 의미

초막절의 또 다른 핵심 요소는 '빛'입니다. 광야에서 하나님은 이스라엘 백성을 구름기둥과 불기둥으로 인도하셨고, 그 불기둥은 성막

19 Joseph R. Greene, "Integrating Interpretations of John 7:37-39 into the Temple Theme: the Spirit as Efflux from the New Temple," *Neotestamentica* 47 (2013): 333-351.

과 함께 이동했습니다. 초막절을 지키는 유대인들은 이 역사를 기념하기 위해, 해가 지면 성전 뜰에 높이 세운 네 개의 거대한 횃불대에 불을 밝혔습니다. 그 불빛은 예루살렘성 전체를 밝게 비추었고,[20] 성전이 온 세상을 비추는 빛임을 상징적으로 나타냈습니다. 빛의 예식은 초막절이 '기쁨의 절기'임을 가장 극적으로 보여 줍니다.

이 배경을 알고, 예수님의 선언을 들어보십시오.

> 나는 세상의 빛이라(요 8:12).

이 말씀은 단지 은유적 표현이 아니라, 초막절의 빛의 예식과 성전의 역할을 예수님 자신이 성취하셨다는 선언입니다. 요한복음 1장 4절은 말합니다. "그 안에 생명이 있었으니, 이 생명은 사람들의 빛이라."

빛으로 오신 예수님은 실제로 어둠 속에 갇혀 있던 맹인의 눈을 열어 생명을 보게 하셨습니다. 맹인의 눈에 진흙을 바르시고 실로암에 가서 씻으라고 하신 장면도 초막절의 물과 연결됩니다. 그 사건은 단순한 치유가 아니라, 초막절의 물과 빛의 진정한 의미가 예수님 안에서 성취되었음을 보여 주는 표적이었습니다.

---

20 Satterfield, "John 7-9 in Light of the Feast of Tabernacles," 255.

유월절이나 오순절과 달리, 오늘날 초막절은 한국 교회에서 거의 잊힌 절기가 되었습니다. 현대 그리스도인이 유대인들처럼 초막을 짓고, 그 안에서 일주일을 지내는 방식으로 절기를 지키기는 어렵습니다. 그러나 초막절의 중요한 요소 가운데 하나는 추수에 대한 감사입니다. 그런 의미에서 오늘 우리의 추수감사주일이 초막절의 정신을 잇는 절기라 할 수 있습니다.

하지만 더 중요한 점이 있습니다. 초막절은 단지 추수를 기념하는 절기가 아니라 세상의 빛, 영원한 생수를 주시는 분, 곧 예수 그리스도를 가리키는 절기였습니다. 초막절의 형식은 그림자이고, 실체는 그리스도이십니다. 그러므로 오늘날 우리가 초막절의 형식을 그대로 지키지 않는다 해도, 초막절이 증언하는 복음을 힘있게 선포할 때, 우리는 신약적으로 초막절을 올바르게 지키는 것입니다.

서신서에 나타난 절기

골로새서: 그림자와 실체

신약성경에서 절기에 관한 가장 분명한 지침은 골로새서 2장에 나옵니다. 바울은 골로새 성도들에게 다음과 같이 권면합니다.

> 또 범죄와 육체의 무할례로 죽었던 너희를 하나님이 그와 함께 살리

시고 우리의 모든 죄를 사하시고 우리를 거스르고 불리하게 하는 법 조문으로 쓴 증서를 지우시고 제하여 버리사 십자가에 못 박으시고 통치자들과 권세들을 무력화하여 드러내어 구경거리로 삼으시고 십자가로 그들을 이기셨느니라. 그러므로 먹고 마시는 것과 절기나 초하루나 안식일을 이유로 누구든지 너희를 비판하지 못하게 하라. 이것들은 장래 일의 그림자이나 몸은 그리스도의 것이니라(골 2:13-17).

이 말씀을 바르게 이해하려면, 바울이 왜 이런 권면을 했는지 먼저 살펴볼 필요가 있습니다. 골로새 교회 안에는 예수님을 주로 고백한다고 하면서도, 사람의 전통과 헛된 가르침으로 성도들을 미혹하는 거짓 교사들이 있었기 때문입니다(골 2:8). 그들은 구약의 규례 준수를 강조하며, 특히 음식 규정과 절기를 지키지 않는 성도들을 비판했습니다.

이에 바울은 먼저 골로새 성도들에게 "너희가 그리스도 예수를 주로 받았으니"(골 2:6) 그분 안에 굳게 서야 한다고 상기시킵니다. 그리고 신성의 모든 충만이 그리스도의 육체 안에 거하고(골 2:9), 신자들은 그분 안에서 충만해졌으며(골 2:10), 그분과 연합하여 세례로 함께 죽고 함께 살았다고 선언합니다.

그리스도는 우리의 죄를 고발하던 증서를 지워 버리고 십자가에 못 박으셨습니다. 따라서 그리스도와 연합해 부활하고 신성에 참여한 신자들에게는 더 이상 율법의 규정이 같은 방식으로 적용되지 않습니다. 그 규례들은 '장래 일의 그림자'에 불과하기 때문입니다. 바울은 그리스도의 십자가와 부활이 율법의 규례, 그중에서도 절기의 의미를 완성했다는 사실을 명확히 설명합니다.

이 구절은 오래도록 안식일 논쟁의 핵심 본문으로 다루어졌습니다. 만약 절기와 초하루(월삭)가 폐지되었다면, 안식일도 함께 폐지된 것으로 보아야 한다는 주장 때문입니다. 실제로 이러한 이유로 루터를 비롯한 일부 종교개혁가들 중에는 주일을 특별한 날로 지키는 것에 신중하거나 부정적인 입장을 보인 이들도 있었습니다.

그러나 여기서 중요한 사실이 있습니다. 골로새서 2장 16절에서 바울이 말하는 '안식일들'은 복수형입니다. 구약에는 매주 반복되는 안식일 외에도 절기를 위한 안식일이 여러 번 등장합니다. 예를 들어 대속죄일은 "안식일 중의 안식일"(레 16:31)이라 불렸고, 무교절의 첫날과 마지막 날, 초막절의 첫날과 마지막 날도 안식일로 불렸습니다. 이 모두가 절기의 안식일들입니다.

또한 골로새서의 '안식일들'이 절기와 초하루와 결부되어 있는데, 이 구문은 구약성경에서 절기적 안식일을 가리킬 때 반복적으로 사용되던 관용적 표현입니다.[21] 반대로 주간의 안식일을 가리킬 때는

21 해당 성경 구절은 다음과 같다. 역대상 23:31, 느헤미야 10:33, 역대하 2:4 그리고 31:3, 이사야 1:13-14, 에스겔 45:17, 호세아 2:11. 더 자세한 논의는 다음 연구서를 참조하라. Robert Paul Martin, *The Christian Sabbath: Its Redemptive-Historical Foundation, Present Obligation, and Practical Observance*, (Montville: Trinity Pulpit Press, 2015).

항상 단수형이 사용되어 절기의 안식일과 구분되었습니다. 따라서 바울 사도는 율법의 그림자로서의 절기 안식일에 대해 비판한 것이지 도덕법으로서의 제4계명(주간의 안식일)의 무용성을 주장한 것이 아닙니다.

갈라디아서: 때와 시기

절기에 대한 바울의 또 다른 가르침은 갈라디아서 4장 10절에서 찾아볼 수 있습니다.

> 그러나 너희가 그때에는 하나님을 알지 못하여 본질상 하나님이 아닌 자들에게 종 노릇 하였더니 이제는 너희가 하나님을 알 뿐 아니라 더욱이 하나님이 아신 바 되었거늘 어찌하여 다시 약하고 천박한 초등학문으로 돌아가서 다시 그들에게 종 노릇하려 하느냐. 너희가 날과 달과 절기와 해를 삼가 지키니 내가 너희를 위하여 수고한 것이 헛될까 두려워하노라(갈 4:8-11).

먼저 주목할 점이 있습니다. 갈라디아서에 번역된 '절기'는 골로새서에서 사용된 '절기(헤오르테, ἑορτή)'와 전혀 다른 단어입니다. 갈라디아서 4장에 나오는 '절기'는 '카이로스(καιρός)'의 복수형으로, 문자적으로 '때' 또는 '시기'를 의미합니다. 이 단어는 본래 구약의 절기를 가리키는 표현이 아닙니다.

문맥을 살펴보면, 바울이 책망하는 대상은 이방인 출신의 신자들입니다. 그들은 예수님을 믿기 전, 자신들의 문화와 종교적 풍습에 따라 여러 절기나 주술적 시기를 지켜 왔습니다.[22] 그런데 복음을 받아들인 후에도 여전히 옛 관습에 매여 '때와 시기'를 의식하며 살아가고 있었던 것입니다. 바울은 이것을 "다시 종 노릇하는 것"이라고 강하게 책망합니다.

갈라디아서 4장 10절은 구약 절기의 폐지나 준수 여부를 말하는 본문이 아닙니다. 따라서 이 구절을 근거로 "절기를 지키지 말아야 한다"거나, "절기는 폐지되었다"고 단정하는 것은 문맥과 어휘의 의미 모두에 맞지 않습니다. 그러나 이 본문이 주는 간접적 원리는 분명합니다. 신자는 복음의 자유를 버리고, 다시 인간의 전통이나 미신적 관습에 매여서는 안 된다는 것입니다.

로마서: 믿음이 강한 자와 약한 자

절기를 논할 때 함께 고려해야 할 또 하나의 중요한 본문은 로마서 14장 5절입니다.

---

22 Troy Martin, "Pagan and Judeo-Christian Time-Keeping Schemes in Gal 4.10 and Col 2.16," *New Testament Studies* 42 (1996), 112. 트로이의 주장을 반박하는 내용은 다음 연구서를 참고하라. Ross Cole, "The Christian and Time-keeping in Colossians 2:16 and Galatians 4:10," *Andrews University Seminary Studies* 39 (2001): 273-282.

어떤 사람은 이날을 저날보다 낫게 여기고 어떤 사람은 모든 날을 같게 여기나니 각각 자기 마음으로 확정할지니라.

이 구절을 곧바로 제4계명(안식일)과 연결하는 것은 적절하지 않습니다. 로마서 14장은 안식일 계명의 본질을 논증하는 장이 아니며, 바울의 목적도 신앙의 핵심 교리를 설명하는 데 있지 않습니다.[23] 여기서 언급된 날은 유대인의 절기나 절기의 특별한 안식일을 가리킨다고 보는 것이 가장 자연스럽습니다.[24]

로마서 14-15장의 핵심 주제는 참된 믿음과 거짓된 믿음 구별이 아니라, 믿음이 강한 자와 약한 자가 서로를 어떤 태도로 대해야 하는가입니다. 믿음이 강한 자는 음식과 날에 구애받지 않습니다. 반대로 약한 자는 여전히 음식과 날을 민감하게 여기며 차이를 둡니다. 이 문제는 복음의 본질이 걸린 진리 문제는 아니지만, 잘못 다루면 교회의 하나 됨을 크게 해칠 수 있습니다. 바울이 이 문제를 가볍게 다루지 않은 이유가 여기에 있습니다.

그가 제시한 해법은 단순합니다. "강한 자는 약한 자의 연약함

---

23 Raoul Dederen, "On Esteeming One Day Better Than Another," *Andrews University Seminary Studies* 9.1 (1971): 26.

24 Herman Bavinck, *Reformed Ethics: The Duties of Christian Life*, Vol. 2 (Grand Rapids: Baker Academics, 2021), 226.

을 기꺼이 짊어지라." 이것이 로마서 15장 전체가 말하는 십자가의 원리입니다.

이 원리는 오늘 한국 교회에도 그대로 적용됩니다. 이 말씀을 근거로 제4계명(안식일)을 약화하거나 폐지해서는 안 됩니다. 안식일을 제외하면 절기는 진리의 본질이 아닙니다. 그러나 진리의 문제가 아니라는 이유로 소홀히 다루어서도 안 됩니다. 교회는 성경이 허락하는 범위 안에서 절기를 바르게 이해하고 실천할 수 있지만, 그 방식이 다르다는 이유로 서로를 판단하거나 정죄해서는 안 됩니다.

이것이 로마서가 우리에게 주는 지혜이며, 신약 시대의 성도가 절기에 대해 가져야 할 올바른 태도입니다.

영과 진리로 드리는 예배

구약의 절기는 그리스도 안에서 완전히 성취되었습니다. 절기의 기능과 중요성이 변화된 가장 중요한 이유는 메시아이신 그리스도의 오심 때문입니다. 예수님은 우물가의 여인에게 예배의 본질에 관한 가장 중요한 진리를 가르치셨습니다.

> 아버지께 참되게 예배하는 자들은 영과 진리로 예배할 때가 오나니 곧 이때라. 아버지께서는 자기에게 이렇게 예배하는 자들을 찾으시느

니라. 하나님은 영이시니 예배하는 자가 영과 진리로 예배할지니라 (요 4:23-24).

이 말씀은 "어디에서 예배드려야 하는가"라는 논쟁 속에서 주어졌습니다. 당시 유대 사회에서 예배 장소는 매우 중요한 신앙 문제였습니다. 사마리아인은 그리심산을, 유대인은 예루살렘 성전을 참된 예배 장소로 주장했습니다. 다른 장소에서 예배하는 것은 상상할 수 없는 일이었습니다. 그들은 메시아가 오시면, 어떤 장소가 진정한 예배의 자리인지 분명하게 밝혀 줄 것이라고 생각했습니다.

그러나 메시아이신 주님은 두 장소 모두 참된 예배의 필수 조건이 아니라고 선언하셨습니다. 왜냐하면 예배 받으시는 하나님이 영이시며, 성령을 부으심으로 새 시대가 시작되었기 때문입니다(겔 11:19-20). 예배는 이제 더 이상 특정 장소에 묶이지 않게 되었습니다.

"영과 진리로 예배한다"는 표현은 한 구절로 설명하기가 쉽지 않지만, 문맥을 통해 그 의미를 이해할 수 있습니다. 먼저, 영과 진리는 따로 떨어진 요소가 아니라 긴밀하게 연결된 한 개념입니다. 여기서 '영'은 육신적 제의, 외형적 형식, 굳어진 마음과 대조되는 개념이며, '진리(aletheia)'는 단순히 거짓이 없는 상태가 아니라 감춰지지 않은 계시, 곧 그리스도를 통해 드러난 하나님의 진리를 의미합니다. 다시 말해, 이제 성도는 성령의 도우심으로 그리스도 안에서 계시된 하나님을 알고, 어디서든지 하나님을 참되게 예배할 수 있게 되었습니다.

예수님의 가르침은 단지 장소 문제만 해결한 것이 아닙니다. 예배는 장소뿐 아니라 시간 개념에서도 해방되었습니다.

장소와 시간은 예배의 두 축을 이루기 때문에, 요한복음 4장을 장소 문제로만 제한해 해석하는 것은 충분하지 않습니다. 실제로 웨스트민스터 신앙고백서는 이 구절을 예배 시간의 범위까지 확대해 적용하고 있습니다.

> 현 복음 시대에 기도나 종교적 예배의 어떤 순서도 행하는 장소나 향하는 곳에 매여 있지 않으며 더 잘 받아들여지는 것도 아니다. 그러나 매일 가정에서나 은밀하게 홀로, 그리고 어디서나 영과 진리로 하나님을 예배할 수 있다(21장 6절).

여기서 주목해야 할 중요한 원리가 있습니다. 우리는 특정한 날을 정해 예배를 드릴 수 있습니다. 그러나 그날이 다른 날보다 더 신성하거나, 그날의 예배가 본질적으로 더 우월한 예배라고 생각해서는 안 됩니다. 예를 들어 부활절은 신앙적으로 매우 중요한 의미가 있지만, 하나님께서 그날의 예배를 다른 예배보다 더 기뻐하시는 것은 아닙니다. 성탄절도 마찬가지입니다. 성탄절은 교회의 역사 속에서 전승된 좋은 유산이지만, 그날 자체에 신성을 부여한다면 하나님께서 정하신 원리를 넘어서는 것입니다.

결국 핵심은 절기가 가리키는 복음이 능력 있게 선포되는가입니니다. 구약 시대의 백성은 정해진 장소(성전), 정해진 시간(절기)에 모여 하나님을 예배하며, 하나님이 시간과 공간의 주인이심을 배웠습니다. 그러나 그리스도께서 오심으로 예배는 특정 장소에 갇히지 않고, 특정 날로 제한되지 않습니다.

이제 신약의 백성은 성령의 능력을 힘입어 그리스도 안에서 계시된 진리를 따라 하나님을 예배할 수 있습니다. 이것이 절기의 폐지를 의미하지 않습니다. 오히려 절기의 본질, 곧 하나님과의 만남, 구원의 기억, 감사의 축제가 더 넓고 더 풍성하게 실현된 것입니다. 구약의 절기는 일 년에 몇 번의 특별한 시간에 국한되었지만, 신약의 예배는 모든 날, 모든 곳에서 드려집니다. 이것이 그리스도 안에서 절기가 완성된 방식입니다.

6
교회 역사 속의 절기

성경은 절기에 대해 여러 깊은 가르침을 주지만, 교회가 그것을 어떤 방식으로, 어떤 규범에 따라 지켜야 하는지 세세하게 규정하지는 않습니다. 그렇다면 오늘날 우리는 어디에서 지침을 얻을 수 있을까요? 바로 교회의 역사입니다. 물론 역사 역시 오류 없는 기준은 아닙니다. 그러나 지난 2천 년 동안 교회가 경험하고 축적해 온 논의와 실천들은 오늘 우리 시대의 목회와 예배 질서를 세우는 데 매우 유익한 통찰을 제공합니다. 이 지침들을 바르게 분별하고 적용하며 교회를 세워 가는 것 또한 오늘 교회 지도자들에게 주어진 중요한 사명 가운데 하나일 것입니다. 이 장에서는 교회 역사의 전 시대를 포괄적으로 다루기보다, 절기의 형성과 변천에 결정적인 전환점을 제공한 몇 가지 사건과 논쟁을 중심으로 살펴보겠습니다.

고대 교회

유월절 논쟁[1]

신약성경은 "안식 후 첫날(주의 날)" 예배 외에 교회가 별도의 절기를 제정해 지켰다는 명확한 기록을 남기지 않습니다. 게다가 초대 교회 다수의 성도들은 유대인이었기에 더 이상 구약의 희생제사 방식으로 절기를 지키지는 않았지만, 유대 절기가 제공하는 공적 모임의 기회를 복음 전파에 적극 활용했습니다(행 20:6, 16). 이 시기의 유대인 신자들은, 오늘날 한국의 신자들이 민속 명절을 지키되 제사 대신 예배와 감사로 보내는 것과 비슷한 방식으로 구약 절기의 시간 속에서 생활했을 것입니다.

그러나 그들에게 구약의 절기들은 예수 그리스도의 십자가와 부활을 통해 완전히 새로운 의미를 갖게 되었습니다.[2] 시간이 흐르고 유대교와 교회가 점차 분리되자, 구약의 많은 절기들은 교회 안에

---

1 2세기에 있었던 유월절 논쟁은 교회사가들에게 별 관심을 받지 못했다. 최근 연구에 대해서는 다음 논문을 참고하라. William L. Petersen, "Eusebius and the Paschal Controversy," in ed. Jan Krans and Joseph Verheyden, *Pastrics and Text-Critical Studies: The Collected Essays of William L. Petersen* (Leiden & Boston, 2012), 204-218. 기본적인 연구에 대해서는 다음 책을 참고하라. Philip Schaff, *History of the Christian Church*, vol. II: Ante-Nicene Christianity (Grand Rapids: Wm. B. Eerdmans, 1995; 재판), 209-220. Abbé Duchesne, *The Early History of the Church* (London: John Murray, 1910), 207-211.

2 Thomas J. Talley, *The Origins of the Liturgical Year* (Collegeville: The Liturgical Press, 1986),4.

서 자연스레 비중이 줄어들었습니다. 그럼에도 유월절(파스카)[3]은 예수 그리스도의 죽음과 부활과 직결되어 있었기에 초대 교회가 가장 중요하게 여긴 절기였습니다.

파스카 논쟁의 배경과 전개

교회가 "예수님의 죽으심과 부활을 기념해야 한다"는 데에는 이견이 없었습니다. 문제는 그것을 언제, 어떤 방식으로 기념할 것인가였습니다. 오랜 기간 보편적 합의를 이루지 못하면서 2세기 교회는 파스카 논쟁(Paschal Controversy)이라 불리는 심각한 갈등을 겪습니다.[4] 흔히 '부활절 논쟁'이라는 표현이 사용되지만, 이는 정확한 용어가 아닙니다.[5] 실제 쟁점은 부활의 날짜보다 성찬을 언제 거행해야 하는가, 곧 그리스도인의 유월절 예식의 시점이었습니다.

성경은 예수님께서 유월절에 죽으시고, 안식 후 첫날 곧 초실절에 부활하셨다고 증언합니다. 언뜻 계산이 단순해 보이지만, 달력(태

---

3 파스카(Pascha)는 히브리어 페사흐(פֶּסַח)의 헬라어 음역으로, '유월절'을 뜻한다. 초대 교회에서는 예수 그리스도의 수난과 부활을 기념하는 절기를 '파스카'라 불렀으며, 훗날 영어의 *Easter*(부활절)와 구분되는 보다 포괄적인 개념으로 사용되었다.

4 유월절 절기와 관련해 교회 안에 여러 전통이 있었다는 것에 대해서는 다음 연구서를 참고하라. Daniel P. McCarthy & Aidan Breen, *Ante Nicene Christian Pasch De Ratione: The Paschal Tract of Anatolius, Bishop of Laodicea* (Dublin and Portland, Oreg.: Four Courts Press, 2003).

5 고창국, "유세비우스 『교회사』 유월절 논쟁을 통해 재조명한 유세비우스의 이단의 기준 연구," (석사학위 논문, 협성대학교, 2010), 5-6.

음력/태양력/히브리력)을 기준으로 절기를 정해야 했기에 실제 결정은 쉽지 않았습니다. 여기에는 단순한 날짜 문제가 아니라, "유대교의 유월절을 교회는 어떻게 새롭게 이해해야 하는가"라는 신학적 문제가 내포되어 있었습니다. 유대인의 안식일이 주일로 재해석되었듯이, 유월절 역시 그리스도 안에서 새롭게 해석되어야 했습니다.

기독교 관점에서 유월절을 볼 때, 무엇보다 중요한 전제는 예수님이 유월절 어린 양이라는 것입니다. 그분은 유월절 어린 양으로서 십자가에서 희생 제물이 되셨고, 자기 백성을 죄에서 구원하셨습니다(고전 5:7-8).

그렇다면 그리스도인의 유월절을 어떻게 기념해야 할까요? 예수님께서 잡히시던 밤에 제정하신 유월절 식사, 즉 성찬이 가장 합당한 방식이었습니다. 다만 시점이 문제였습니다. 유월절 식사를 언제 거행해야 하는가에 대해 의견 차이가 있었던 것입니다. 잘 알려진 대로 예수님은 죽으시기 전날[6] 저녁에 유월절 예식을 지키셨습니다.

동서 교회의 대립과 니케아 공의회의 결정

초대 교회는 크게 두 전통으로 나뉘었습니다. 소아시아 교회(동

---

6 예수님께서 죽으신 날에 대한 복음서의 기록은 완전히 일치하지는 않는다. 특히 요한복음 19장 14절은 "유월절의 준비일"에 예수님께서 죽으셨다고 기록하는데, 여기서 이날은 유월절의 전날이 아니라 '유월절 주간의 준비하는 날'로 보아야 하며, 안식일 전날을 말한다. Cf. 권해생, 『요한복음』, 514.

방 교회)는 예수님의 '죽으심'에 초점을 두고, 히브리 달력 니산월 14일 곧 예수님께서 잡히시던 날 저녁에 파스카 성찬을 거행했습니다. 따라서 그 날짜가 평일이 될 수도 있었습니다. 반면 로마교회(서방 교회)는 예수님의 부활을 구원의 완성으로 보았기 때문에, 니산월 14일 이후 첫 주일에 파스카를 시행했습니다. 로마교회에서 그날은 반드시 주일이어야 했습니다.

절기 문제를 결정하는 데 중요한 것은 판단 기준이었습니다. 성경은 이를 명시적으로 규정하지 않았기에, 각 교회는 사도적 권위를 근거로 자신의 전통을 정당화했습니다. 소아시아 교회는 사도 요한과 빌립의 전통을, 로마교회는 베드로와 바울의 전통을 주장했습니다. 처음에는 각 지역이 자기 방식대로 지켰기에 큰 갈등은 없었습니다. 그러나 소아시아 출신의 신자들이 로마로 이주해 독립적인 교회를 세우면서 충돌이 생겼습니다.[7]

금식 전통도 갈등을 키웠습니다. 모든 교회가 파스카 전에 금식했지만, 금식을 끝내는 시점이 달랐습니다. 어떤 교회는 아직 금식 중인데, 다른 교회는 금식을 마치고 성찬을 시행하는 일이 벌어지자 교회의 일치가 흔들릴 수 있다는 우려가 커졌습니다.

식스투스 등 초기의 교황들은 이런 다양성을 관용했으나, 시간

---

7 Souvay, "The Paschal Controversy unde Pope Victor I," 45.

이 지나면서 '교회의 일치'를 명확히 해야 한다는 흐름이 강해졌습니다. 교황 아니케투스는 로마의 전통을 권고하며 서머나 교회의 폴리카르포스(폴리캅)를 로마로 불러 논의했지만, 두 사람은 서로의 의견을 존중하는 데 그치고 합의에는 이르지 못했습니다. 뒤이어 교황 빅토르는 로마의 방식을 따르지 않는 교회를 출교하겠다고 단호히 경고했고,[8] 이에 동방 교회가 크게 반발했습니다. 이때 리옹의 감독 이레나이우스가 나서서 강경 조치를 말리며 관용을 호소하자,[9] 결국 빅토르는 그의 권면을 받아들였습니다. 덕분에 교회는 큰 분열을 피했습니다.

하지만 논쟁이 완전히 끝난 것은 아니었습니다. 결국 325년, 니케아 공의회는 원래 아리우스의 이단 논쟁을 해결하기 위해 소집되었지만, 이 회의에서 파스카 문제가 함께 결정되었습니다. 공의회는 파스카를 춘분 이후 첫 보름이 지난 다음 주일로 확정했습니다. 이렇게 결정한 이유는, 가장 거룩한 기독교의 절기를 더 이상 유대인의 달력 관습에 따라 지켜서는 안 된다는 주장이 힘을 얻었기 때문입니다.[10] 이 결정으로 기독교는 유대교와 뚜렷한 선을 긋게 되었고, 교

---

8 Eusebius, *Ecclesiastical History, Nicene and Post-Nicence Fathers,* Series 2, Vol. 1. (Grand Rapids: Eerdmans, 1991; reprint), 242.

9 Eusebius, *Ecclesiastical History,* 244.

10 Daniel P. McCarthy, "The Council of Nicaea and the Celebration of the Christian Pasch," in ed. Young Richard Kim, *Cambridge Companion to the Council of Nicaea*

회 고유의 절기를 발전시킬 수 있는 기반을 갖추게 되었습니다. 다만 춘분 개념을 도입하면서 달의 움직임을 여전히 고려했기 때문에 유대력을 완전히 배제한 것은 아니었습니다.

한편, 같은 공의회에서 성자와 성부의 동일본질(호모우시오스) 교리가 확정되면서, 신앙과 예배 모두에서 교회의 일치가 강화되었습니다. 성자의 신성을 둘러싼 논쟁은 이후에도 계속되었지만, 파스카 문제는 공의회의 결의가 받아들여지며 큰 이견 없이 자리 잡았습니다. 그리고 이것이 오늘날 부활절 전통의 기원이 되었습니다.

성탄절 논쟁

성탄절은 문자 그대로 거룩한 탄생의 날, 곧 예수 그리스도의 탄생을 기념하는 절기입니다. 독일어 *Weihnachten*은 '거룩한 밤'을, 프랑스어 *Noël*은 '생일'을 뜻합니다. 영어 *Christmas*는 '그리스도(Christ)'와 '미사(Mass)'의 합성어로, 본래 '그리스도의 미사'라는 의미입니다. 이 말은 예수님의 탄생 자체보다는 로마교회의 예배 형식을 나타내는 명칭이기에, 종교개혁 이후 개신교권에서는 다소 부담스러운 용어가 되었습니다. 동방정교회는 크리스마스 대신 '그리스도의 탄일(Nativity of Christ)'이라는 명칭을 사용합니다.

(Cambridge: Cambridge University Press, 2021), 191.

오늘날 전 세계에서 가장 널리 지켜지는 절기 중 하나인 성탄절은 처음부터 교회의 공식 절기는 아니었습니다. 초대 교회는 예수님의 탄생보다 동방박사의 방문과 예수님의 세례를 기념하는 주현절을 더 중요하게 여겼습니다.[11]

성탄절이 교회의 공식 절기로 자리 잡은 것은 콘스탄티누스 황제가 기독교를 공인한 313년 이후입니다. 박해 시절에 생존을 위해 싸워야 했던 교회와 제국의 든든한 후원 하에 번영하게 된 교회는 전혀 달랐습니다.[12] 특히 공예배가 완전히 달라졌습니다. 예배는 보다 정교하고 화려해졌고 성직자 중심으로 제도화되었습니다. 이 과정에서 기독교의 절기들은 이교의 축제를 대체하며 퍼져 나갔고, 성탄절도 핵심 절기로 자리 잡았습니다.

예수님은 언제 태어나셨는가?

부활절과 달리 성탄절이 초기에 쉽게 정착하지 못한 이유는 성경이 예수님의 탄생일을 명시하지 않았기 때문입니다. 복음서 가운데 탄생 기사를 전하는 책은 마태복음과 누가복음뿐이며, 나머지

---

11 주현절의 중요성에 대해서는 다음 논문을 참조하라. 김정, "주현절의 기원과 다양한 신학적 함축들," 「신학논단」 75 (2014): 47-75.

12 Susan K. Roll, Towards the Origins of Christmas (Kampen: Kor Paros Publishing House, 1995), 28-29.

복음서는 예수님의 공생애와 수난에 초점을 두었습니다.

또한 성경에서 '생일'은 대부분 부정적으로 기록되어 있습니다. 바로의 생일에는 관원이 처형되었고(창 40:22), 헤롯의 생일 잔치에서는 세례 요한이 죽임을 당했습니다(마 14:6-12). 욥은 아들들이 생일 잔치 중 죄를 범했을까 염려해 번제를 드리기도 했습니다(욥 1:4-5). 이러한 배경 때문에 오리게네스 같은 교부들은 생일 축하를 이교적 풍습으로 보기도 했습니다.[13] 그들은 생일보다 기일을 더 기념했습니다.

그러나 시간이 지나면서 신자들 사이에서 성탄절에 대한 관심이 커졌고, "예수님은 언제 태어나셨는가?"라는 질문이 제기되었습니다.[14] 예수님이 태어난 연대와 관련해 가장 확실한 단서는 헤롯 대왕이 주전 4년에 사망했다는 사실입니다. 유대 역사가 요세푸스는 헤롯이 죽던 해에 월식이 있었다고 기록했고, 현대 천문학은 이를 주전 4년 3월 12일 월식으로 확인했습니다. 따라서 예수님은 그보다 한두 해 앞선 주전 6-4년경에 탄생하신 것으로 추정됩니다.

누가복음은 이를 보완하는 두 가지 단서를 제시합니다. 하나는 "가이사 아구스도가 영을 내려 천하로 다 호적하라"(눅 2:1)고 명령

---

13 Herman Bavinck, *Reformed Ethics: The Duties of Christian Life*, ed. John Bolt (Grand Rapids: Baker Academics, 2021), 255.

14 황원하, 『응답하라! 신약성경』 (서울: 세움북스, 2016), "예수님은 언제 태어나셨는가?", 45-51.

했다는 것입니다. 다른 하나는 "이 호적은 구레뇨가 수리아 총독이 되었을 때에 처음 한 것"(눅 2:2)이라는 기록입니다. 가이사의 호적령은 탄생 연도 해결에 크게 도움이 되지 않는데, 그 이유는 호적령이 모두 세 번 실시되었기 때문입니다.[15] 주목할 점은 역사적 자료에 의하면, 구레뇨는 주후 6년부터 총독이 되었다는 사실입니다. 이 기록에 따르면, 예수님이 태어나신 후 한참 뒤에 구레뇨가 총독이 되었다는 말이 됩니다. 이 때문에 성경 비평가들은 누가복음 기록의 정확성에 의문을 제기하기도 했습니다.

이에 대한 해결책 중 가장 신뢰받는 해석은, 헬라어 '처음(프로토스, πρῶτος)'을 '이전에'로 번역하는 것입니다. 그러면 누가의 기록은 "구레뇨가 정식 총독이 되기 이전에 시행된 호적"이 됩니다. 이렇게 해석할 때 연대 문제는 자연스럽게 조정됩니다.[16]

12월 25일은 어떻게 정해졌는가?

예수님이 실제로 12월 25일에 태어나셨다는 근거는 없습니다. 그

---

15 첫 번째 호적령은 주전 28년, 두 번째 호적령은 주전 8년, 세 번째 호적령은 주후 14년에 시행되었다. 예수님은 두 번째 호적령 때 탄생했을 가능성이 가장 크다. 호적이 다 완성되기까지는 상당한 시일이 소요되었다는 점을 감안하면 호적령만으로 연도를 정하기는 쉽지 않다. Paul L. Maier, *In the Fullness of Time: A Historian Looks at Christmas, Easter, and the Early Church* (New York: HarperSanFrancisco, 1991), 8.

16 황원하, 『응답하라! 신약성경』, 50.

렇다면 교회는 왜 이 날짜를 선택했을까요? 크게 두 가지 학설이 있습니다. 첫째는 계산법 이론(Calculation Theory)으로, 기독교가 독자적으로 예수님의 수태와 탄생 시기를 신학적 계산을 통해 산정했다는 견해입니다.[17] 이 이론에서는 성탄절이 결과적으로 이방 종교의 절기와 일치하게 되었을 뿐이라고 봅니다.

계산의 핵심 기준은 예수님의 성육신일과 수난일을 같은 날로 보는 것입니다.[18] 이는 유대인들의 성경 해석의 영향을 받았다고 볼 수 있는데, 그들은 모세가 120세를 살았다는 성경 말씀을 문자적으로 해석했습니다. 따라서 모세가 태어난 날과 죽은 날이 같다고 보고, 모세의 120년 생애를 '완전한 생애'라 불렀습니다.

고대 교부들은 이 전통을 따라 예수님의 성육신일과 죽으신 날이 같다고 주장했습니다. 예수님께서 죽으신 날은 율리우스력으로 3월 25일(춘분)이었고, 이날은 전통적으로 천지창조의 첫날로 여겨졌습니다. 따라서 수태일이 3월 25일이라면, 정확히 9개월 뒤인 12월 25일이 탄생일이 됩니다. 공교롭게도 이날은 동지로 밤이 가장 길고 빛이 다시 길어지기 시작하는 시점이어서 '빛으로 오신 그리스도'라는 신학적 의미와 자연스럽게 맞아떨어졌습니다.

---

17 C. P. E. Nothaft, "The Origins of the Christmas Date: Some Recent Trends in Historical Research," *Church History* 81 (2012), 903.

18 Roll, *Towards the Origins of Christmas*, 87-105.

둘째는 종교사 이론(History of Religions Theory)으로, 성탄절이 로마 제국의 이교도 축제를 대체하기 위해 제정되었다는 견해입니다. 로마의 태양신 숭배에서 비롯된 '무적의 태양(Deus Sol Invictus)' 축제가 12월 25일에 열렸는데, 이날은 동지 이후 낮이 다시 길어지는 시점이어서 '태양의 생일'로 여겨졌습니다. 박해 시대의 그리스도인들은 이 절기를 거부했으나, 기독교 공인 이후 그 의미를 "공의로운 해"(말 4:2) 되신 그리스도께 적용하며 재해석했습니다. 이로써 이교 축제일은 빛이신 예수님의 탄생을 기념하는 날로 바뀌었습니다.

성탄절이 로마 제국의 종교에 영향을 받았다고 주장하는 종교사학 이론은[19] 설명이 더 단순해, 오늘날 많은 대중에게 설득력을 얻고 있습니다.

성탄절은 처음 서방 교회에서 공식 절기로 정착한 뒤 동방 교회로 확산되어 보편적 절기가 되었습니다. 성탄일이 확정되자 수태고지일(3월 25일), 세례요한탄생일(6월 24일), 예수할례일(1월 1일) 등의 절기도 함께 확정되거나 조정되었습니다.[20] 시간이 지나면서 성탄절은 부활절과 더불어 교회력의 중심 축이자 가장 큰 절기로 자리 잡았고, 예배와 전례, 음악, 예술, 나아가 사회 문화 전반에 깊은 영향을 미쳤습니다.

---

19 Joseph F. Kelly, *The Feast of Christmas* (Collegeville: Liturgical Press, 2010), 19-32.

20 James F. White, 정장복 역, 『예배의 역사』 (서울: 쿰란출판사, 1997), 84.

중세의 절기: 혼합주의의 영향

중세로 들어오면서 교회는 점차 비성경적 요소와 전통이 예배와 절기에 스며드는 혼합주의의 압력을 받았습니다. 대표적으로 1215년 제4차 라테란 공의회에서 화체설이 공식 교리로 확정되었습니다.[21] 이러한 신학적 혼합주의는 자연스럽게 예배와 절기에도 영향을 미쳤고, 예수님의 생애를 중심으로 형성되던 초대 교회 절기 위에 마리아와 성인을 기리는 다양한 절기가 덧붙여졌습니다. 그 과정에서 절기의 초점과 신학적 균형도 변형되었습니다.

종교개혁 전통의 개신교인들에게는 다소 낯설 수 있지만, 로마가톨릭 배경을 가진 이들에게 복음을 바르게 변증하기 위해서라도 이 절기를 정확히 이해할 필요가 있습니다. 또한 그 변천사를 살피는 일은 오늘 우리의 예배를 더욱 성경적으로 세우는 데 유익합니다.

마리아 절기[22]

중세의 마리아 신앙은 전례와 예술 전반에 깊이 스며들었습니다. 라

---

21 화체설(化體說, Transubstantiation)은 성찬에서 사용되는 빵과 포도주가 축성(祝聖)을 통해 그 실체가 실제로 그리스도의 몸과 피로 변한다는 로마교회의 교리다. 겉모양은 그대로 남지만 본질이 변화한다고 본다.

22 마리아에 대한 역사적 연구에 대해서는 다음 책을 참고하라. Jaroslav Pelikan, *Mary through the Centuries: Her Place in the History of Culture* (New Haven: Yale Univer-

파엘로의 성모자상이나 미켈란젤로의 《피에타》는 마리아가 아기 예수를 품고 있거나[23] 십자가에서 내린 예수님의 시신을 안은 모습을 담고 있는데, 이는 단순한 미적 표현이 아니라 로마교회의 신학을 반영합니다. 마리아는 예수님을 보호하는 존재로, 신자들의 슬픔을 대신 표현하는 여인으로 형상화되었습니다.

로마교회 신학에서 예수님은 중심에 있되 그 주변을 마리아가 감싸고 있고,[24] 때로는 마리아의 위상이 더 높아 보이기까지 합니다. 중세 이후 마리아에 대한 존경이 커지면서 이러한 정서는 절기에도 반영되었습니다. 예를 들어 수태고지일은 예수님의 성육신보다, 이를 받아들인 마리아의 신앙이 더 강조되는 방향으로 변했습니다.

그러나 "개신교는 예수님을 믿고, 로마교회는 마리아를 믿는다"는 통념은 사실이 아닙니다. 마리아 숭배를 인정할 수는 없지만, 마

---

sity, 1996). 오늘날 마리아 절기는 무려 10개나 되며 이 외에도 여러 관련 절기가 있다. ① 천주의 모친인 성 마리아 대축일(1월 1일), ② 주의 탄생 예고 대축일(3월 25일), ③동정 마리아의 엘리사벳 방문 축일(5월 31일), ④ 성모 승천 대축일(8월 15일), ⑤ 여왕 취임 마리아 축일(8월 22일), ⑥ 마리아 탄신 축일(9월 8일), ⑦ 고통의 복되신 동정 마리아 기념일(9월 15일), ⑧ 묵주의 복되신 동정 마리아 기념일(10월 7일), ⑨ 복되신 동정 마리아의 자헌 기념일(11월 21일), ⑩ 마리아의 무흠수태 대축일(12월 8일).

23 시므온의 노래, "내 눈이 주의 구원을 보았사오니"(눅 2:30)에서 개신교인은 단지 아기 예수만을 떠올리지만, 로마교회 신자는 아기 예수를 품고 있는 마리아도 함께 생각한다.

24 예를 들어, 오늘날 로마교회의 대표적 신학자 카스퍼가 저술한 『자비』는 매우 탁월한 연구서로, 개신교인들에게도 큰 유익을 주는 책이다. 그러나 마지막 장에서 다루는 마리아론이 일종의 누룩처럼 작용해, 앞서 제시된 모든 메시지를 무너뜨린다. Cf. 발터 카스퍼. 『자비』 (서울: 가톨릭출판사, 2015).

▲ 미켈란젤로, 《피에타》(1498-1499년), 바티칸 성베드로 대성당

라파엘로, 《대공의 성모》(1505-1506년), 피티 궁전, 피렌체 ▶

리아가 예수님의 탄생에서 중요한 자리를 차지한다는 사실을 부정할 필요도 없습니다. 우리는 매주 사도신경에서 "동정녀 마리아에게서 나시고"라고 고백하지 않습니까?

제1계명은 오직 삼위 하나님만이 경배 대상임을 분명히 선언합니다. 이 점에서 로마교회 역시 원칙적으로는 동의합니다. 그렇다면 로마교회는 어떻게 마리아 공경을 정당화할까요?

로마교회는 '경배'를 세 단계로 구분합니다. 삼위 하나님께만 드리는 경배는 흠숭지례(Latria), 천사와 성인에게 드리는 공경은 공경지례(Dulia), 마리아에게 드리는 가장 높은 형태의 공경은 상경지례(Hyperdulia)라 부릅니다. 이 구분에 따르면 마리아 숭배는 하나님께 드리는 예배와 같지 않고, 질적으로 다른 범주라는 주장입니다. 실제로 로마교회 신자들은 예수님께는 직접 "우리 죄를 용서하옵소서"라고 기도하지만, 마리아에게는 "예수님께서 우리 죄를 용서하시도록 빌어 주옵소서"라고 중보를 요청합니다.

그러나 성경 어디서도 이런 구분을 찾을 수 없습니다. 성경은 오직 하나님만 예배와 경배의 대상이며, 오직 그리스도만 유일한 중보자라고 선포합니다. 그렇기에 종교개혁자들은 이러한 교리를 철저히 거부했습니다.

마리아 공경은 교회 초기부터 존재했습니다. 십자가 위에서 예수님은 어머니를 사도 요한에게 맡기셨고(요 19:25-27), 요한은 마리아가 임종할 때까지 그녀를 돌본 것으로 보입니다. 요한의 사역이 주로 소아시아에서 이루어졌기 때문에, 아시아 교회에서는 마리아에 대한 존경이 자연스럽게 자리 잡았습니다.

이러한 존경은 마리아의 사후에도 계속되었고, 이레니우스 등 초대 교부들은 마리아를 하와와 대조했습니다. 하와의 불순종이 사망의 원인이 되었듯이, 마리아가 순종을 통해 구원의 원인이신 그리스도의 성육신에 협력했다는 신학적 해석이 상당한 설득력을 얻게

되었습니다.[25]

마리아를 '제2의 하와'로 이해하는 해석은 곧 예배에 반영되기 시작했습니다. 마리아 숭배가 공식적으로 자리 잡은 결정적 전환점은 431년 에베소 공의회였습니다.[26] 공의회는 예수님의 신성을 분명히 하기 위해, 마리아를 '하나님을 낳은 자'라는 뜻의 '테오토코스(Theotokos)'로 공식 선언했습니다. 이 용어는 본래 예수님의 신성을 보호하기 위한 것이었으나, 시간이 지나면서 '하나님의 어머니'라는 개념으로 확장되었고, 그 결과 마리아 숭배가 제도적으로 정착하게 되었습니다. 이후 칼케돈 공의회(451년)를 거치며 테오토코스는 제국 전역에서 확고한 교리로 자리 잡았고, 교회 역사에 이른바 '마리아의 시대'가 열렸습니다.[27]

중세 서방 교회에서 마리아 숭배는 다양한 형태로 발전했습니다. 마리아에게 봉헌된 성당이 세워졌고(예: 파리 노트르담 성당), 마리아를 위한 기도와 찬송이 만들어졌습니다. 특히 마리아를 위한 네 절기(정결 축일, 수태고지 축일, 승천 축일, 무염시태 축일)가 정착했습니다.[28] 이

---

25 Pelikan, *Mary through the Centuries*, 42-43.

26 Nicholas E. Denyseìnko, "The Soterical Significance of the Feast of Mary's Birth," *Theological Studies* 68 (2007): 742-745.

27 Brian E. Daley, "Woman of Many Names: Mary in Orthodox and Catholic Theology," *Theological Studies* 71 (2010), 852.

28 Kevin Medigan, *Medieval Christianity: A New History* (New Haven: Yale University

가운데 정결 축일과 수태고지 축일은 성경과 간접적으로 연결될 여지가 있으나, 마리아 승천과 무염시태는 성경적 근거가 없는 교리입니다. 더욱이 이 절기들은 결국 예수님의 사건과 날짜가 중첩되어 그분의 위치를 약화시키는 결과를 낳았습니다.

성인 절기

'성인(saint)'은 성경이 말하는 모든 신자를 뜻하는 '성도'와 달리, 공식적인 인준(시성, 諡聖)을 거쳐 모범적 신자로 인정받은 사람을 가리킵니다. 박해 시대에는 주로 순교자들이 성인으로 추앙받았고, 이후에는 신앙, 덕행, 기적 등에서 탁월함을 보인 인물들도 성인으로 인정되었습니다. 성인 공경의 기원은 폴리카르포스의 순교 때부터 시작된 것으로 여겨집니다.[29]

'성도'와 '성인'이라는 표현의 차이는 사소해 보이지만, 실제로는 매우 중요한 신학적 차이를 담고 있습니다. 우리는 매주 사도신경을 고백하며 "성도의 교제를 믿습니다"라고 말합니다. 그런데 로마교회 신자는 이 대목에서 "모든 성인의 통공을 믿습니다"라고 고백합니다. 이는 '성도의 교제(Communio Sanctorum)'가 누구를 포함하는가에

Press, 205), 340.

29 Adolf Adam, *The Liturgical Year: Its History and Its Meaning after the Reform of the Liturgy, trans. Matthew J. O'Connell* (Collegeville, Minn.: Liturgical, 1990), 206.

대한 이해가 다른 데서 기인합니다.

라틴어 *Communio Sanctorum*은 두 가지 방식으로 번역될 수 있습니다. 하나는 '거룩한 것들에 참여'이고, 다른 하나는 '거룩한 자들의 교제'입니다.[30] 개혁 전통은 '거룩한 자들'을 지상의 성도, 즉 살아 있는 신자의 공동체로 이해합니다. 반면 로마교회는 하늘에 있는 성인과 지상의 신자까지 모두 포함된다고 해석합니다. 이 때문에 그들은 "성인들이 우리의 기도를 하나님께 전달한다"고 믿고, 그들에게 중보를 요청하는 관습(전구, intercession)을 정당화합니다.

중세로 가면서 성인 공경은 더욱 확대되었습니다. 성인의 유골과 유품을 보관한 성당이 곳곳에 세워졌고, 이러한 성지는 곧 순례의 중심지가 되었습니다. 대표적으로 산티아고 데 콤포스텔라가 있습니다. 전승에 따르면 사도 야고보가 이곳에서 순교했고, 중세 이후 이 지역이 기독교 세력에 의해 복원되자 수도사 펠라지오가 이곳을 야고보의 무덤이라고 주장했습니다. 그때부터 이곳은 유럽 전역에서 순례자들이 찾아오는 성지가 되었고, 예루살렘 순례를 대신할 정도로 중요한 종교 중심지가 되었습니다.

성인 공경이 확장되자 개별 성인을 기념하는 날도 급증했습니다. 이를 정리하기 위해 절기로 지정되지 않은 모든 성인을 한번에 기념

---

30 이성호, 『성찬: 천국잔치 맛보기』 (여수: 그라티아, 2016), 47-48.

하는 날, 즉 만성절(All Saints' Day)이 제정되었습니다.[31]

만성절은 일찍부터 지역적으로 존재했지만, 보편적 절기로 자리 잡은 것은 609년 이후입니다. 당시 포카스 황제는 자신을 지지한 교황 보니파키우스 4세에게 로마의 판테온 신전을 하사했습니다. 보니파키우스는 이 이교 신전을 성당으로 바꾸고, 이를 기념해 5월 13일을 모든 순교자를 기억하는 날로 정했습니다. 이후 교황 그레고리 3세는 기념 범위를 '모든 성인'으로 확대하고, 날짜를 11월 1일로 변경했습니다. 그 이후 중세 말까지 만성절은 성인을 기념하는 대표적 절기로 확립되었습니다.

성인 절기는 경건을 고무하는 역할을 했지만, 동시에 미신적 요소를 교회에 끌어들이는 부작용도 있었습니다. 절기의 중심이 그리스도의 복음과 성례가 아니라 성인의 능력과 중보로 향하게 된 것입니다.

---

31 오늘날 로마교회가 인정하는 성인의 수는 대략 1만 명 정도로 추정된다.

한국 교회의 '순교자 기념일'과 만성절 비교

TALK MORE

최근 한국 교회 안에서 '순교자 기념일'을 제정하자는 움직임이 나타나고 있다. 종교개혁의 전통을 이어온 한국 교회는 그동안 순교자 기념을 크게 강조하지 않았다. 잘 알려진 인물도 주로 일제강점기의 주기철 목사와 6·25 전쟁기의 손양원 목사 정도에 머물렀다. 이는 해방 이후 교회가 친일 청산을 충분히 이루지 못한 역사적 배경과도 무관하지 않다.

그럼에도 최근 두 목사에 대한 기념관 건립이 이어지고, 모든 순교자를 아우르는 기념일 제정 논의가 본격화되고 있다. 이런 점에서 한국 교회의 순교자 기념일은 특정 인물에 국한되지 않고 전체 순교자를 함께 기린다는 점에서 만성절과 유사한 성격을 지닌다. 다만 개신교에는 로마가톨릭의 '성인' 개념이 없기 때문에, 그 기념 방식과 신학적 의미는 근본적으로 다르다.

'순교자 기념일'은 현재 교단마다 날짜가 다르고, 성도들의 인식도 그다지 높지 않다. 신학적 정립 없이 형식만 도입한다면 오히려 절기의 의미가 약해질 수 있다. 순교자를 기억하는 일은 절기를 제정하는 것보다 먼저, 복음 안에서 순교 신앙을 올바르게 해석하고 계승하는 신학적 토대 위에서 이루어져야 한다.◑

종교개혁과 절기

16세기에 루터로부터 시작된 종교개혁은 신학과 교회 제도뿐 아니라 교회력(절기 체계)에도 큰 변화를 불러왔습니다. 흥미로운 점은 종교개혁의 출발 자체가 교회 절기와 긴밀하게 연결되어 있었다는 사실입니다. 1517년 10월 31일, 루터는 비텐베르크 성채교회 정문에 면벌부 판매를 반박하는 95개조 논제문을 게시했습니다. 이날은 바로 만성절 전날로, '모든 성인의 날의 전야'라는 뜻에서 할로윈데이(Halloween Day)[32]라 불렸습니다. 오늘날의 세속적 축제와 달리, 당시 신자들에게 이날은 성인들의 전구와 기적을 기대하는 경건한 전야였습니다.

우연히도 루터가 논제를 게시한 교회의 이름은 '만성인 교회(Allerheiligenkirche)'였습니다. 이 교회는 만성절을 성대하게 지키는 곳으로 유명했고, 11월 1일 새벽이면 수많은 순례자와 신자가 모여들었습니다. 루터가 의도적으로 그날을 택한 것은 아니었지만, 결과적으로 만성절 전날이 종교개혁의 기념일이 되었다는 사실은 매우 상징적입니다. 숭배의 정점에 있던 만성절이 '말씀의 권위 회복'이라는 종교개혁의 메시지 아래 뒤집힌 것입니다. 개혁교회는 성인과 평신도

32 '성인'을 뜻하는 고어 *hallow*와 '전날'을 의미하는 *eve*의 합성어다.

를 구분하는 개념 자체를 비성경적이라 보았고, 만성절을 포함한 모든 성인 관련 절기를 폐지했습니다. 그와 함께 미신적 관습도 사라졌으며, 신자들은 복음 안에서 절기의 형식적 굴레로부터 자유를 누리게 되었습니다.

루터가 만성절 전날을 기점으로 종교개혁의 불씨를 지폈다면, 스위스의 종교개혁은 사순절에서 촉발되었습니다. 중심 인물은 취리히 대성당의 사제 울리히 츠빙글리(Ulrich Zwingli, 1484-1531년)였습니다.

사순절은 예수님의 부활을 준비하는 40일의 기간으로, 니케아 공의회(325년)에서 공식화되었습니다. 초대 교회에서는 금식과 기도의 단순한 절기였으나 중세로 갈수록 더욱 엄격해졌습니다. 특히 육류 금지와 하루 한 끼 규정은 농경 사회에서 힘든 노동을 감당해야 했던 신자들에게 큰 부담이었습니다. 시간이 지나면서 일부 규정은 완화되었지만, 고기 금식령은 여전히 교권주의의 상징처럼 남아 있었습니다.

1522년 3월 5일, 취리히의 인쇄업자 크리스토프 프로샤우어의 집에서 사건이 벌어졌습니다. 인쇄공들이 긴 노동을 마친 뒤 사순절에 소시지를 먹은 것입니다. 양이 많지도 않았지만 당국은 이를 중대한 위반으로 간주했고, 프로샤우어는 결국 투옥되었습니다.

그 자리에 있었던 츠빙글리는 직접 먹지는 않았지만, 그를 변호하기 위해 「음식물의 선택과 자유에 대하여」라는 논문을 발표했습니다. 츠빙글리는 이 글에서 "사순절의 금식 규정은 성경이 명령한 의무가 아니라 사람이 만든 전통"이라고 주장했습니다. 겉으로는 단순한 식탁 사건처럼 보였지만, 실제로는 신앙의 본질을 건드린 신학적 선언이었습니다. 이 사건을 계기로 스위스 전역에 개혁의 물결이 번졌고, 취리히를 시작으로 제네바, 바젤 등 주요 도시들이 복음 중심의 교회로 재편되었습니다.

'오직 성경'과 절기

종교개혁은 본질적으로 성경의 권위 회복 운동이었습니다. 개혁가들은 교회의 모든 신앙과 전통을 성경의 빛 아래에서 다시 점검했고, 사람이 만든 제도와 관습을 말씀의 기준에 따라 개혁하고자 했습니다. 이를 요약한 구호가 바로 '오직 성경(Sola Scriptura)'입니다. 이 말은 "성경 외에 어떤 책도 필요 없다"는 뜻이 아니라, 신앙과 행위의 최종 권위가 오직 성경에 있다는 선언입니다.[33] 이 원리는 예배와 교리뿐만 아니라 절기(교회력)에도 그대로 적용되었습니다.

'오직 성경'의 원리를 철저히 따른다면, 주일성수 외의 절기는 성

33 이성호, 『다짜고짜 질문으로 시작하는 성도생활백과』 (서울: 좋은씨앗, 2018), 19-22.

경에 의무로 명한 바가 없습니다. 부활절과 성령강림절도 마찬가지입니다. 매 주일이 이미 그리스도의 부활을 기념하는 날이기 때문입니다. 성탄절은 더 모호합니다. 성경은 예수님의 탄생 날짜를 기록하지 않았고, 이를 기념하는 방식도 가르치지 않습니다. 결국 절기를 어떻게 이해할 것인가는 '오직 성경'을 어떤 관점으로 적용하는가에 따라 크게 달라질 수밖에 없습니다.

실제로 종교개혁 시대에 각 지역의 교회들은 절기 문제에서 획일적인 태도를 보이지 않았습니다. 마르틴 부처(Martin Bucer, 1491-1551년)는 스트라스부르크 개혁을 주도하며 주일 외의 모든 절기를 폐지한 반면, 루터파 교회는 여러 절기를 유지하며 온건한 개혁 노선을 택했습니다. 일부 지역 교회는 정화된 형태의 만성절을 계속 지켰습니다. 츠빙글리는 성탄절과 부활절뿐 아니라 예수할례일과 수태고지일도 인정했습니다. '오직 성경'을 따르던 개혁자들 사이에서도 절기에 대한 판단이 일치하지 않았던 것입니다. 절기는 단순한 의식 문제가 아니라, 신학적 판단과 목회적 현실이 함께 고려되는 복합적인 영역이었기 때문입니다.

칼뱅이 모든 절기를 완전히 폐지했다고 알려져 있지만, 실제로는 단정할 수 없습니다. 앙굴렘에서 피신해 있을 때, 그는 『기독교 강요』의 초안을 준비하며 여섯 편의 설교를 작성했습니다. 그 설교들은 기존의 절기 주간을 그대로 활용했지만, 만성절에는 '성인'이 아니라 '성화'를, 마리아 축일에는 마리아가 아니라 예수 그리스도를 설

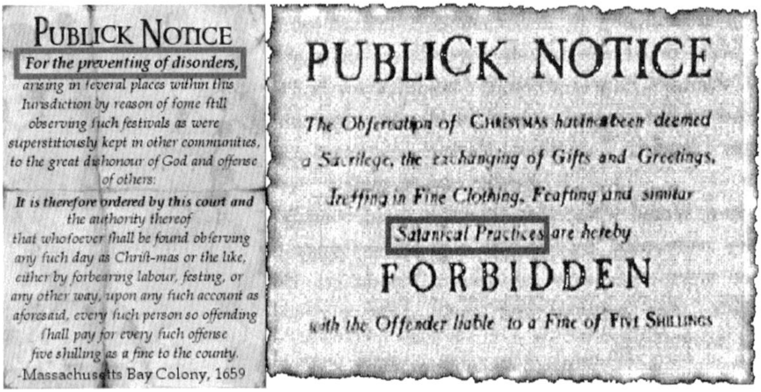

PUBLICK NOTICE
For the preventing of disorders,
arising in feveral places within this
Iurisdiction by reason of fome ftill
observing fuch festivals as were
superstitiously kept in other communities,
to the great dishonour of God and offense
of others:
It is therefore ordered by this court and
the authority thereof
that whofoever fhall be found obferving
any fuch day as Chrift-mas or the like,
either by forbearing labour, festing, or
any other way, upon any fuch account as
aforesaid, every fuch person so offending
fhall pay for every fuch offense
five shilling as a fine to the county.
-Massachusetts Bay Colony, 1659

PUBLICK NOTICE
The Obfervation of CHRISTMAS havin been deemed
a Sacrilege, the exchanging of Gifts and Greetings,
Dreffing in Fine Clothing, Feafting and similar
Satanical Practices are hereby
FORBIDDEN
with the Offender liable to a Fine of FIVE SHILLINGS

매사추세츠 베이 식민지의 성탄절 금지 공고문(1659년)

"공고: 무질서 예방을 위하여 / 크리스마스 준수는 신성모독이며, 선물이나 크리스마스카드 주고받기, 노동 금지, 금식 등 이와 유사한 행위는 사탄적 관행으로 엄금한다. 위반자는 벌금 5실링에 처한다."

교했습니다.[34] 절기를 배척하지 않고 복음 선포의 기회로 삼은 것입니다.

그에게 절기는 본질적인 문제가 아니었습니다. 그가 더 중요한 개혁 과제로 여긴 것은 교회정치(직분 제도)와 어린이 교리교육이었습니다. 또한 주일성수를 강화함으로써 다른 절기의 영향력이 자연스럽게 약화되도록 했습니다. 실제로 제네바 교회는 12월 25일이 아니

34 Herman J. Selderhuis, 조승희 역 『칼뱅』 (서울: 대성닷컴, 2009), 63.

라 그 주간의 가장 가까운 주일을 성탄 예배일로 삼았습니다. 시간이 지나면서 부활절, 성탄절, 성령강림절을 제외한 절기들은 서서히 사라졌습니다.

영국 청교도들은 절기를 강하게 반대했습니다. 성경의 명령이 없었고, 당시의 절기가 미신적, 세속적으로 흐른 데 대한 반작용이었습니다. 일부 청교도들은 신대륙으로 건너가 자신들의 신앙 원리에 따라 공동체를 세웠고, 절기를 철저히 폐지 대상으로 삼았습니다. 성탄절조차 '신성모독이자 사탄적인 관습'으로 규정할 정도였습니다. 그러나 여러 교파의 신자들이 함께 모여 살면서 이러한 획일적 금지 정책은 오래 지속되지 못했습니다.

교회의 뿌리를 회복하려면

'오직 성경'의 원리를 따르는 개혁교회는 절기와 관련해 종교개혁 시대로 회귀할 수 없습니다. 성인 숭배 역시 결코 용납해서는 안 됩니다. 그러나 동시에 교회 역사 속에는 귀감이 되는 여러 훌륭한 신앙의 선배들이 있으며 우리는 그 유산을 가볍게 여겨서는 안 됩니다. 물론 우리의 유일한 중보자는 예수 그리스도시며, 성경의 인물들은 가장 완전한 모범입니다. 하지만 성경이 구원에 필요한 모든 것을 가르친다 해도 역사 속에서 어떻게 신앙이 적용되었는지, 하나님께서 교회를 어떻게 인도하셨는지까지 모두 기록하고 있지는 않습니다. 따라서 "예수님만 있으면 된다"는 주장은 얼핏 경건해 보일지라도, 실제로는 하나님께서 교회 역사 속에 허락하신 신앙의 유산을 가볍게 여기는 태도가 될 수 있습니다.

로마교회는 이러한 공백을 메우기 위해 성인 절기를 만들었습니다. 특정한 날에 성인들의 삶을 묵상하고 자신을 돌아보는 전통이 있었고, 그 과정에서 교회 역사는 단순한 과거가 아니라 현재 신앙을 비추는 거울이 되었습니다. 반면 개신교는 성인 절기를 폐지하면서 이러한 공동체적 '신앙의 기억'을 이어 가기 어렵게 되었습니다.

오늘 우리는 개인적으로 경건 서적을 읽고, 신앙 선배들의 생애를 묵상하며 이 유산을 계승해야 합니다. 예컨대 장로교 전통의 신자라면 칼뱅의 탄생일(7월 10일)에 그의 글을 읽거나, 소그룹에서 개혁 신앙을 나눌 수 있습니다. 단순히 절기를 없앴다는 사실에 만족할 것이 아니라, 그 과정에서 약해진 신앙의 역사와 유산에 대한 존중을 회복하는 것이 중요합니다.

특히 교회의 3대 절기 외에 승천절이 사라진 것은 교리교육의 공백을 낳았습니다. 로마교회는 지금도 부활 후 일곱 번째 주일을 승천절로 지키며 성도들이 이 교리를 기억하도록 돕습니다. 그러나 개신교는 매주 사도신경으로 "하늘에 오르사"를 고백하면서도, 승천의 신학적 의미를 자세히 다루지 않는 경우가 많습니다. 절기가 사라지면서 교리도 함께 희미해진 것입니다.

삼위일체 교리도 비슷한 문제를 겪고 있습니다. 기독교 신앙의 중심임에도 불구하고, 많은 신자들이 삼위일체를 막연히 알고 있을 뿐 실제 예배와 일상에서 거의 인식하지 못합니다. 이런 상황에서 삼위일체주일(Trinity Sunday)[35]은 신자들에게 교리교육과 신앙 각성의 기회가 될 수 있습니다. 물론 교리교육이 충분하다면 별도의 절기가 없어도 되겠지만, 오늘의 교회 현실을 고려할 때 절기는 오히려 유익한 보완책이 될 수 있습니다.

결국 절기는 단순히 "지킬 것인가, 없앨 것인가" 하는 문제가 아닙니다. 절기의 핵심은 형식에 있지 않고, 복음을 기억하며 교리를 새기며 신앙의 유산을 다음 세대에 전하는 데 있습니다.

'오직 성경'의 정신은 형식을 배척하는 것이 아니라, 형식을 말씀의 목적 안에 복종시키는 것입니다. 그러므로 오늘의 개혁교회는 성경을 중심에 두면서도, 교회 역사 속에서 잃어버린 신앙의 깊이와 기억을 회복해야 합니다. 절기의 본질을 회복하는 일은 곧 교회의 영적 뿌리를 되찾는 일이자, "영과 진리로 예배하는" 신약 교회의 사명을 새롭게 하는 길이 될 것입니다.

---

35 "삼위일체주일"은 성령강림절 다음 주일에 지키며, 성부·성자·성령 하나님을 기념하는 절기다. 교회력 중 교리 자체를 주제로 삼은 유일한 절기로, 하나님의 존재와 사역을 종합적으로 고백한다. 8세기 영국에서 시작되어 10세기 서방 교회 전역으로 확산되었으며, 1334년 교황 요한 22세가 로마교회의 공식 절기로 선포했는데, 종교개혁 이후에도 루터파와 성공회 같은 일부 개신교회들은 교회력을 수용하는 과정에서 이 절기를 함께 지켜 왔다.

3부

절기의 실천: 목회 현장에서의 적용

7
절기가 목회에 제공하는 유익

종교개혁자들은 대체로 절기에 비판적이었습니다. 중세 교회력에는 수많은 성인의 날들이 포함되어 있었고, 성인 숭배를 장려하는 로마 교회의 관행은 말씀 중심의 예배를 회복하려 했던 개혁자들에게 큰 거부감을 주었습니다. 실제로 칼뱅과 부처 같은 인물들은 주일을 제외한 모든 절기를 폐지했으며, 스코틀랜드 개혁 전통은 성탄절과 주현절조차 인정하지 않을 정도로 강경한 태도를 보였습니다. 이러한 흐름 속에서 개혁교회 전통에 선 교회들은 절기와 교회력에 대해 무관심하거나 거리감을 느끼는 분위기가 형성되었고, 일부 목회자들은 절기를 여전히 중세의 잔재로 생각하기도 합니다.

그러나 절기를 단순히 중세 교회의 산물로만 보는 것은 오해입니다. 절기의 뿌리는 초대 교회까지 거슬러 올라갑니다. 초대 교회는 절기를 예수 그리스도의 구속 사건을 기억하고 체험하는 경건의 수단으로 삼았습니다. 절기는 단순한 전통이 아니라 교회의 공동체적 신앙을 형성하고 유지해 온 중요한 틀이었습니다. 지혜로운 목회자들은 절기를 형식으로 치부하지 않고, 복음을 가르치며 공동체를 세우는 목회적 도구로 활용해 왔습니다. 그렇다면 절기는 오늘날 목회 현장에서 어떤 유익을 줄 수 있을까요?

구속 역사를 현재로 가져오는 절기

구속의 역사는 과거에만 머물러서는 안 됩니다. 예수 그리스도의 탄생, 죽음, 부활, 그리고 성령 강림은 단순히 '기억해야 할 사건'이 아니라, 오늘 우리의 신앙 속에서 다시 경험되어야 할 현재적 사건입니다. 절기는 이 구속 사건을 매년 상기하고, 그 의미를 삶 속에서 새롭게 체험하도록 돕습니다.

예배에서 이루어지는 이러한 '기억' 행위를 신학 용어로 '아남네시스(anamnesis)'라고 부릅니다. 아남네시스는 단순한 회상이 아니라 과거의 사건이 오늘 다시 현실이 되도록 재현하는 것을 의미합니다.[1] 가

1 제임스 화이트, 『하나님의 자기 주심의 선물: 성례전』, 김운용 옮김 (서울: WPA, 2006), 120-121.

장 분명한 예가 성만찬입니다. 성만찬은 예수님을 추억하는 의식이 아니라, 떡과 잔을 실제로 나누는 행위를 통해 그리스도의 죽음과 부활이 오늘 우리 가운데 일어나는 사건입니다. 성령 안에서 공동체가 그 사건에 참여함으로써 십자가는 오늘을 향한 하나님의 구원이 됩니다.

절기도 마찬가지입니다. 절기를 통해 교회는 구속 사건을 반복적으로 회상하고 재현하며, 그 의미를 공동체 안에 살아 있는 경험으로 만듭니다. 이는 단순한 기억을 넘어 성령 안에서 그리스도의 은혜가 오늘 우리의 삶 속에서 다시 살아 움직이도록 만드는 은혜의 수단이 됩니다.

예를 들어, 종려주일에는 예수님의 예루살렘 입성을 기억하며, 세상의 영광이 아닌 십자가의 길을 따르기로 결단합니다. 고난주간에는 예수님의 고난을 묵상하며, 자신의 죄와 하나님의 사랑을 대면하고 회개의 은혜를 누립니다. 부활절에는 부활을 '기념하는 데'에서 그치지 않고, 절망과 상실 속에서도 여전히 유효한 그리스도의 승리를 받아들이며 새 생명을 소망합니다. 오순절에는 성령 강림과 교회의 탄생을 기억하며, 오늘의 교회가 동일한 성령의 능력으로 세상으로 나아가야 할 사명을 되새깁니다.

이처럼 절기는 과거의 구속 사건을 오늘 우리에게 가져와, 그리스도의 은혜가 계속 역사하도록 돕는 목회적 자원입니다. 절기의 의미를 회복하는 일은 곧 복음의 본질을 더 깊이 붙드는 길이며, 신앙의 여정을 생동감 있게 지속하도록 돕는 중요한 통로입니다.

우리의 정체성을 형성하는 절기

절기는 단순히 특정 날짜를 기념하는 행사가 아니라, 그 안에 담긴 이야기를 반복적으로 기억하고 몸으로 익히는 시간적 구조입니다. 이 반복은 개인과 공동체의 정체성을 형성하고 유지하는 데 결정적인 역할을 합니다.

이 원리는 기독교에만 해당하지 않습니다. 세속의 절기에서도 볼 수 있습니다. 예를 들어, 추석은 단순한 연휴가 아닙니다. 사람들은 긴 이동 시간과 불편을 감수하면서도 고향을 찾아가 가족과 조상의 관계를 확인합니다. 왜일까요? 그러한 반복적 경험 속에서 가족을 중시하는 가치와 공동체적 유대감이 형성되기 때문입니다. 절기는 개인과 가족, 나아가 한 민족의 정체성을 형성하고 유지하는 데 중요한 역할을 합니다.

기독교 절기 역시 마찬가지입니다. 절기는 신자들이 예수 그리스도의 구속 이야기를 해마다 기억하고, 그 의미를 현재의 삶에 적용하게 하며, 신자가 누구인지, 무엇을 위해 살아야 하는지를 일깨웁니다. 초대 교회가 유대교의 안식일 대신 '안식 후 첫날(주의 날)'에 모이기 시작한 사실은 단순한 요일의 변화가 아니라, 부활을 중심으로 한 정체성의 선언이었습니다. 부활이 역사 속 사건이라면, 주일 예배는 그 사건이 오늘도 교회를 규정하고 움직인다는 고백이었습니다. 이 반복적 실천을 통해 교회는 유대교와는 다른 새로운 정체성을 형성했습니다.

오늘날에도 예배와 절기는 여전히 신자의 정체성을 형성하는 핵심 요소입니다. 철학자이자 신학자인 제임스 스미스(James K. A. Smith)는 이렇게 말합니다.

> 기독교 예배가 본질적으로 우리가 몰입해 있는 경쟁하는 예전들, 즉 은밀하게 우리의 사랑과 갈망을 사로잡고, 잘못된 방향으로 이끌어, 좋은 삶의 전망을 그릇되이 상상하게 만드는 문화적 실천에 맞서는 '대항적' 형성이라는 사실을 우리는 깨달아야 한다.[2]

스미스의 통찰처럼 기독교 절기의 반복적 실천은 세상의 시간 질서와 가치관에 저항하는 신앙적 행위입니다. 세상은 연말을 소비와 오락의 시기로 보내지만, 교회는 성탄절을 통해 성육신의 신비를 묵상합니다. 세상은 봄을 생명과 시작의 계절로 이해하지만, 교회는 부활절을 통해 참된 새 출발이 부활의 생명에서 비롯됨을 고백합니다.

---

2 제임스 스미스, 『습관이 영성이다』, 박세혁 옮김 (서울: 비아토르, 2018), 48. 강조는 저자의 것.

따라서 절기를 지킨다는 것은 단순히 교회력을 따르는 것이 아닙니다. 우리가 어떤 이야기에 속해 있고, 누구로 살아갈 것인지를 선택하는 일입니다. 절기를 반복적으로 지키는 것은 종교적 습관이 아니라, 복음의 이야기 속에서 정체성을 빚어 가는 영적 훈련이며 제자도입니다.

절기는 우리에게 근본적인 질문을 던집니다. "나는 누구인가?" "무엇이 내 삶을 정의하는가?" 그리고 그 답을 예수 그리스도의 삶과 사역 안에서 찾도록 이끕니다. 결국 절기는 우리의 시간을 복음의 시간으로 재배열하고, 우리의 정체성을 복음의 이야기 속에서 다시 빚어 가는 도구가 됩니다.

가르침의 기회가 되는 절기

절기는 다음 세대에게 신앙의 핵심을 전수하기 위한 중요한 교육의 기회가 됩니다. 하나님은 구약에서 절기를 명령하실 때, 그것을 단순한 의식이 아닌, 자녀들에게 구원의 역사를 가르치는 통로로 주셨습니다. 절기는 이스라엘 공동체가 하나님께서 행하신 일을 잊지 않도록 하고, 세대를 넘어 살아 있는 신앙을 계승하도록 설계된 교육적 장치였습니다.

예를 들어, 하나님은 이스라엘에게 유월절을 대대로 지키라고 명하시며 말씀하셨습니다.

> 너희는 여호와께서 허락하신 대로 너희에게 주시는 땅에 이를 때에 이 예식을 지킬 것이라. 이 후에 너희의 자녀가 묻기를 이 예식이 무슨 뜻이냐 하거든 너희는 이르기를 '이는 여호와의 유월절 제사라. 여호와께서 애굽 사람에게 재앙을 내리실 때에 애굽에 있는 이스라엘 자손의 집을 넘으사 우리의 집을 구원하셨느니라' 하라 하매 백성이 머리 숙여 경배하니라(출 12:25-27).

이 말씀은 절기가 단순한 개인의 기억이 아니라, 공동체의 정체성과 신앙의 뿌리를 자녀들에게 전하는 교육 과정임을 보여 줍니다. 칼뱅은 이 본문을 주석하며 "하나님께서 선조들이 자녀들에게 이를 전하도록 하신 것은, 구원에 대한 지식이 전통을 통해 모든 시대에 번성하기를 원하셨기 때문"이라고 설명합니다.[3] 절기는 출애굽을 직접 경험하지 못한 세대라도 구원의 이야기를 자기 것으로 받아들이도록 만드는 하나님의 방식이었습니다.

이 원리는 가나안을 앞둔 이스라엘에게도 동일하게 반복됩니다.

---

3 John Calvin, *Commentaries on the Four Last Books of Moses Arranged in the Form of a Harmony*, trans. Charles William Bingham (Grand Rapids: Eerdmans, 1958), vol. 1, 223.

> 후일에 네 아들이 네게 묻기를 '우리 하나님 여호와께서 명령하신 증거와 규례와 법도가 무슨 뜻이냐' 하거든 너는 네 아들에게 이르기를 '우리가 옛적에 애굽에서 바로의 종이 되었더니 여호와께서 권능의 손으로 우리를 애굽에서 인도하여 내셨나니 곧 여호와께서 우리의 목전에서 크고 두려운 이적과 기사를 애굽과 바로와 그의 온 집에 베푸시고 우리 조상들에게 맹세하신 땅을 우리에게 주어 들어가게 하시려고 우리를 거기서 인도하여 내시고 여호와께서 우리에게 이 모든 규례를 지키라 명령하셨으니 이는 우리가 우리 하나님 여호와를 경외하여 항상 복을 누리게 하기 위하심이며 또 여호와께서 우리를 오늘과 같이 살게 하려 하심이라'(신 6:20-24).

이처럼 구약의 절기들은 단순한 예식이 아니라 하나님은 누구시고, 우리는 누구인가를 배우는 신앙 교육의 장이었습니다.

이 같은 교육적 기능은 신약 시대의 교회에서도 마찬가지입니다. 성탄절, 부활절, 성령강림절은 예수 그리스도를 통해 이루어진 구속 역사를 해마다 기억하고 가르치는 시간입니다. 절기는 오래된 전통이 아니라, 어린이부터 장년에 이르기까지 복음의 핵심을 배우고 체득하도록 하는 교육 도구입니다. 절기를 지내는 과정 속에서 다음 세대는 복음의 언어, 상징, 예배의 리듬을 자연스럽게 익히며, 구속 이야기를 자신의 삶 속에 받아들이게 됩니다.

따라서 오늘의 교회는 절기를 단순한 형식으로 두어서는 안 됩니다. 절기를 하나님의 구속 역사를 다음 세대에 전수하는 신학적, 실천적 교육의 기회로 인식해야 합니다. 절기를 의도적으로 설계하고 교육적으로 활용하는 교회는, 복음의 뿌리를 공동체 안에 깊이 내리고 세대를 넘어 신앙을 전승하는 견고한 토대를 마련하게 됩니다.

공동체적 경험과 공교회적 신앙을 제공하는 절기

오늘날 많은 교회는 규모와 사역의 다양성 때문에 연령별, 부서별로 공간과 시간을 나누어 예배합니다. 이러한 구조는 행정적 효율성을 높이지만, 교회 전체가 한몸으로 함께 예배하며 신앙적 유대를 쌓을 기회가 줄어드는 한계가 있습니다. 그래서 최근에는 세대 통합 예배의 필요성이 자주 제기되고 있지만, 현실적 여건 때문에 모든 교회가 실천하기는 어렵습니다.[4]

이처럼 분리된 구조 속에서 절기는 교회 전체가 하나 되어 복음의 중심 이야기를 함께 기억하고 경험하는 귀한 기회가 됩니다. 비록 매주 전 교회가 함께 모이기 어렵더라도 성탄절, 부활절, 성령강림절과 같은 주요 절기를 맞이해 온 교회가 함께 예배하거나, 최소

4 세대 통합 예배의 기획에 대해서는 문화랑, 『예배학 지도 그리기』 (서울: 이레서원, 2020), 192-195를 참조하라.

한 같은 본문과 주제를 중심으로 모든 부서가 동일한 메시지를 나눌 수 있습니다. 절기를 통해 교회는 "우리는 한 믿음 안에 속한 한 몸"이라는 정체성과 일치를 회복하게 됩니다. 절기의 실천은 하나님 백성으로 함께 살아가는 공동체적 자각을 일깨우는 영적 훈련입니다. 세대와 부서를 넘어 같은 복음 이야기를 함께 고백하고 응답할 때, 신앙은 개인의 체험에 머물지 않고 공동체 속에서 자라납니다.

더 나아가 절기는 개교회 중심주의를 넘어 공교회적 신앙을 회복하는 통로가 됩니다. 오늘날 일부 교회는 자신만의 브랜드와 방향성을 내세우며 다른 교회를 경쟁 상대로 여기기도 합니다. 그러나 이는 교회를 그리스도의 몸으로 하나 되게 하신 하나님의 뜻에 어긋나는 태도입니다.

우리는 매주 예배에서 "거룩한 공교회를 믿습니다"라고 고백합니다. 이 고백은 단순한 형식이 아니라 교회가 시간과 공간, 문화와 교단을 넘어 하나라는 신앙의 확신을 담고 있습니다. 절기는 이러한 고백을 실제로 경험하고 배우는 신학적, 실천적 장치이기도 합니다. 전 세계 교회가 같은 날 å같은 구속 사건을 기념함으로써, 우리는 서로 다른 지역과 전통 속에 있을지라도 같은 복음 안에 속한 공동체임을 확인하게 됩니다.

또한 절기는 지역 교회의 연합을 실천할 수 있는 기회를 제공합니다. 고난주간에 지역 교회가 돌아가며 연합 새벽기도회를 인도하거나, 부활절 연합 예배를 드리는 일은 개교회를 넘어 공교회적 신앙을 드러내는 강력한 증언이 될 수 있습니다.

결국 절기는 교회를 다시 교회답게 만들고, 신자들을 복음의 공동체 안으로 깊이 참여하게 하는 은혜의 수단입니다. 절기를 단순히 해마다 반복되는 행사가 아니라, 교회의 공동체성과 공교회성을 회복하는 목회적 기회로 인식하고 오늘의 현실 속에서 적극적으로 활용해야 합니다.

설교에 유익을 주는 절기

절기는 목회 전반뿐 아니라 설교 사역에도 매우 실제적인 유익을 제공합니다. 역사적으로 탁월한 설교자들은 절기를 가볍게 여기지 않았습니다. 오히려 청중의 영적 성장을 돕는 중요한 목회적 자원으로 활용했습니다.

지난 세기의 위대한 설교자 마틴 로이드 존스(Martyn Lloyd-Jones)는 절기에 맞는 설교를 하는 것이 '규칙'이라고 말하며, 다음과 같은 경험을 회상합니다.

> 몇 년 전, 무척 지쳐 있던 저는 새해 첫 주일에 한 젊은 목사가 인도하는 예배에 참석했습니다. 그런데 설교를 시작하며 그는 이렇게 말했습니다. "지난 주일에 이 구절을 살펴보았습니다. 이번 주일에는 그다음

> 구절을 살펴보겠습니다." 그는 새해에 대해 일언반구 언급하지 않았습니다. 저는 그 기회를 놓쳐버리는 것이 너무 안타까웠습니다. 특별한 절기는 우리 사역을 오히려 쉽게 만들어 줍니다. 절기는 설교자에게 기회입니다.[5]

그렇다면 절기는 왜 설교자에게 기회가 될까요?

첫째, 절기는 청중과 영적 공감대를 형성합니다. 절기를 맞아 예배에 나온 회중은 그 절기에 걸맞은 메시지를 자연스럽게 기대합니다. 성탄절에는 성육신의 신비를, 부활절에는 그리스도의 승리를, 추수감사주일에는 감사의 본질에 대해 듣고 싶어 합니다. 설교자가 이러한 영적 기대에 부응할 때, 회중은 마음을 열고 말씀을 받아들일 준비가 되어 있습니다. 절기에 맞는 메시지는 설교자와 회중 사이에 정서적, 영적 접점을 형성하고, 말씀의 은혜를 더 깊이 체험하도록 돕습니다.

둘째, 절기는 복음의 핵심을 반복 선포할 기회를 줍니다. 많은 설교자가 "설교는 항상 새로워야 한다"는 부담을 느낍니다. 그러나 설교자의 사명은 새로운 메시지를 창조하는 데 있지 않습니다. 이미 주어진 복음을 반복 선포하는 데 있습니다.[6]

---

5 마틴 로이드 존스, 『설교와 설교자』, 정근두 옮김 (서울: 복있는사람, 2019), 314-315.

6 조광현, 『질문과 함께 배우는 설교』 (서울: 복있는사람, 2022), 196.

성탄절, 부활절, 성령강림절 등은 하나님의 구속 사역과 직접 연결되어 있습니다. 절기는 해마다 그 핵심 진리를 다시 선포할 수 있는 기회를 제공합니다. 복음은 반복될수록 더 선명해지고 공동체 안에 뿌리내립니다. 이러한 반복은 성도를 신앙적으로 견고하게 세우며, 잘못된 가르침이나 세속적 영향 앞에서 흔들리지 않도록 지켜 줍니다.

셋째, 절기는 장기적 설교 계획을 세우는 유용한 기준이 됩니다. 절기를 중심으로 연간 설교 계획을 세우면 복음의 주요 주제들을 균형 있게 다룰 수 있고, 설교 사역 전체를 구속사적 구조 안에서 조화롭게 진행할 수 있습니다. (이 부분은 다음 장에서 구체적으로 살펴보겠습니다.)

이처럼 절기는 설교 사역을 풍성하게 만드는 귀한 자원입니다. 절기는 구속 역사를 오늘 우리의 삶 속에 생생하게 재현할 뿐 아니라, 성도의 정체성을 강화하고 다음 세대를 신앙으로 교육하며, 공동체의 일치와 공교회성을 회복하게 합니다. 그러므로 절기를 무시하거나 형식적 관습으로 치부해서는 안 됩니다. 절기는 복음을 반복하여 새롭게 선포하게 하는 은혜의 통로입니다. 해마다 돌아오는 행사에 그치지 않고, 하나님의 구속 사역이 오늘 우리 가운데서 다시 경험되는 설교의 장이 되기 때문입니다.

8
설교 계획과 절기 설교

지역 교회의 설교자에게 설교는 단발적 행위가 아니라 장기적 사역입니다. 찰스 스펄전(Charles Spurgeon)은 "추수밭을 찾아서(A Visit to the Harvest Field)"라는 설교에서 사역자는 반드시 기다릴 줄 알아야 한다고 강조했습니다.

> 농부가 씨를 뿌린 지 한 달 만에 수확을 기대한다면 실망하고 농장을 포기하고 말 것입니다. 기다림이 당연히 필요한 과정임을 알지 못한다면, 그는 매달 낙심할 수밖에 없습니다. 그러나 기다림이라는 시험이 있을 것을 예상한다면, '반드시 기다려야 한다'는 사실을 알기에 쉽게 낙담하지 않을 것입니다. 영광을 얻기까지, 하나님께서 약속하

신 그 상급을 얻기까지 기다리기를 기대하십시오.[1]

사역자는 기다릴 줄 아는 사람입니다. 설교 사역도 예외가 아닙니다. 설교는 단 한 번의 강렬한 메시지로 끝나는 일이 아니라, 시간 속에서 인내하며 지속해야 하는 과정입니다. 스테판 러미지(Stephen Rummage)는 이를 다음과 같이 표현했습니다.

좋은 설교는 매주 이어지는 안타이지 한 번의 만루 홈런이 아니다.[2]

이 말은 설교가 오랜 시간에 걸쳐 성도들을 말씀으로 세워 가는 꾸준한 사역임을 잘 보여 줍니다.

이처럼 장기적인 설교 사역을 효과적으로 감당하려면 계획이 필요합니다. 몇 주 혹은 몇 달은 즉흥적인 본문 선택으로 버틸 수 있을지 모릅니다. 그러나 여러 해에 걸쳐 한 공동체를 말씀으로 세우려면 체계적인 설교 계획 없이는 방향을 잃기 쉽습니다. 게다가 설교 계획은 단순히 '다음 주 설교 본문'을 정하는 일이 아니라, 한 해 전

---

1 야고보서 5장 7-8절에 근거한 이 설교의 전문은 https://www.spurgeon.org/resource-library/sermons/a-visit-to-the-harvest-field/#flipbook/에서 확인할 수 있다.

2 Stephen Rummage, *Preaching Your Preaching: A Step-by-Step Guide for Developing a One-Year Preaching Calender* (Grand Rapids: Kregel, 2002), 12.

체를 조망하며 교회의 영적 여정을 설계하는 장기적 안목을 요구합니다. 그렇기에 많은 설교자에게 설교 계획은 큰 부담으로 다가오기도 합니다.

바로 이 지점에서 절기 설교는 설교 계획을 보다 체계적이고 현실적으로 세울 수 있도록 돕는 유용한 도구가 됩니다. 절기를 설교 계획에 어떻게 통합할 수 있을지 살펴보기 전에, 먼저 설교 계획 자체가 제공하는 유익부터 살펴보겠습니다.

설교 계획의 필요성과 유익

균형 잡힌 성경 교육

체계적인 설교 계획은 성경의 다양한 부분을 고르게 다루도록 돕고, 청중이 하나님의 말씀을 보다 통전적으로 이해하도록 이끕니다. 오늘날 많은 신학자들은 성경을 독립된 본문의 모음이 아니라 하나의 거대한 이야기로 이해합니다. 크리스토퍼 라이트(Christopher Wright)는 이렇게 설명합니다.

> 성경에서 하나님은 우리에게 모든 시간과 공간을 아우르는 '단일한 큰 이야기'를 들려주신다. 이 큰 이야기는 역사의 모든 토막을 이루는 여러 '내러티브'로 나누어진다. 내러티브 하나하나는 많은 '작은 이야

기들', 흔히 '성경 이야기'를 말할 때 떠올리는 이야기로 구성된다.[3]

만약 설교자가 성경 전체를 관통하는 이 '단일한 큰 이야기'의 흐름을 고려하지 않고, 그때그때 단편적인 본문을 선택해 설교한다면, 오히려 하나님의 구속 이야기가 조각난 단편으로 전해질 위험이 있습니다. 크레이그 바르톨로뮤(Craig Bartholomew)와 마이클 고힌(Michael Goheen)은 이렇게 단언합니다.

> 성경을 단편적으로 읽는 것은, 성경 이야기를 통해 우리 삶을 형성하려는 신적 저자의 의도를 무시하는 것이다.[4]

결국 하나님의 뜻을 성경 전체의 흐름과 맥락 속에서 가르치기 위해서는, 설교자가 구속사적 관점이 반영된 설교 계획을 세워야 합니다. 그럴 때 청중은 성경의 다양한 본문 속에서 일관된 복음의 흐름을 발견하게 됩니다.

---

3 크리스토퍼 라이트, 『구약을 어떻게 설교할 것인가』, 전의우 옮김 (서울: 성서유니온, 2016), 103-104. 강조는 저자의 것.

4 크레이그 바르톨로뮤, 마이클 고힌, 『성경은 드라마다』, 김명희 옮김 (서울: IVP, 2009), 14.

청중의 영적 성장

설교의 가장 중요한 목적 가운데 하나는 청중을 가르치고, 그 결과로 영적 성숙에 이르게 하는 것입니다. 아우구스티누스는 설교의 세 가지 목적을 가르치고(docere), 즐겁게 하고(delectare), 감동시키는(movere) 것으로 정리했습니다.[5] 그에게 설교는 단순한 정보 전달이 아니라, 진리를 이해하고 사랑하게 하며 삶을 변화시키는 총체적 교육 행위였습니다.

한때 설교학계에서는 설교와 교육을 분리하려는 시도가 있었지만,[6] 설교는 본질적으로 청중을 가르치는 사역입니다. 청중은 설교를 통해 신앙의 내용을 배우고, 이를 삶 속에 적용하며 성장해 갑니다. 초기 교회에서 행해진 교리문답 설교 역시 회중의 신앙 기초를 체계적으로 세우기 위한 교육적 설교였습니다. 이는 설교가 언제나 청중의 영적 성장을 목표로 삼아 왔음을 보여 줍니다.[7]

설교학자 스콧 깁슨(Scott Gibson)은 설교를 단순한 메시지 전달이 아닌 제자훈련의 과정으로 보아야 한다고 강조합니다. 그는 청중

---

5 *De Doctrina Christiana*, 4.12.27.

6 Charles H. Dodd, *The Apostolic Preaching and Its Development* (Grand Rapids: Baker, 1980), 7-8. 다드는 사도들이 전한 메시지를 케리그마(선포)와 디다케(가르침)로 나누었는데, 이 구분은 설교와 교육을 날카롭게 분리하는 결과를 낳았다.

7 Hughes Oliphant Old, *The Reading and Preaching of the Scriptures in the Worship of the Christian Church: The Biblical Period* (Grand Rapids: Eerdmans, 1998), 13.

을 수동적 '관중'이 아니라 예수 그리스도를 따르는 '제자'로 이해하며, 설교의 목적은 이 제자들이 지속적으로 성숙하도록 돕는 일이라고 말합니다.[8]

그렇다면 청중의 성장을 진정으로 바라는 설교자에게 무엇이 필요할까요? 바로 체계적인 설교 계획입니다. 설교 계획은 단순한 일정표가 아니라, 청중을 세우고 변화시키려는 신학적, 목회적 전략이며, 영적 성숙으로 교회를 이끄는 장기적 로드맵입니다.

목회의 비전과 방향성 구현

설교는 목회 사역의 여러 영역 중에서도 가장 강력한 도구입니다. 돌봄, 교육, 행정, 선교 등 다양한 사역이 존재하지만, 이 모든 사역을 견고히 지탱하고 방향을 제시하는 중심축은 언제나 설교입니다. 웨인 맥딜(Wayne McDill)은 이렇게 말했습니다.

> 목회 사역에서 설교만큼 잠재력이 큰 사역은 없다. 목회 사역 가운데 30분 정도 시간을 내서 긍정적인 태도로 많은 사람에게 영향을 끼칠 수 있는 사역이 설교 말고 어디 있겠는가?[9]

---

8 스콧 깁슨, 『주일 강단을 제자훈련의 기회로 활용하라』, 최우성 옮김 (서울: 국제제자훈련원, 2014), 19.

9 웨인 맥딜, 『강해설교를 위한 12가지 필수기술』, 최용수 옮김 (서울: CLC, 2014), 387.

따라서 설교는 목회 전체와 분리되어 독립적으로 진행되어서는 안 됩니다. 설교는 목회의 흐름과 긴밀히 맞물려야 하며, 그 연결을 가능하게 하는 핵심 도구가 설교 계획입니다. 설교 계획은 교회의 방향과 비전을 담는 통로입니다. 체계적인 설교 계획 아래에서 말씀이 지속적으로 선포될 때, 교인들은 교회의 방향을 명확히 이해하게 됩니다. 반복되는 설교 주제를 통해 교회가 지향하는 신앙의 중심과 공동체의 나아갈 길을 분명히 인식하는 것입니다.

또한 설교 계획은 설교가 다른 사역과 유기적으로 조화를 이루게 하는 도구입니다. 예를 들어 특정 시기에 전도 캠페인이나 제자 훈련 프로그램을 준비하고 있다면, 해당 시기와 맞물린 설교 주제를 미리 정함으로써 사역 전체의 시너지를 극대화할 수 있습니다. 설교가 교육, 양육, 선교, 봉사 등 다양한 부서 사역과 연결될 때, 교회는 하나의 목적 아래 통합적으로 움직일 수 있습니다.

이처럼 설교를 중심축으로 모든 사역이 연결될 때, 교인들은 교회의 비전 속에서 자신이 감당하는 역할을 분명히 이해하고 더 적극적으로 참여하게 됩니다. 따라서 전략적이고 체계적인 설교 계획은 목회자의 영적 리더십을 구체화하는 필수 과정입니다. 설교 계획은 단순한 일정 관리가 아니라, 하나님께서 맡기신 공동체를 말씀으로 세워 가는 목회 도구입니다.

전체 예배와의 조화

브라이언 채플(Bryan Chapell)은 예배를 "복음에 대한 재진술"이라 정의했습니다.[10] 이는 예배가 단순한 순서의 나열이 아니라, 예배의 모든 요소를 통해 복음의 중심 메시지를 함께 선포하고 되새기는 시간임을 의미합니다. 찬양, 기도, 성경 봉독, 설교, 성례전 등은 각각 분리된 요소가 아니며, 복음을 중심으로 유기적으로 연결되어야 합니다.

예배의 모든 요소가 같은 주제와 맥락을 공유할 때, 예배는 전체적으로 통일성을 갖게 되며, 회중은 예배 전체에 흐르는 복음의 메시지를 더 깊이 경험하게 됩니다. 이를 가능하게 하는 핵심 도구가 바로 설교 계획입니다.

설교 계획은 설교 본문과 내용을 미리 정하는 수준을 넘어 찬양, 기도, 성경 봉독, 성례전 등 예배의 다른 요소들과 사전에 조율할 수 있도록 돕습니다. 예배의 각 요소가 동일한 주제 아래 구성될 때, 예배 전체는 하나의 메시지를 향해 자연스럽게 수렴합니다. 따라서 예배 전체와 조화를 이루는 설교를 준비하기 위해서는, 단기적인 주제 선택을 넘어선 장기적이고 전략적인 설교 계획이 반드시 필요합니다.

---

10 브라이언 채플, 『그리스도 중심적 예배』, 윤석인 옮김 (서울: 부흥과개혁사, 2011), 181.

효과적인 설교 준비

설교 계획이 없는 설교자는 매주 설교 본문을 결정하는 데 지나치게 많은 시간을 소모하게 됩니다. 그 결과 정작 중요한 본문 연구와 실제 설교 작성에 충분한 시간을 투자하지 못하면서 설교 준비 전체가 비효율적으로 흐를 수 있습니다. 한 설교자가 말했듯이 "우리가 무엇을 설교할지 고민하는 데 쓰는 시간을 잘 활용해도 걸작을 만들 수 있을 것"[11]입니다. 이 말은 많은 설교자가 공감하는 현실입니다.

반면, 장기적인 설교 계획이 마련되어 있다면 상황은 완전히 달라집니다. 설교자는 매주 본문을 고르느라 시간을 낭비하지 않고, 이미 정해진 주제에 따라 충분한 연구와 묵상을 이어갈 수 있습니다. 자료 수집, 성경신학적 배경 탐구, 예화 준비도 한결 전략적으로 진행됩니다.

특히 설교 계획은 설교자의 서재를 구성하는 기준이 됩니다. 모든 책과 자료를 소장할 수 없기 때문에, 설교자는 향후 다룰 주제에 맞추어 필요한 자료를 계획적으로 준비해야 합니다. 체계적인 설교 계획이 있다면, 필요한 주석과 연구서를 미리 확보하고 연구의 깊이를 더할 수 있습니다. 결국 좋은 설교 계획이 좋은 서재를 만들고,

---

11 Winston Pearce, *Planning Your Preaching* (Nashville: Broadman, 1967), 19.

좋은 서재가 좋은 설교를 낳습니다.[12]

따라서 깊이 있고 효율적인 설교 준비를 위해서라도, 설교자는 반드시 장기적인 관점에서 설교 계획을 세워야 합니다. 이는 설교의 질을 높이는 가장 현실적이고 효과적인 출발점입니다.

이제 다음으로, 실제 설교자들이 사용해 온 다양한 설교 계획 방법과 절기의 통합 방식을 구체적으로 살펴보겠습니다.

일반적인 설교 계획 방법

본문 연속 설교

본문 연속 설교(Lectio Continua)는 성경 한 권을 선택하여 본문의 순서를 따라 빠짐없이 강해하는 설교 방식입니다. 이 방법은 본문의 흐름과 문맥을 온전히 따르므로 설교자에게는 교육 사역의 일관성을, 청중에게는 말씀의 통전적 이해를 제공하는 유익한 접근입니다. 본문 연속 설교는 초대 교회로부터 이어진 전통으로, 종교개혁 시기에 특히 강조되었습니다. 교부 시대의 대표적 설교자 요한네스 크리소스토무스(Joannes Chrisostomus)는 신약성경 대부분을 이 방식으로

12 Rummage, *Preaching Your Preaching*, 30-31.

강해했습니다. 아우구스티누스 역시 본문의 순서를 따라가는 설교를 선호했습니다.

종교개혁자들은 본문 연속 설교를 적극 실천하면서, 중세 교회력 중심 설교가 본문 선택을 인위적으로 제한한다고 비판했습니다. 성인의 날과 각종 절기가 본래의 성경 흐름을 왜곡시킨다고 보았기 때문입니다. 따라서 그들은 성경 전체를 빠짐없이 문맥에 따라 설교하기 위한 도구로 본문 연속 설교를 강조했습니다.

대표적인 예로 츠빙글리는 1519년 1월 1일, 취리히에서 사역을 시작하며 마태복음 1장 1-2절을 본문으로 첫 설교를 했고, 이후 매주 마태복음을 연속으로 강해했습니다. 그는 본문을 충실히 다루며 교인들이 성경의 맥락과 의미를 깊이 이해하도록 도왔습니다. 칼뱅 역시 창세기를 시작으로 성경 각 권을 순차적으로 설교했습니다. 그는 설교자가 개인적 선호나 특정 주제에 따라 본문을 선택해서는 안 된다고 강조했습니다. 성경이 스스로 말하게 해야 한다는 이 원리는 곧 '성경은 하나님의 말씀'이라는 개혁신학의 핵심 원리를 설교 방식에 반영한 것이었습니다.

현대에 이르러서도 개혁신학 전통을 따르는 설교자들, 예를 들어 제임스 보이스(James Boice), 해롤드 오켄가(Harold Ockenga), 존 맥아더(John MacArthur) 등은 이 방식으로 성경 전체의 메시지를 깊이 있게 전했습니다. 마틴 로이드 존스는 에베소서를 8년, 로마서를 무려 13년에 걸쳐 연속으로 설교하며, 본문을 철저히 탐구하고 진리를 온전히 전달하려는 설교자의 태도를 보여 주었습니다.

본문 연속 설교는 단순한 설교 기법이 아니라, 성경을 온전히 가르치는 역사적으로 검증된 방법입니다. 초대 교회에서 시작되어 종교개혁과 현대에 이르기까지, 이 방식은 성경의 전체성을 보존하고 성도들이 말씀을 통전적으로 이해하도록 돕는 중요한 역할을 해 왔습니다. 오늘날에도 본문 연속 설교는 여전히 유효한 선택이며, 성경의 깊은 메시지를 충실히 전하고 교회의 신앙적 기반을 세우는 데 큰 도움이 됩니다.

주제 설교

주제 설교는 설교자가 특정 신학적·교리적·윤리적 혹은 실천적 주제를 정하고, 성경 전체에서 그 주제와 관련된 본문을 찾아 설교하는 방식입니다. 본문의 흐름을 따르는 본문 연속 설교와 달리, 주제 설교는 선택한 주제를 중심으로 여러 본문을 해석하고 적용하여 메시지를 구성합니다.

이 방식 또한 오래된 전통을 지니고 있습니다. 초대 교회는 비신자 전도나 신자 교육을 위해 주제 설교를 적극적으로 활용했습니다. 복음 전도 설교, 교리 설교 등은 모두 넓은 의미의 주제 설교에 속합니다. 주제 설교는 한 주제를 여러 본문을 통해 조명하기 때문에, 단일 본문에 한정되지 않고 성경 전체의 통찰을 통합적으로 전달할 수 있다는 장점이 있습니다.

그러나 동시에 위험도 존재합니다. 설교자가 자신의 주장을 강조하기 위해 본문을 근거 자료처럼 나열하거나 문맥과 무관하게 인용하면, 성경의 의미가 쉽게 왜곡될 수 있습니다. 이 때문에 일부 설교자들은 주제 설교에 매우 신중한 태도를 취합니다. 월터 카이저(Walter Kaiser)는 이렇게 말했습니다. "주제 설교는 5년에 한 번만 하라. 그리고 나서 당장 회개하라!"[13] 물론 과장된 표현이지만, 이는 주제 설교가 자칫 본문의 의미를 훼손할 위험이 있음을 날카롭게 지적한 말입니다.

그러나 문제의 본질은 '주제 설교' 자체가 아니라 본문을 성실히 연구하지 않는 설교자의 태도에 있습니다. 티모시 워렌(Timothy Warren)은 "주제 설교의 문제는 '주제'가 아니라, 본문을 제대로 설명하지 않는 데 있다"[14]고 말합니다. 결국 본문 오용이 문제이지 설교 형식이 문제는 아닙니다.

실제로 복음 전도나 교리 교육, 혹은 특정 목회적 상황에서는 주제 설교가 반드시 필요합니다. 교회의 현실적 문제에 성경적 방향을 제시할 때, 주제 설교는 매우 효과적인 접근이 될 수 있습니다. 다만

---

13 Walt Kaiser Jr., *Toward an Exegetical Theology: Biblical Exegesis for Preaching & Teaching* (Grand Rapids: Baker, 2006), 19.

14 Timothy Warren, "Can Topical Preaching Also Be Expository?," in *The Art and Craft of Biblical Preaching: A Comprehensive Resource for Today's Communicators*, eds. Haddon Robinson and Graig Brian Larson (Grand Rapids: Zondervan, 2005), 418.

설교자는 주제에 맞는 본문을 단순히 나열하는 수준을 넘어, 각 본문의 문맥과 신학적 의미를 깊이 연구해야 합니다. 그래야 설교가 성경적 뿌리를 지니고 설득력 있게 다가갑니다.

오늘날에는 동일한 주제를 여러 주일에 걸쳐 다루는 시리즈 설교도 주제 설교의 확장된 형태로 볼 수 있습니다. 많은 설교자들이 특정 신학 주제, 성경 인물, 목회적 요구, 사회적 문제 등을 중심으로 시리즈 설교를 계획합니다. 이는 청중의 이해를 돕고, 설교가 교회의 목회 방향과 긴밀하게 연결될 수 있다는 점에서 효과적입니다.

결론적으로, 주제 설교는 복음 전도, 교리 교육, 목회적 필요를 충족시키는 데 매우 유용한 설교 방식입니다. 단, 본문을 자신의 주장을 지지하는 근거로 사용하는 오류를 피해야 하며, 철저한 본문 연구와 바른 해석이 전제되어야 합니다. 본문에 충실한 주제 설교는 청중에게 성경적 가르침을 제공하고, 신앙의 방향성을 제시하는 강력한 설교 도구가 될 수 있습니다.

성서정과

성서정과(聖書定課, Lectionary)란 말 그대로 '정해진 성경 읽기 과제'를 의미하며, 예배에서 낭독할 성경 본문을 일정한 순서에 따라 체계적으로 배열한 성구집입니다. 명칭은 라틴어 *lectio*(읽기)에서 유래했습니다. 성서정과는 단순한 본문 목록이 아니라, 교회의 신학적 전통과 예배의 흐름 속에서 발전해 온 성경 배치 방식으로서 예배,

신학, 설교와 밀접하게 연결되어 있습니다.

성서정과의 기원은 유대 회당 예배로 거슬러 올라갑니다. 유대인들은 모세오경, 선지서, 시편 등에서 정해진 본문을 읽으며 성경 전체를 균형 있게 익혔습니다. 이 전통은 신약 시대에도 이어졌습니다. 예수님께서 안식일에 나사렛 회당에서 이사야서를 읽고 해석하신 사건(눅 4:16-21)은 이러한 성서정과 전통이 초대 교회로 계승되었음을 보여 줍니다.

초대 교회는 회당의 낭독 전통을 이어받아 복음서와 서신서까지 낭독 범위를 확장했습니다. 4세기 말 교회력이 정착되면서, 성서정과 역시 예수 그리스도의 탄생, 수난, 부활 등 구속사의 흐름을 반영하는 방향으로 정비되었습니다. 성경 낭독은 단순한 읽기를 넘어, 신자들이 기독교의 핵심 교리를 배우고 고백하는 예배의 중요한 요소로 자리 잡았습니다.

중세 교회는 성서정과를 예배의 중심 구조로 발전시켰고, 설교는 주로 그 주일의 성서정과 본문을 바탕으로 이루어졌습니다. 일부 학자들은 "중세 교회 설교의 가장 큰 공헌은 성서정과를 발전시킨 것"이라고 평가하기도 합니다.[15]

그러나 종교개혁자들은 성서정과의 개혁을 요구했습니다. 당시

---

15 제임스 화이트, 『예배의 역사』, 정장복 옮김 (서울: 쿰란출판사, 1997), 136.

성서정과가 수많은 성인 축일과 마리아 축일 중심으로 구성되어 복음보다 전통과 숭배를 강조했기 때문입니다. 이에 따라 일부 개혁자들은 성서정과를 폐지했고, 루터와 같은 이들은 복음 중심의 성서정과로 재구성했습니다.

이후 제2차 바티칸 공의회(1962-1965년)를 거치며, 로마가톨릭은 1969년 새로운 성서정과(Roman Lectionary for Mass)를 제정했습니다. 이 성서정과는 예수 그리스도의 생애와 구속 사역에 초점을 맞춘 3년 주기로 구성되었으며, 1년 차에는 마태복음, 2년 차에는 마가복음, 3년 차에는 누가복음이 중심을 이룹니다. 요한복음은 주로 사순절과 부활절에 배치되었고, 구약 본문은 복음서의 메시지를 보완하거나 배경을 제공하도록 선정되었습니다. 서신서는 복음서와 별도로 연속 낭독되도록 구성되었습니다.

이 가톨릭 성서정과는 개신교에도 큰 영향을 미쳤습니다. 여러 교단이 이를 일부 수정하거나 재편해 사용하기 시작했습니다. 1978년에는 다양한 성서정과를 통합하기 위해 공동본문위원회가 조직되었고, 1982년에는 '공동성서정과(Common Lectionary)', 1992년에는 이를 보완한 '개정공동성서정과(Revised Common Lectionary, RCL)'가 발표되었습니다.[16]

16 개정공동성서정과는 https://www.commontexts.org/rcl/download/에서 확인할 수 있다.

개정공동성서정과 역시 3년 주기이며, 1년 차에는 마태복음, 2년 차에는 마가복음, 3년 차에는 누가복음을 중심으로 읽도록 구성되었습니다. 요한복음은 세 해 모두에 걸쳐 고르게 배치되어 있습니다. 각 주일마다 복음서, 서신서, 구약, 시편 네 본문이 제시되며, 설교자는 이 중 한 본문을 선택하거나 여러 본문을 연계해 통합적으로 설교할 수 있습니다.

성서정과는 예수 그리스도의 구속사적 흐름을 따라가기 때문에 기독교의 주요 교리를 설교하기에 매우 적합합니다. 또한 교회력에 기반해 절기 설교를 자연스럽게 구성할 수 있고, 전 세계 교회가 같은 날 같은 본문을 읽고 예배드림으로써 공교회적 일치를 경험할 수 있다는 점에서도 의미가 큽니다. 이런 이유로 오늘날 다양한 교단에서 성서정과를 폭넓게 활용하고 있습니다.

물론 한계도 있습니다. 정해진 본문이 각 교회의 상황이나 목회적 필요를 반드시 반영하는 것은 아닙니다. 또한 성서정과 역시 사람이 편찬한 것이기에 편집자의 신학적 관점과 선택이 일정 부분 반영되어 있습니다. 그럼에도 불구하고 성서정과는 설교자가 장기적인 설교 계획을 세우는 데 매우 유용한 도구입니다. 균형 잡힌 성경 교육을 가능하게 하고, 교회력 중심의 설교를 손쉽게 구성할 수 있게 하는 우수한 설계도라 할 수 있습니다.

설교 계획과 절기 설교

1년 혹은 그 이상의 장기적 설교 계획을 세우는 일은 결코 쉽지 않습니다. 단순히 시간이 부족해서가 아니라 계획을 세우는 과정 자체가 어렵기 때문입니다. 그래서 많은 설교자들이 장기 계획 대신 매주 설교를 그때그때 준비하며 감당하는 경우가 많습니다.

장기 계획을 수립하는 일은 사실 누구에게나 부담스럽습니다. 어린 시절에 그린 생활계획표를 보면, 대부분 하루 단위의 시계 모양이었을 것입니다. 그것은 단기 계획이 장기 계획보다 세우기가 훨씬 쉽기 때문입니다.

설교 계획을 구분하는 기준점

설교 계획도 마찬가지입니다. 처음부터 1년 전체를 한 번에 계획하려 하기보다, 여러 개의 단기 계획을 세우고 이를 유기적으로 연결하는 것이 보다 현실적입니다. 이때 중요한 기준점이 바로 절기 설교입니다. 절기 설교는 연간 설교 계획을 적절한 단위로 나누며, 단기 계획들 사이를 자연스럽게 잇는 역할을 합니다.

물론 절기를 어느 정도 포함시킬지는 설교자의 목회 철학과 교회의 상황에 따라 달라질 수 있습니다. 예를 들어, 연간 설교 계획에 기독교 3대 절기(성탄절, 부활절, 성령강림절)만 포함시킨다면 설교 일정은 크게 세 구획으로 나눌 수 있습니다. 여기에 종려주일, 종교개혁주일, 추수감사주일 등을 포함한다면 한 해의 설교 흐름은 여섯 부분으로 세분화됩니다.

이처럼 절기를 기준으로 설교를 나누면, 연간 설교를 하나의 거대한 덩어리로 보기보다 작은 설교 단위의 연속으로 바라볼 수 있습니다. 설교자는 절기 설교와 절기 설교 사이의 기간 동안, 앞서 살펴본 연속 강해나 주제 설교, 혹은 시리즈 설교 등의 방식을 활용해 단기 계획을 세울 수 있습니다. 이러한 단기 계획들을 절기를 중심으로 연결하면, 자연스럽고 일관성 있는 연간 설교 계획이 완성됩니다.

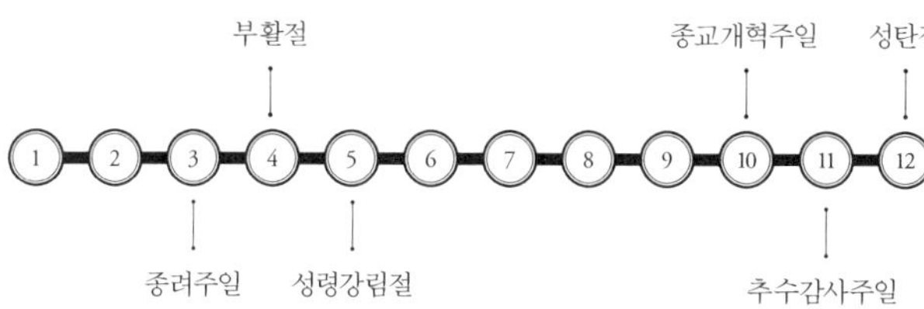

설교 계획을 확장하는 '효모'로서의 절기

절기 설교는 단순히 설교 계획을 구분하는 기준에 머물지 않습니다. 절기는 설교 계획을 확장시키는 효모와 같은 역할을 합니다. 반죽 속 효모가 빵을 부풀게 하듯이, 절기 설교는 설교자의 계획을 더 넓고 풍성하게 확장할 수 있는 출발점이 됩니다.

예를 들어, 부활절 설교를 단 하루의 메시지로 한정할 필요는 없습니다. 부활의 의미를 중심으로 몇 주간 이어지는 부활 시리즈 설교를 구성할 수도 있습니다. 마찬가지로 성탄절 역시 그날만이 아니라, 성탄절 전 몇 주 동안 예수 그리스도의 성육신과 오심을 다루는 설교 시리즈로 확장할 수 있습니다. 이렇게 하면 추수감사주일 이후부터 성탄절까지의 설교 일정이 자연스럽게 연결되고, 구속사적 흐름도 한층 선명해집니다.

이처럼 절기는 설교 계획을 세울 때 고려해야 할 핵심축이자 설교 계획을 돕는 든든한 동반자입니다.

1년 설교 계획 개요의 예

시기	절기	본문 또는 주제	강조점
1월 2월 3월		느헤미야 연속 설교 (말씀을 통한 공동체 회복)	새해 시작과 함께 목회 방향 강조
3.29 종려주일 / 4.5 부활절			
4월 5월		사도행전 1-7장 연속 설교(부활의 증인, 성령 충만한 공동체)	부활절과 성령강림절을 자연스럽게 연결
5.24	성령강림절		
6월		말씀과 성령 시리즈 설교	말씀과 성령의 긴밀한 연결 강조
7월 8월		잠언 주제별 설교 (삶의 자리에서 말씀 따라 살기)	가정, 일터, 관계, 언어 등 삶의 영역별 접근
9월 10월		산상수훈 연속 설교 (말씀을 따라 사는 삶)	예수님의 말씀을 삶 속에서 실천하는 제자도
10.25	종교개혁주일		
11월		종교개혁 핵심 시리즈 설교	다섯 가지 '오직'을 중심으로 종교개혁 핵심 교리 설교
11.22	추수감사주일		
12월		약속의 성취로서 성탄 시리즈 설교	말씀의 일관성 강조
12.25	성탄절		

9
절기 설교 본문 선정하기

많은 설교자들이 절기 설교를 부담스러워합니다. 특히 한 교회에서 오랜 세월 사역한 설교자일수록 절기 설교가 해마다 반복되기 때문에, 마치 더 이상 새로운 본문이 남아 있지 않은 것처럼 느껴질 수 있습니다. 그 결과 절기 설교는 매년 비슷하게 들리거나 마침표처럼 형식적으로 치러지는 설교로 전락하기도 합니다. 그러나 설교자가 절기 설교를 '어쩔 수 없이 해야 하는 설교'로 여긴다면, 청중에게도 그것은 '참고 지나가야 하는 설교'로 들릴 것입니다.

결국 모든 설교와 마찬가지로 생동감 있는 절기 설교의 첫걸음은 본문 선정에서 시작됩니다.

절기의 핵심 본문 선택하기

대부분의 절기에는 그 의미를 가장 압축적으로 드러내는 핵심 본문이 있습니다. 예를 들어 성탄절은 예수 그리스도의 탄생을 기록한 누가복음 2장 1-20절과 마태복음 1장 18-25절, 부활절은 빈 무덤 사건을 다룬 마태복음 28장 1-10절이나 부활하신 주님이 제자들에게 나타나신 요한복음 20장 19-23절이 대표적입니다.

이 본문들은 오랜 세월 교회 예배에서 반복적으로 읽혀 왔습니다. 문제는 바로 이 반복입니다. 해마다 같은 본문으로 설교하다 보면 설교자에게는 새로움의 한계가, 청중에게는 익숙함 속의 무감각이 찾아올 수 있습니다. 설교학자 프레드 크래독(Fred Craddock)은 "설교에서 지루함은 악(惡)의 한 형태다"라고 말했습니다.[1]

그러나 교회가 핵심 본문을 반복해서 사용하는 데는 분명한 이유가 있습니다. 설교자는 새로운 이야기를 만들어 내는 콘텐츠 제작자가 아니라 이미 주어진 복음을 신실하게 반복하는 증인입니다. 핵심 본문을 반복해서 설교하는 것은 진부함 때문이 아니라, 그 안에 담긴 진리가 절기의 본질을 가장 명확하게 드러내기 때문입니다.

오늘의 문화는 끊임없는 자극을 요구합니다. 유튜브, SNS, 광고

1 Fred Craddock, *Overhearing the Gospel* (St. Louis: Chalice, 2002), 6.

등은 모두 '시선을 붙잡아 두는 것'을 목표로 합니다. 흥미가 최고의 가치가 되었고, 반복과 익숙함은 지루함의 대명사로 여겨집니다.

하지만 복음을 전하는 일은 본질적으로 반(反)문화적 사역입니다. 설교자는 시대의 흥미를 설계하는 콘텐츠 제작자가 아니라, 시대를 초월해 변함없는 진리를 맡은 사도적 증인입니다. 그 사명은 새로운 이야기를 만들어 내는 것이 아니라, 하나님의 말씀을 신실하게 반복해서 선포하는 것입니다. 따라서 절기의 핵심 본문을 반복 설교하는 것은 단조로운 일이 아닙니다. 그것은 하나님의 말씀에 순종하는 행위이며, 청중을 일시적 흥미가 아니라 영원한 진리 위에 세우는 거룩한 사역입니다. 그러므로 설교자는 절기의 핵심 본문으로 설교하기를 주저해서는 안 됩니다.

핵심 본문과 연결된 구약 본문 선정하기

절기 설교에서 설교자는 핵심 본문과 더불어 그 본문과 연관된 구약 본문을 함께 선정할 수 있습니다. 신약에서 성취된 사건을 구약의 예언, 약속, 혹은 모형과 연결하면 설교는 한 본문에 머물지 않고 성경 전체 속에서 절기의 의미를 통합적으로 조망하게 됩니다.

예를 들어, 성탄절에는 메시아 탄생을 예언한 이사야 7장 14절[2]과 누가복음 2장의 탄생 본문을 함께 설교함으로써, 성탄이 단순한 기념 행사가 아니라 하나님의 약속 성취임을 선포할 수 있습니다. 종려주일에는 스가랴 9장 9절[3]의 예언과 예수님의 나귀 입성 본문을 함께 다루어 예언과 성취의 연결을 강조할 수 있습니다. 승천절에는 다니엘 7장 13-14절[4]의 인자 환상과 사도행전 1장의 승천 장면을 연결해, 승천이 단순한 이별이 아니라 예언의 성취이며, 예수님께서 하늘 보좌에 앉아 왕으로 통치하기 시작하셨음을 선포할 수 있습니다.

이처럼 구약과 신약을 나란히 다루는 설교는 성경의 통일성과 구속사적 연속성을 드러낸다는 점에서 깊은 신학적 의미를 지닙니다. 아우구스티누스는 이를 다음과 같이 표현했습니다.

---

2 "보라, 처녀가 잉태하여 아들을 낳을 것이요 그의 이름을 임마누엘이라 하리라."

3 "시온의 딸아, 크게 기뻐할지어다. 예루살렘의 딸아, 즐거이 부를지어다. 보라, 네 왕이 네게 임하시나니 그는 공의로우시며 구원을 베푸시며 겸손하여서 나귀를 타시나니 나귀의 작은 것 곧 나귀 새끼니라."

4 "내가 또 밤 환상 중에 보니 인자 같은 이가 하늘 구름을 타고 와서 옛적부터 항상 계신 이에게 나아가 그 앞으로 인도되매 그에게 권세와 영광과 나라를 주고 모든 백성과 나라들과 다른 언어를 말하는 모든 자들이 그를 섬기게 하였으니 그의 권세는 소멸되지 아니하는 영원한 권세요 그의 나라는 멸망하지 아니할 것이니라."

구약은 신약 안에서 드러나고, 신약은 구약 안에 숨어 있다.[5]

이러한 인식은 단순한 본문 해석 기술을 넘어, 하나님께서 성경 전체를 통해 어떻게 구속의 역사를 이루셨는가를 조망하는 관점을 제공합니다. 이레니우스 역시 "성경에 감추어진 보물은 그리스도이며, 그는 유형(types)과 비유(parables)로 예시되었다"[6]고 말하며, 성경의 모든 이야기가 그리스도의 구속 사역으로 수렴된다는 사실을 통찰했습니다.

실제로 많은 교부들이 구약의 인물과 사건 속에서 그리스도의 그림자를 찾아냈습니다. 예를 들어 요나가 사흘 만에 물고기 뱃속에서 나온 사건을 그리스도 부활의 예표로 보았고, 유월절 어린 양의 피를 그리스도의 속죄 죽음과 연결시켰습니다. 이러한 해석 전통은 성경이 단편적인 이야기들의 모음이 아니라, 하나의 구속 이야기로 읽혀야 한다는 교회의 오랜 확신을 보여 줍니다.

이러한 설교 방식은 설교자에게도 신선한 활력을 제공합니다. 매년 같은 신약 본문만 반복하면 설교자 스스로 권태감을 느끼기 쉬운 반면, 구약과 신약을 넘나드는 설교는 더 깊은 연구와 풍성한 조합을 가능하게 합니다.

---

5 *Quaestiones in Heptateuchum*, 2.73.

6 *Adversus Haereses*, 4.26.1.

무엇보다 청중은 절기 설교를 통해 구약의 약속이 신약에서 어떻게 성취되었는지를 보며 하나님 말씀의 통일성과 신뢰성에 감동하게 됩니다. 또한 절기 사건을 단순히 '기념'하는 데서 나아가, 그것이 하나님의 장구한 구원 계획 속에서 준비되고 완성된 사건임을 깨닫게 됩니다. 그 결과 신자는 자신이 믿는 신앙이 성경 전체, 곧 하나님의 구속 이야기 가운데 어디에 위치하는가를 인식하며, 하나님의 위대한 구원 역사 안으로 초대받은 존재임을 확신하게 됩니다.

핵심 주제를 따라 본문 선택하기

세 번째 접근 방식은 절기의 사건 자체를 다루는 본문 대신, 그 절기가 담고 있는 신학적, 신앙적 의미를 중심으로 본문을 선정하는 것입니다. 다시 말해, 절기의 핵심 주제를 따라 성경 전체에서 연결되는 본문을 택하는 방식입니다.

예를 들어, 성탄절에는 '성육신'이라는 핵심 교리를 중심으로 요한복음 1장 1-14절이나 빌립보서 2장 6-11절을 선정할 수 있습니다.[7] 부활절에는 빈 무덤의 묘사보다 고린도전서 15장에 나오는 바

7 "말씀이 육신이 되어 우리 가운데 거하시매 우리가 그의 영광을 보니 아버지의 독생자의 영광이요 은혜와 진리가 충만하더라"(요 1:14). "그는 근본 하나님의 본체시나 하나님

울의 부활 교리를 설교함으로써 부활의 신앙적 의미를 심화할 수 있습니다.[8] 승천절에는 사도행전 1장의 장면 대신, 에베소서 1장 20-23절이나 히브리서 4장 14-16절을 선정해, 하늘에 오르사 지금도 교회를 다스리시며 우리를 위해 중보하시는 그리스도의 현재적 사역을 강조할 수 있습니다.[9]

이 방식의 장점은 분명합니다. 절기 설교가 매년 반복되더라도, 주제로 인해 본문 선정의 폭이 넓어지기 때문에 설교자는 새로운 관점과 신선한 메시지로 절기를 다룰 수 있습니다. 다만 한 가지 주의할 점이 있습니다. 본문이 주제를 끌어 가야지 주제가 본문을 이용해서는 안 된다는 것입니다. 주제 중심 설교는 본문 위에 세워질 때에만 성경적 권위를 지닙니다.

핵심 주제 중심 설교의 강점은, 자주 사용하는 제한된 절기 본문을 넘어 성경 전체에서 절기의 의미를 탐구할 수 있는 다양한 본문을 선정할 수 있다는 데 있습니다. 그 결과 설교자는 매년 같은

과 동등됨을 취할 것으로 여기지 아니하시고"(빌 2:6).

8 "그리스도께서 다시 살아나신 일이 없으면 너희의 믿음도 헛되고 너희가 여전히 죄 가운데 있을 것이요"(고전 15:17).

9 "그의 능력이 그리스도 안에서 역사하사 죽은 자들 가운데서 다시 살리시고, 하늘에서 자기의 오른편에 앉히사 모든 통치와 권세와 능력과 주권과 이 세상뿐 아니라 오는 세상에 일컫는 모든 이름 위에 뛰어나게 하시고, 또 만물을 그의 발 아래에 복종하게 하시고, 그를 만물 위에 교회의 머리로 삼으셨느니라"(엡 1:20-22). "그러므로 우리에게 큰 대제사장이 계시니 승천하신 이 곧 하나님의 아들 예수시라. 우리가 믿는 도리를 굳게 잡을지어다"(히 4:14).

본문을 반복한다는 부담에서 벗어나고, 설교 준비의 피로를 줄이며, 청중에게도 더 폭넓은 영적 시야를 열어 줄 수 있습니다.

또한 설교자는 절기의 사건 자체를 넘어 그 속에 담긴 교리적 의미와 신앙적 관련성에 집중함으로써, 단순한 전달자가 아니라 신학적 해석자이자 교훈의 교사로서의 사명을 충실히 감당하게 됩니다. 이러한 설교 방식은 설교자의 해석력과 신학적 통찰을 더욱 깊게 하여, 절기 설교를 통해 설교자 자신도 성장하는 은혜의 기회를 얻게 됩니다.

아울러 이 접근은 시대적 상황과 교회의 현실에 맞는 목회적 유연성을 제공합니다. 같은 부활절이라도 어떤 해에는 절망과 상실 가운데 있는 교회를 향해 부활의 위로를 선포할 수 있고, 또 다른 해에는 사회적 불의 속에서 생명과 정의의 승리를 강조하는 부활 신앙을 설교할 수도 있습니다.

이처럼 설교자는 절기의 본질을 충실히 반영하면서도, 오늘을 살아가는 회중에게 시의적이며 실제적인 말씀을 전할 수 있습니다. 이러한 설교는 절기를 단순히 설명하는 수준을 넘어 교회를 책임 있게 세워 가는 목회 사역으로 이어집니다.

네 번째 접근은 절기의 핵심 주제를 출발점으로 삼되, 그 주제를 더 넓은 신학적 또는 실천적 차원으로 확장하는 방식입니다. 이 접근은 절기의 메시지를 단순히 과거의 사건으로만 설명하지 않고, 오늘을 살아가는 신자의 신앙과 삶으로 연결하려는 설교자의 신학적 통찰과 목회적 의도가 담긴 방식입니다.

절기의 핵심 주제는 그 자체로 풍성한 설교 내용을 담고 있지만, 동시에 신자의 성화, 윤리적 책임, 교회의 공동체적 정체성과 실천, 사회적 책임과 정의, 선교적 사명, 창조 질서의 회복, 하나님 나라의 소망 등 다양한 주제로 확장될 수 있습니다. 설교자는 절기의 본질을 유지하면서도 그 의미를 입체적이고 현실적인 메시지로 풀어 낼 수 있습니다.

성육신 사건은 신비이자 은혜이지만, 동시에 하나님께서 고통받는 세상 한복판으로 들어오신 구속적 자기 비움의 선언이기도 합니다. 이 주제는 교회가 세상 속에서 어떤 존재로 살아야 하는지를 보여 줍니다. 설교자는 이러한 확장된 주제에 따라 성육신의 은혜가 신자의 삶 속에서 구체적인 사랑과 섬김으로 드러나야 한다는 메시지를 전할 수 있습니다.

이 경우 요한일서 4장 9-11절이나 마태복음 25장 35-40절과 같은 본문을 사용해,[10] 성육신의 신비가 이웃 사랑과 고통받는 자와의 연대로 이어져야 함을 설교할 수 있습니다. 이렇게 하면 성탄절의 본질을 지키면서도, 성육신의 의미를 신자의 일상과 공동체적 사명이라는 실천의 장으로 자연스럽게 확장시킬 수 있습니다.

성령강림절 역시 마찬가지입니다. 이 절기의 핵심 주제는 '성령의 오심'이며, 이는 예수님께서 주와 그리스도가 되셨음을 드러내는 사건입니다. 그러나 이 주제를 확장하면, 하나님의 주권 아래에서 이루어지는 구속사의 완성, 복음의 공공성과 사회적 책임, 교회의 선교적 사명과 세상 속 증인의 역할, 그리고 분열과 상처로 가득한 사회 속에서 성령께서 이루시는 치유와 화해의 역사 등으로 폭넓게 발전시킬 수 있습니다.

확장된 주제를 설정할 때는 절기가 교회사적으로 감당해 온 역할이나, 오늘날 절기가 가질 수 있는 현대적 기능과 연결해 볼 수도 있습니다. 예를 들어 부활절은 교회의 오랜 전통에 따라 '세례'와 '새 생명'의 관점으로 확장시킬 수 있고, 추수감사주일은 단순한 감사의 절기를 넘어 '영적 추수'를 기대하는 선교적 절기로 설교할 수 있습니다. 종교개혁주일 역시 단순한 역사 기념이 아니라 바른 교리와 신학

10 "사랑하는 자들아, 하나님이 이같이 우리를 사랑하셨은즉 우리도 서로 사랑하는 것이 마땅하도다"(요일 4:11). "너희가 여기 내 형제 중에 지극히 작은 자 하나에게 한 것이 곧 내게 한 것이니라"(마 25:40).

교육, 목회자 양성, 교회 개혁의 소명을 환기시키는 절기로 다룰 수 있습니다. 특히 비성경적 설교와 왜곡된 교리가 만연한 오늘의 교회 현실에서 이러한 접근은 매우 시의적이고 의미 있습니다.

이처럼 확장된 주제에 따른 본문 선정은 절기의 본래 의미를 온전히 보존하면서도 설교자에게 창의적 구성과 통합적 전개의 여지를 제공합니다. 이를 통해 설교자는 절기를 매해 새로운 시각으로 바라보며 본문 선정의 자유를 누릴 수 있습니다. 나아가 오늘의 사회, 교회, 공동체, 개인의 삶을 신앙적으로 해석하며 성경의 가르침을 목회적으로 적용하는 능력을 기르게 됩니다.

이 방식은 설교자가 단순한 말씀 전달자를 넘어, 교회의 사역과 방향성을 제시하는 목회 지도자로서의 소명을 실현하도록 돕습니다. 절기는 한 번의 설교로 끝나는 것이 아니라 교육, 선교, 훈련, 사회적 섬김 등 교회의 다양한 사역과 통합될 때 더 깊은 의미를 갖습니다. 이러한 통합 속에서 설교는 공동체 전체의 신앙적 흐름을 이끄는 중요한 동력이 됩니다.

지금까지 절기 설교에서 본문을 선정하는 네 가지 방식을 살펴보았습니다. 설교자는,

- 절기의 핵심 본문을 충실히 따르거나
- 구약과 신약의 연결을 통해 구속사적 흐름을 보여 주거나
- 핵심 주제를 중심으로 본문을 선정하거나

• 주제를 신학적, 실천적으로 더 확장할 수 있습니다.

이 네 가지 방식은 단순한 반복을 넘어 절기 설교의 창의적 가능성을 열어 줍니다. 무엇보다 반복과 새로움, 신실함과 창의성은 서로 대립되는 개념이 아니라 조화를 이루어야 할 요소입니다. 설교자는 이 긴장 속에서 본문을 신중하게 선정하고, 절기의 의미를 오늘의 상황 속에서 조명하며, 복음의 본질에 충실한 말씀을 선포해야 합니다. 그럴 때 절기 설교는 단순히 반복되는 부담이 아니라, 교회를 복음 위에 세우는 은혜의 통로가 될 것입니다.

부록: 절기 설교 본문 선정의 예

다음 도표에 수록된 본문과 주제들은 독자의 이해를 돕기 위한 예시일 뿐, 가능한 모든 조합을 포괄하지는 않습니다. 실제로 설교자는 교회의 상황과 목회적 필요, 그리고 절기의 신학적 의미를 고려해 이를 다양하게 응용할 수 있습니다.

'확장된 주제를 따라 본문 선정하기' 항목의 경우, 사례의 성격상 구체적인 본문 대신 주제만을 제시했습니다.

핵심 본문 선정하기

성탄절	• 예수의 나심 예고	눅 1:26-38
	• 마리아의 엘리사벳 방문	눅 1:39-45
	• 마리아의 찬가	눅 1:46-56
	• 예수의 나심	마 1:18-25; 눅 2:1-7
	• 목자들이 들은 예수 탄생 소식	눅 2:8-20
	• 아기 예수의 정결 예식	눅 2:21-39
	• 동방박사들의 경배	마 2:1-12
부활절	• 예수의 부활	마 28:1-10; 막 16:1-8; 눅 24:1-12; 요 20:1-10
	• 경비병의 보고	마 28:11-15
	• 막달라 마리아에게 나타나신 예수	마 28:9-10; 막 16:9-11; 요 20:11-18
	• 두 제자에게 나타나신 예수	막 16:12-13; 눅 24:13-35
	• 열한 제자에게 나타나신 예수	마 28:16-20; 막 16:14-18; 눅 24:36-49; 요 20:19-23
	• 도마에게 나타나신 예수	요 20:24-29
	• 일곱 제자에게 나타나신 예수	요 21:1-14
성령강림절	• 성령이 임하심	행 2:1-13
	• 베드로의 오순절 설교	행 2:14-42
종려주일	• 예루살렘에 들어가시는 예수	마 21:1-11; 막 11:1-11; 눅 19:28-40; 요 12:12-19
주현절	• 동방박사들의 경배 (서방 교회)	마 2:1-12
	• 세례받으시는 예수 (동방 교회)	마 3:13-17; 막 1:9-11; 눅 3:21-22
승천절	• 예수의 승천	막 16:19-20; 눅 24:50-53; 행 1:6-11

핵심 본문과 연결된 구약 본문 선정하기

성탄절	• 뱀의 머리를 상하게 할 여자의 후손	창 3:15
	• 모든 민족에게 복을 전할 아브라함의 자손	창 12:1-3
	• 유다 지파에서 나올 통치자	창 49:8-10
	• 임마누엘의 징조	사 7:10-25
	• 정의와 공의로 다스리시는 평강의 왕	사 9:1-7
	• 이새의 줄기에서 난 한 싹으로 이루어질 평화의 나라	사 11:1-10
	• 다윗에게서 나온 의로운 가지 되신 왕	렘 23:1-8
	• 베들레헴에서 나올 통치자	미 5:2-9
부활절	• 생명의 길을 보이시는 하나님	시 16:8-11
	• 건축자가 버린 돌이 집 모퉁이의 머릿돌이 됨	시 118:17-24
	• 사망을 멸하고 구원 잔치를 베푸시는 하나님	사 25:6-8
	• 사흘간 물고기 뱃속에 있던 요나	욘 1:17, 2:1-10
성령강림절	• 모든 백성에게 하나님의 영을 주시기를 바라는 모세	민 11:24-30
	• 이스라엘 자손에게 부어질 하나님의 영	사 44:1-5
	• 이스라엘에게 주실 새 마음과 새 영	겔 36:24-28
	• 마른 뼈들이 살아나 하나님의 군대가 됨	겔 37:1-14
	• 만민에게 부어 주실 하나님의 영	욜 2:28-32
종려주일	• 성문으로 들어오는 의로운 이가 베푸실 구원을 기대하며 찬송함	시 118:19-27
	• 나귀를 타고 오시는 겸손한 왕	슥 9:9-10
주현절	• 이방인들이 하나님을 섬김 (서방 교회)	사 60:1-9
	• 열방이 왕에게 경배함 (서방 교회)	시 72:10-11
	• 하나님이 낳은 아들인 왕 (동방 교회)	시 2:6-12
	• 하나님의 영을 받은 여호와의 종 (동방 교회)	사 42:1-4

승천절	• 승천해서 거룩한 보좌에 앉으신 하나님	시 47:5-9
	• 사로잡은 포로를 거느리시고 높은 곳에 올라 구원을 베푸시는 하나님	시 68:17-20
	• 여호와의 오른쪽에 앉으신 주	시 110:1-7
	• 높이 들려서 존귀하게 되신 고난의 종	사 52:13-15
	• 권세를 받아 하늘 구름 타고 오신 인자	단 7:13-14

핵심 주제를 따라 본문 선정하기

성탄절

성육신	• 말씀이 육신이 되어 우리 가운데 거하심	요 1:1-14
	• 자신을 비우고 사람의 모양으로 나타나신 그리스도	빌 2:5-11
	• 혈과 육에 속한 형제들같이 되신 대제사장	히 2:14-18
하나님의 약속 성취	• 조상 아브라함에게 하신 맹세 성취	눅 1:67-75
	• 성경에 미리 약속하신 복음 성취	롬 1:1-4
	• 때가 차매 보내신 아들, 완성된 구원의 약속	갈 4:4-7
구원을 위해 오신 예수	• 자기 백성의 죄를 구원하실 예수	마 1:18-23
	• 잃어버린 자를 찾아 구원하러 오신 예수	눅 19:1-10
	• 모든 이에게 구원을 주시는 하나님의 은혜가 나타남	딛 2:11-14
임마누엘	• 하나님이 우리와 함께 계심	마 1:18-23
	• 세상 끝날까지 함께하신다는 약속	마 28:16-20
	• 하나님이 친히 사람들과 함께 계심	계 21:1-4
복음의 선교적 확장	• 이방의 빛으로 삼으신 하나님의 종	사 49:5-6
	• 유대인이나 헬라인이나 차별하지 않는 복음	롬 10:11-17
	• 각 나라와 족속과 백성과 방언에서 나온 큰 무리의 찬양	계 7:9-12

부활절

부활의 확실성	• 육체적 실재성을 입증하시는 부활 예수 • 부활 체험을 통해 변화된 도마 • 다양한 목격자들의 부활 증언	눅 24:36-43 요 20:24-29 고전 15:3-8
죄와 죽음에 대한 승리	• 우리의 의롭다 함을 확증하는 부활 • 사망을 이기는 부활의 승리 • 부활: 죄와 통치자들, 권세들을 무력화한 하나님의 승리	롬 4:23-25 고전 15:54-57 골 2:12-15
우리의 부활에 대한 보증	• 부활의 첫 열매가 되신 그리스도 • 주를 믿는 자에게 주어지는 영생, 나사로의 부활을 통한 증거	고전 15:20-22 요 11:17-44
새 생명을 주는 능력	• 부활: 죄를 이기는 새 생명의 능력 • 부활: 위의 것을 찾을 수 있는 능력	롬 6:1-14 골 3:1-5

성령강림절

성령강림: 예수의 주되심의 증거	• 예수의 주와 그리스도 되심의 증거로서의 성령 강림 • 예수의 임재를 실현하시는 성령	행 2:29-36 요 14:15-21
은사를 주시는 성령	• 성령 안에서 세워진 교회의 모습 • 교회를 하나 되게 하시는 성령, 교회를 세우기 위해 다양한 은사를 주시는 성령	행 2:41-47 고전 12:12-31
거룩하게 하시는 성령	• 성령의 내주로 시작되는 새로운 삶 • 성령이 거하시는 몸으로서의 거룩한 삶 • 성령의 열매로 드러나는 내주하심의 증거	롬 8:1-11 고전 6:15-20 갈 5:16-26

성령과 선교 사명	• 성령을 받아 땅 끝까지 증인이 되는 사명 • 선교를 위해 바울과 바나바를 세우시는 성령	행 1:4-11 행 13:1-12

종려주일

십자가를 향한 순종	• 죽기까지 순종한 그리스도를 높이신 하나님 • 아버지 뜻에 순종하기 위한 예수의 기도	빌 2:5-11 마 26:36-46
세상의 기준과는 다른 메시아	• 고난받고 죽으실 메시아 예수 • 나사렛 사람들의 기대와 다른 메시아 예수 • 군중이 기대하는 바와 다른 생명의 떡 예수	막 8:27-38 눅 4:16-30 요 6:22-66
복음에 담긴 역설	• 세상에는 미련해 보이지만 구원을 이루는 십자가의 능력	고전 1:18-25

주현절

복음의 선교적 확장 (서방 교회)	* 성탄절 참고	
구속 역사에 나타난 삼위 하나님의 사역 (동방 교회)	• 성부의 예정, 성자의 구속, 성령의 인치심으로 완성되는 구원의 경륜 • 삼위 하나님의 협력으로 이루어지는 구원의 확실성	엡 1:3-14 롬 8:26-30

승천절

하나님의 승리	• 여호와의 오른편에 앉으신 주의 승리 • 하나님이 높이신 그리스도: 만물을 복종하게 하시고 교회의 머리로 세우심	시 110:1-7 엡 1:18-23
승천하신 주님의 현재 사역	• 하늘 보좌에서 우리를 위해 중보하시는 대제사장 예수 • 하나님 우편에서 우리를 위해 간구하시며 지금도 우리를 사랑하시는 그리스도	히 4:14-16 롬 8:31-39
교회의 직분	• 하늘에 오르신 그리스도께서 교회에 직분을 주심	엡 4:7-16
하늘을 소망하는 신자	• 하늘에 있는 신자의 시민권 • 위의 것을 찾고 그리스도와 함께 영광을 얻을 신자	빌 3:17-21 골 3:1-5

종교개혁주일

계속 개혁되는 개혁교회, 말씀 중심	• 말씀을 통한 요시야의 개혁 • 에스라의 율법 낭독과 백성의 반응 • 그리스도의 장성한 분량까지 자라는 교회	왕하 22:8-20 느 8:1-12 엡 4:13-16
이신칭의		롬 3:21-28, 롬 4:1-25; 갈 2:15-21

추수감사주일

감사	• 하나님의 은혜를 기억하며 감사와 찬양을 올려 드림	시 103:1-22
	• 은혜에 감사하는 나병환자	눅 17:11-19
	• 감사로 누리는 하나님의 평강	빌 4:4-7

송구영신예배

감사	* 추수감사주일 참고	
지난 시간 인도하신 하나님의 신실하심	• 광야에서 신실하게 인도하신 하나님의 손길	신 8:1-10
	• 우리 편이 되신 하나님 덕분에 살아난 은혜	시 124:1-8
	• 변치 않는 하나님의 인자와 성실하심	애 3:19-26
새로운 한 해를 주시는 하나님	• 새 일을 행하시는 하나님	사 43:16-21
	• 실패한 자를 회복시켜 사명을 주시는 주님	요 21:15-19
	• 그리스도 안에서 새로운 피조물, 새로운 사명	고후 5:14-21
	• 뒤에 있는 것은 잊고 앞을 향해 달려가게 하시는 하나님	빌 3:12-16

확장된 주제를 따라 본문 선정하기

성탄절

성육신	• 세상과 함께하는 교회 • 몸을 가진 존재로서 인간의 존엄성
하나님 약속의 성취	• 믿을 만한 복음 • 약속을 기다리며 인내하는 삶 • 다시 오실 주님 • 끝내 승리할 우리
구원을 위해 오신 예수	• 잃은 자를 향하는 교회 • 하나님의 주도적 사역인 구원 • 구원받은 신자의 삶
임마누엘	• 끝까지 함께하시는 하나님 (성령 강림) • 두려움을 이기는 임마누엘의 능력 • 임마누엘을 누리게 하는 공동체 • 세상에 임마누엘을 전하는 교회
복음의 선교적 확장	• 선교하는 공동체 • 주변의 외국인들을 향한 교회 • 창의적인 선교 사역

부활절

부활의 확실성	• 믿을 만한 복음 • 창조의 완성으로서 부활 • 이 땅에 회복될 정의
죄와 죽음에 대한 승리	• 두려움을 이기는 신앙 • 세상을 사로잡고 있는 권세에 저항하는 교회 • 죄를 이기며 살아가는 신자의 삶 • 하나님의 승리
우리 부활에 대한 보증	• 흔들리지 않는 신앙 • 몸을 긍정하는 신앙 • 이 땅에서 부활 신앙으로 살아가는 신자
새 생명을 주는 능력	• 실패를 이길 수 있는 이유 • 새로운 정체성을 주는 부활

성령강림절

예수의 주 되심의 증거로서 성령 강림	• 지금도 세상과 역사를 주관하시는 주님 • 복음의 공공성 • 선교적 사명
은사를 주시는 성령	• 공동체를 위한 선물인 은사 • 사역자로서 신자 • 세상을 섬기는 교회
거룩하게 하시는 성령	• 그리스도를 닮아가는 삶 • 일상의 거룩함 • 세상과 구별되는 교회

성령과 선교 사명	• 시대에 적절한 복음 전도 • 젊은이를 선교하는 교회 • 분열된 세상을 치유하는 복음

종려주일

십자가를 향한 순종	• 제자도 • 강압이 아닌 자기 부인 • 자기 비움을 통한 영광
세상의 기준과는 다른 메시아	• 참된 권위 • 겸손과 섬김의 리더십 • 세상과 다른 하나님 나라
복음에 담긴 역설	• 약함 속에서 드러나는 하나님의 능력 • 반문화적인 복음

주현절

복음의 선교적 확장 (서방 교회)	* 성탄절 참고
구속 역사에 나타난 삼위 하나님의 사역 (서방 교회)	• 우리를 위해 일하시는 하나님 • 우리를 포기하지 않으시는 하나님 • 신자의 정체성

승천절

하나님의 승리	• 혼란스러운 세상 속에서 하나님의 주권을 신뢰하는 삶 • 세상 속에서 하나님의 주권을 드러내는 교회 • 성공 중심적 문화에서 하나님의 백성으로 살기 • 재림을 기다리는 삶
승천하신 주님의 현재 사역	• 하나님께 나아갈 수 있는 은혜 • 우리의 고통을 이해하시는 주님 • 약한 자들을 잊지 않는 교회 • 세상을 위해 일하는 교회
교회의 직분	• 직분자의 자세 • 서로에게 필요한 우리 • 세상을 세우는 교회
하늘을 소망하는 신자	• 이 땅에서 하늘의 질서를 실천하는 신자 • 하늘을 바라보도록 하는 영적 훈련 • 잠시의 고난과 영원한 영광

종교개혁주일

계속 개혁되는 개혁 교회, 말씀 중심	• 회개, 부흥, 말씀 사역자의 중요성 • 신학교의 중요성
이신칭의	• 복음 안에서 누리는 자유 • 은혜에 합당한 삶 • 타인을 은혜로 바라보기 • 환대하는 공동체

추수감사주일

감사	• 어떤 상황에서도 감사하는 신앙 • 감사를 통한 자본주의적 욕망의 절제 • 이웃에 대한 나눔으로 연결되는 감사 • 서로에게 감사하는 공동체

송구영신예배

감사	* 추수감사주일 참고
지난 시간 인도하신 하나님의 신실하심	• 우리의 연약함 속에서도 신실하신 하나님 • 하나님의 신실하심을 헤아려 보고 감사하기 • 신실하신 하나님께 응답하는 삶
새로운 한 해를 주시는 하나님	• 하나님의 은혜로 시작하는 삶 • 과거의 실패와 상처에 매몰되지 않는 삶 • 은혜받는 신자의 정체성

4부

절기 설교의 예

성탄절

잃어버린 자를 찾아오신 예수님

누가복음 19:1-10

오늘은 성탄절입니다. 많은 사람이 기쁨을 누리고 있지만, 솔직히 목사들에게 성탄절은 마냥 기쁜 날만은 아닙니다. 성탄 설교가 어렵기 때문입니다. 성경에서 그리스도의 탄생을 자세히 기록한 책은 마태복음과 누가복음뿐입니다. 그래서 성탄절에 사용할 본문이 거의 정해져 있고, 신앙생활을 오래한 성도들은 비슷한 설교를 이미 수십 번 들어보셨을 것입니다. 해마다 같은 본문과 내용이 반복되니 설교

◐ 이 설교는 절기의 핵심 주제를 따라 본문을 선정하는 방법을 보여 주는 예다. 예수님의 오심이라는 성탄의 핵심 주제를 잃어버린 자를 찾아 구원하시려는 목적과 연결해 본문을 선정했다. 누가복음 19장 1-10절은 성탄절의 대표 본문은 아니지만, 예수님께서 이 땅에 오신 이유를 명확히 드러낸다. 성탄절 예배에 다양한 청중이 참석할 가능성을 고려해, 설교의 결론에서는 신자뿐 아니라 신앙을 떠난 이들과 불신자를 향한 적용도 제시된다.

를 하는 이에게도, 듣는 이에게도 쉽지 않습니다.

그래서 올해는 겉보기에는 성탄과 관련이 없어 보이는 본문을 선택했습니다. 그러나 설교 제목에서 드러나듯, 오늘 말씀은 예수님이 왜 오셨는지를 가장 분명하게 보여 주는 본문입니다. 진정한 성탄의 본질, 곧 그리스도의 오심의 목적이 삭개오 이야기 속에서 선명히 드러납니다.

많은 사람이 성탄절을 즐거워하지만, 그 이유는 각기 다릅니다. 비신자들은 공휴일과 연말 분위기 때문이고, 신자들 역시 서로 다른 이유로 기뻐합니다. 그러나 오늘 본문은 주님이 이 세상에 오신 이유를 분명하게 제시합니다. 그 말씀을 통해 우리가 복음을 바르게 이해하며 하나님을 영화롭게 하는 삶을 살게 되기를 바랍니다.

나무에 올라간 삭개오

누가복음은 예수님께서 삭개오에게 찾아오셨다고 말합니다. '삭개오'라는 이름은 '흠이 없다'는 뜻입니다. 그는 여리고에 살았고, 예수님은 갈릴리에서 예루살렘으로 올라가시던 중이었습니다. 주님은 명확한 목적을 가지고 예루살렘으로 향하셨습니다. "보라, 우리가 예루살렘으로 올라가노니…인자가 이방인들에게 넘겨져 희롱을 당하고…채찍질하고…죽일 것이나…삼 일 만에 살아나리라"(눅 18:31-

33). 제자들은 그 의미를 전혀 이해하지 못했지만, 예수님은 십자가와 부활을 향해 나아가셨습니다.

여리고는 예루살렘으로 가는 중간에 예수님께서 들리셨던 곳입니다. 지리적으로 여리고성은 예루살렘 동쪽에 위치하고, 갈릴리는 북쪽에 있기에 이곳을 들러야 할 필요는 없었습니다. 그러나 당시 중간 지역에 살았던 사마리아인은 유대인과 적대 관계에 있어 사람들은 갈릴리와 예루살렘을 오갈 때 우회해 가는 경우가 많았습니다. 확실한 것은 여리고가 예수님의 최종 목적지는 아니었다는 점입니다.

여리고에서는 두 가지 중요한 사건이 일어났습니다. 하나는 성 가까이에서, 다른 하나는 성 안에서 일어났습니다. 예수님께서 여리고성 가까이에 이르셨을 때, 한 맹인이 "다윗의 자손 예수여, 나를 불쌍히 여기소서!"라고 외쳤습니다. 예수님은 그의 눈을 뜨게 하셨고, 그는 하나님께 영광을 돌리며 예수님을 따랐습니다. 많은 이가 그 모습을 보고 하나님을 찬양했습니다. 예수님께서 성 안으로 들어오실 때, 그 맹인은 예수님을 따르며 사람들의 이목을 끌었을 것입니다.

한편 삭개오는 세리장이며 부자였습니다. 오늘날로 치면 대도시 세무서장쯤 되는 막강한 권력을 가진 인물이었습니다. 로마의 신임을 받았기에 권세를 마음껏 휘둘렀고, 그만큼 부당한 이익을 취했을 것입니다.

성경에 따르면, 삭개오는 예수님이 어떤 분인지 '보고 싶어' 했습니다. 돌무화과나무에 올라간 행동이 이를 증명합니다. 그러나 그의 단점은 키가 너무 작았다는 것입니다. 맹인은 들을 수는 있어도 볼 수 없었고, 삭개오는 보고 싶어도 볼 수 없었습니다. 맹인이 할 수 있는 유일한 일이 큰 소리를 지르는 것이었다면, 삭개오는 작은 키를 극복하기 위해 돌무화과나무에 올랐습니다.

예수님은 누구에게 오셨습니까? 수많은 사람 중에서 맹인과 삭개오에게 오셨습니다. 맹인이 외칠 때 사람들은 그를 꾸짖었고, 예수님께서 삭개오를 부르셨을 때는 그분을 비방했습니다. 왜일까요? 예수님께서 사회적으로 멀리해야 한다고 여겨지던 사람들에게 다가가셨기 때문입니다. 소경은 병자였고, 세리장은 죄인이었습니다.

삭개오에 대한 예수님의 반응

예수님은 나무 위에 올라간 삭개오를 보고 말씀하셨습니다. "삭개오야, 속히 내려오라. 내가 오늘 네 집에 유하여야 하겠다." 이 말씀에서 우리는 몇 가지를 알 수 있습니다. 예수님은 삭개오가 누구인지 아셨고, 이미 그의 집에서 머물 계획을 가지고 계셨습니다. 그 말씀에는 권세가 있었습니다. 예수님은 마치 왕처럼 말씀하셨고, 삭개오는 신하처럼 반응했습니다. 예수님께서 "속히 내려오라"고 하시자 그는 급히 내려와 즐거운 마음으로 예수님을 영접했습니다.

그러자 사람들이 수군거리며 비난했습니다. "저가 죄인의 집에 유하러 들어갔도다." 이 말은 무엇을 의미할까요? 모두가 삭개오를 죄인으로 여겼음을 보여 줍니다. 그들은 예수님을 선지자로 보았고, 선지자는 죄인의 집에 머물러서는 안 된다고 여겼습니다. "선지자라면 저자가 어떤 사람인지 몰랐겠는가?" 하며 빈정거렸을 것입니다.

그들의 비난 앞에서도 예수님은 아무 대답도 하지 않으셨습니다. 그러나 그 침묵으로 인해 신실함을 의심받을 수 있는 위험한 상황이었습니다. 마치 검사가 조폭 두목과 식사하는 것처럼 말입니다.

그때 삭개오가 일어섰습니다. 이는 공적으로 혹은 법적으로 말했음을 의미합니다. "내 소유의 절반을 가난한 자들에게 주겠사오며 만일 누구의 것을 속여 빼앗은 일이 있으면 네 갑절이나 갚겠나이다"(8절).

이 말은 앞서 등장한 부자 관리의 태도와 극명히 대조됩니다. 부자 관리는 "어떻게 해야 영생을 얻을 수 있습니까?"라고 물었고, 예수님은 "네게 있는 것을 다 팔아 가난한 자들에게 주고 나를 따르라"고 말씀하셨습니다. 그러나 그는 큰 근심에 빠졌습니다. 그때 예수님은 "낙타가 바늘귀로 들어가는 것이 부자가 하나님의 나라에 들어가는 것보다 쉬우니라"(눅 18:25)고 말씀하셨습니다. "그런즉 누가 구원을 얻을 수 있나이까?"라고 사람들이 묻자, 예수님은 "사람이 할 수 없는 것을 하나님은 하실 수 있느니라"고 대답하셨습니다.

오늘 본문은 "누가 구원을 얻을 수 있는가?"라는 질문에 대한 답입니다. 삭개오는 예수님에 대한 비난이 더 이상 근거 없음을 공적으로 증언했습니다. 그것은 쉬운 일이 아니었습니다. 엄청난 재물을 포기하는 것을 의미했기 때문입니다.

이 말을 듣고 예수님께서 말씀하십니다. "오늘 구원이 이 집에 이르렀도다." 예수님께서 여리고에서 삭개오의 집에 머물겠다고 하신 이유가 이제 드러납니다. 바로 '오늘이 삭개오와 그의 집이 구원받는 날'이었기 때문입니다.

예수님께서 오신 목적

예수님께서 삭개오에게 오신 이유는 분명합니다. 바로 그를 구원하기 위해서였습니다. 그렇다면 왜 수많은 사람 중 삭개오만 구원을 받았을까요? 본문에서 주님은 이렇게 말씀하십니다. "이 사람도 아브라함의 자손임이로다"(9절). 사람들은 삭개오를 죄인으로 여겨 아브라함의 후손으로 보지 않았지만, 예수님은 그를 참된 믿음의 자손으로 인정하셨습니다.

삭개오가 예수님께 인정받은 이유는 두 가지입니다. 첫째, 그는 예수님을 자신의 집으로 영접했습니다. 물론 이 영접은 예수님께서 명하신 것이지만, 삭개오가 그 명령을 즉시 기쁨으로 순종했기에 가능했습니다. 이는 부자 관리의 태도와 크게 대조됩니다. 부자 관리는 재산을 포기하고 따르라는 주님의 명령에 순종할 수 없었습니다.

둘째, 그는 자발적으로 자신의 재산을 포기하고 가난한 자들에게 나누었습니다. 주목할 점은 부자 관리와 달리 예수님께서 삭개오에게 재산에 대해서는 전혀 말씀하시지 않았다는 점입니다. 삭개오는 스스로 결단했습니다.

여기서 예수님을 영접하는 것이 무엇을 의미하는지 분명해집니다. 오늘날 '영접 기도'가 너무 쉽게 여겨지고 있습니다. "예수님은 나의 구주십니다"라고 입으로만 말하면 믿는 것으로 생각합니다. 그러나 본문은 그것이 얼마나 피상적인 인식인지를 보여 줍니다.

하나님께서 아브라함을 부르실 때 "본토, 친척, 아비 집을 떠나라"고 말씀하셨습니다. 자신의 힘이나 소유를 의지하지 말고 전적으로 하나님께 의지하라는 뜻이었습니다. 아브라함은 갈 바를 알지 못하고 떠났습니다. 그것이 믿음이었습니다. 예수님께서 부자 관리에게 "네게 있는 것을 다 팔아 가난한 자들에게 나눠 주고 나를 따르라"고 하신 것도 같은 맥락입니다. 삭개오 역시 자신의 재산 절반을 나누며, 이제는 예수님을 참된 주인으로 모시겠다고 공적으로 고백한 것입니다.

요한복음은 이 사실을 이렇게 요약합니다. "자기 땅에 오매 자기 백성이 영접하지 아니하였으나 영접하는 자 곧 그 이름을 믿는 자들에게는 하나님의 자녀가 되는 권세를 주셨으니 이는 혈통으로나

육정으로나 사람의 뜻으로 나지 아니하고 오직 하나님께로부터 난 자들이니라"(요 1:11-13).

여리고성에는 수많은 사람이 있었지만, 예수님을 진정으로 영접한 이는 단 한 사람 삭개오뿐이었습니다. 여기서 '영접'은 단순히 숙박과 식사를 제공한다는 의미가 아닙니다. 예수님은 진정으로 자신의 이름, 즉 구원자임을 믿는 자의 집에 머물기를 원하셨습니다. 오직 삭개오만이 그런 믿음을 가졌습니다.

◐

예수님은 자신이 이 땅에 온 이유를 분명히 밝히셨습니다. "인자가 온 것은 잃어버린 자를 찾아 구원하려 함이니라"(10절).

누가복음에는 '찾는 이야기'가 유난히 많습니다. 15장에는 잃은 양, 잃은 드라크마, 잃은 아들의 비유가 나옵니다. 이것이 예수님께서 세상에 오신 이유입니다. 여리고에서도 주님은 그 사명을 놓치지 않으셨습니다. 다윗의 아들이심을 고백한 맹인의 눈을 열어 주시고, 자신을 구주로 영접한 삭개오의 집에 구원을 주셨습니다.

오늘날 잃어버린 자는 누구입니까? 바로 자신이 죄인임을 인정하는 사람입니다. 예수님은 의인이 아니라 죄인을 부르러 오셨습니다. 건강한 사람에게는 의사가 필요 없듯이, 스스로 의롭다고 생각하는 사람에게는 예수님이 필요 없습니다. 잃어버린 자는 자신의 죄를 인정하고, 예수님을 믿음으로 영접하며 그분을 주인으로 모시고 순종하는 사람들입니다.

오늘은 성탄절입니다. 예수님은 잃어버린 자를 찾아 구원하기 위해 이 땅에 오셨습니다. 왜 오셨습니까? 누구에게 오셨습니까? 잃어버린 자를 찾아 구원하시기 위해 오셨습니다. 예수님은 그들을 구원해 자기 백성으로 삼으시고, 그들의 주인이 되기를 원하십니다. 주님은 오늘도 잃어버린 자에게 말씀하십니다. "내가 오늘 네 집에 유하여야 하겠다." 여러분은 삭개오처럼 그 말씀에 답할 준비가 되어 있습니까? 속히, 그리고 즐겁게 주님을 구주로 영접하시겠습니까?

이것은 사람이 스스로 할 수 있는 일이 아닙니다. 그런데 불가능한 일이 일어났습니다. 이는 성령께서 역사하셨기 때문입니다. 주님은 잃어버린 자를 찾아 자신의 교회로 모으십니다. 그것이 바로 주님이 이 세상에 오신 이유입니다.

여러분은 그 일이 우리 교회 안에서도 일어나기를 원하십니까? 정말 주님의 일에 동참하기를 원하십니까? 혹시 나와는 다른 누군가를 보며 여리고성 사람들처럼 "어떻게 저런 사람이 우리 교회에 왔지?"라고 불평하고 있지는 않습니까? 성탄절을 맞아 주님의 오심과 그 목적을 깊이 묵상하며 주님의 마음을 풍성하게 소유하는 복된 성도가 되시기를 바랍니다.

부활절

하나님의 선물, 부활 전하기

마가복음 16:1-13

부활절 아침입니다. 옆에 있는 형제자매들에게 인사합시다. "예수님이 부활하셨습니다!"

오늘 본문은 첫 부활절 아침에 관한 이야기입니다. 이른 아침, 몇 명의 여인이 묘지를 향해 가고 있습니다. 아마도 사흘 전에 장사 지낸 예수님의 무덤으로 가는 것 같습니다. 성경은 이들의 이름까지 정확히 기록합니다. 막달라 마리아, 야고보의 어머니 마리아, 그리고

◐ 이 설교는 부활절 핵심 본문을 바탕으로 부활 신앙이 하나님의 선물임을 밝히며, 그 선물을 받은 우리는 우리의 삶에서 역사하시는 예수 그리스도로 인해 부활 신앙을 증언해야 한다는 점을 강조한다. 설교의 각 요점이 '진행 배열'에 따라 구성되어 있어, 청중이 설교의 논리적 흐름을 자연스럽게 따라갈 수 있도록 돕는다. 설교 요점의 배열 방식에 대해서는 조광현, 『질문과 함께 배우는 설교』, 100-106을 보라.

살로메. 이들은 예수님이 계실 때 가장 가까이에서 사랑하며 섬겼던 이들입니다.

그런데 주목할 점이 있습니다. 그렇게 예수님을 사랑했던 이들도 부활을 전혀 기대하지 않았다는 사실입니다. 그들이 이 이른 시간, 묘지에 가서 하려고 했던 일은 도대체 무엇일까요? 다름 아니라 시신에 향유를 바르는 것이었습니다. 시신의 부패 냄새를 줄이기 위해 바르려 했던 것이지요.

여인들은 무덤으로 가면서 이런 대화를 나눕니다. "누가 우리를 위하여 무덤 문에서 돌을 굴려 주리요"(3절). 당시 유대인의 무덤은 자연 동굴이나 파낸 동굴 안에 시신을 안치하고 큰 돌로 입구를 막은 형태였습니다. 그 돌은 여자 셋이 옮기기에는 너무 무거웠습니다. 그래서 "누가 그 돌을 옮겨 줄까, 누가 길을 열어 줄까" 걱정한 것입니다.

믿을 수 없었던 부활

여인들은 예수님이 부활하신 줄 꿈에도 생각하지 못했습니다. 그들이 무덤으로 향한 이유는 그저 시신에 향품을 바르기 위해서였습니다. 그런데 놀라운 일이 일어났습니다. 4절은 이렇게 기록합니다. "눈을 들어본즉 벌써 돌이 굴려져 있는데 그 돌이 심히 크더라."

그들이 무덤으로 향하면서 했던 "누가 그 큰 돌을 굴려 줄까?"라는 염려는 전혀 할 필요가 없었습니다. 무덤 입구의 돌은 이미 옮겨져 있었습니다. 무덤의 문이 열렸다는 것은 무엇을 의미합니까? 예수님께서 살아나셨다는 뜻입니다. 무덤은 예수님을 가둘 수 없었습니다. 그분은 부활하셨기 때문입니다. 할렐루야!

이 사실을 천사가 확인해 줍니다. "놀라지 말라. 너희가 십자가에 못 박히신 나사렛 예수를 찾는구나. 그가 살아나셨고 여기 계시지 아니하니라. 보라, 그를 두었던 곳이니라"(6절). 여인들은 열린 무덤을 보았고, 예수님의 시신이 없음을 확인했습니다. 그리고 천사로부터 "그가 살아나셨다"는 소식을 직접 들었습니다.

만약 우리에게 이런 일이 일어난다면 어떨 것 같습니까? 벚꽃이 폈다는 소식만 들어도 우리는 서로 연락하고 SNS에 소식을 올립니다. 첫눈이 내리며 사진을 찍어 알리기 바쁩니다. 하물며 예수님의 부활이라니요! 이보다 더 놀라운 소식이 어디 있을까요? 정말 놀라운 이 소식을 혼자만 알고 있을 수 없기에 누구든 붙잡고 소리쳤을 것입니다. "예수님이 부활하셨어요!"

그런데 예수님의 부활 소식을 들은 여인들의 반응을 보십시오. "아무에게 아무 말도 하지 못하더라"(8절). 그들은 열린 무덤을 보았습니다. 빈 무덤을 확인했습니다. 천사에게 부활 소식까지 직접 들었습니다. 그럼에도 아무에게도 말하지 못했습니다. 마가는 그 이유를 설명하지 않지만, 그들의 반응을 분명히 부정적으로 묘사합니다.

"여자들이 몹시 놀라 떨며 나와 무덤에서 도망하고 무서워하여…"(8절). 그들은 기뻐하지 않았습니다. 확신하지도 못했습니다. 오히려 당황했고 무서워했습니다. 그들은 예수님의 부활을 믿지 못했습니다.

그런데 이 여인들만 믿지 못한 것이 아니었습니다. "그들은 예수께서 살아나셨다는 것과 마리아에게 보이셨다는 것을 듣고도 믿지 아니하니라"(11절). 예수님은 막달라 마리아에게 먼저 나타나셨고, 마리아는 그 사실을 전했지만 그들도 믿지 않았습니다. 10절을 보면 '그들'이 누구인지 알 수 있습니다. "마리아가 가서 예수와 함께하던 사람들이 슬퍼하며 울고 있는 중에 이 일을 알리매…."

그들은 단지 지나가던 군중이 아니라 예수님과 함께하던 사람들이었습니다. 예수님은 열두 제자뿐 아니라 따로 세우신 칠십 제자를 비롯해 많은 제자들이 있었습니다. 마가는 이들을 모두 아울러 "예수와 함께하던 사람들"이라 부릅니다. 그들도 예수님을 사랑했습니다. 예수님의 죽음 앞에서 슬퍼하며 울었습니다. 그러나 부활은 믿지 못했습니다.

더 심각한 것은 제자들조차 부활 소식을 듣고 믿지 못했다는 사실입니다. "두 사람이 가서 남은 제자들에게 알리었으되 역시 믿지 아니하니라"(13절). 여기서 주목할 단어는 '역시'입니다. 여인들은 믿지 못했습니다. 예수님과 함께하던 사람들도 믿지 못했습니다. 그리고 제자들 '역시' 믿지 못했습니다.

'역시'는 무엇을 말합니까? 부활은 인간이 본능적으로 믿기 어려운 사건이라는 사실입니다. 예수님을 사랑하던 사람들, 예수님과 함께하던 사람들, 가르침을 가장 가까이에서 듣고 기적을 눈앞에서 보았던 제자들 역시 믿지 못했습니다.

그러니 다른 사람들은 어떻겠습니까? 보통 사람들은요? 당연히 그들도 부활을 믿지 못했습니다. 예수님의 부활은 누구에게나 믿기 어려운 사건입니다. 그러나 중요한 것은 기독교의 중심이 바로 부활에 있다는 점입니다. 복음주의 신학자 존 스토트는 말했습니다. "기독교는 부활의 종교다. 부활은 기독교의 핵심이며, 만약 부활을 없애 버린다면 기독교 전체가 무너진다."[1]

그렇다면 우리는 난관 앞에 서 있습니다. 부활은 기독교의 핵심이지만, 인간의 힘으로는 도저히 믿기 어려운 일입니다. 여인들도, 무리도, 제자들도 믿지 못했는데, 우리는 어떻게 믿을 수 있을까요?

하나님의 선물인 부활 신앙

형제자매 여러분, 여러분은 부활이 믿어집니까? 예수님께서 죽으셨다가 다시 살아나셨음을 믿습니까? 사망의 권세를 깨뜨리신 것을

1 Stott, *Christ in Conflict* (Downners Groves: IVP, 2013), 56.

믿습니까?

맞습니다. 오늘 아침 우리가 예배하는 이유, 서로에게 "예수님이 부활하셨습니다"라고 인사하고 부활 찬송을 힘차게 부르는 이유는 부활을 믿기 때문입니다. 인간이라면 본능적으로 의심할 그 일을 우리는 믿고 있습니다. 이것은 무엇을 의미합니까?

우리가 부활을 믿는 것은 우리 힘에서 나온 것이 아닙니다. 마음 속에서 저절로 생겨난 것도 아니며, 스스로 노력해서 얻어 낸 것도 아닙니다. 본능적으로는 믿기 어려운 일을 믿고 있으니, 이는 하나님께서 믿도록 해 주신 은혜입니다. 우리의 부활 신앙은 하나님의 선물입니다.

2019년 5월, 미국 조지아주 애틀랜타의 모어하우스 대학교 졸업식에서 일어난 일입니다. 이 학교는 미국에서 가장 오래된 흑인 남성 대학 가운데 하나이며, 마틴 루터 킹 주니어 목사의 모교이기도 합니다. 졸업생들은 졸업 가운을 입고 식장에 들뜬 마음으로 앉아 있었습니다. 그러나 그들 중 많은 학생들에게는 고민이 있었습니다. 졸업 이후에 수만 달러에 달하는 학자금 빚을 어떻게 갚아야 할지 막막했기 때문입니다.

그런데 졸업식 연사로 초청된 한 사람이 뜻밖의 말을 합니다. 그는 억만장자 기업가 로버트 스미스였습니다. 그는 연단에서 축하의 말을 전한 뒤 이렇게 선언했습니다. "여러분의 졸업을 축하하는 의미로, 오늘 이 자리에 있는 396명의 졸업생 모두의 학자금 대출을 제가 대신 갚겠습니다."

그 순간 졸업식장은 조용해졌습니다. 다들 "내가 잘못 들은 게 아닐까?" 하고 의심했습니다. 그러나 그 말이 진심임이 확인되자 졸업식장은 환호와 눈물로 가득 찼습니다. 학생들은 서로 껴안으며 울었고, 부모들도 감격의 눈물을 흘렸습니다. 그 누구도 예상하지 못했습니다. 그 누구도 받을 자격을 주장할 수 없었습니다. 이것은 그저 일방적인 은혜이자 선물이었습니다. 그리고 그 선물은 학생들의 인생을 바꿔 놓았습니다.

우리도 하나님으로부터 뜻밖의 선물을 받았습니다. 받을 이유가 없었습니다. 아니 사실은 받지 못할 이유가 더 많았습니다. 그럼에도 하나님은 우리에게 선물을 주셨습니다. 학자금 정도가 아닙니다. 무려 예수님의 부활을 믿는 믿음, 구원에 이르게 하는 믿음을 선물로 주셨습니다. 에베소서 2장 8절은 이렇게 말합니다. "너희는 그 은혜에 의하여 믿음으로 말미암아 구원을 받았으니 이것은 너희에게서 난 것이 아니요 하나님의 선물이라."

우리 안에 살아 계신 예수님으로 부활 전하기

하나님께서 우리에게 부활 신앙을 선물로 주셨다면, 이제 우리는 무엇을 해야 할까요?

부활을 믿는 자에게 맡겨진 사명은 하나입니다. 바로 부활 소식을 전하는 것입니다. 벚꽃이 피면 그 소식을 친구들에게 알리고, 첫눈이 내리면 이웃에게 연락합니다. 그런데 부활은 벚꽃이나 첫눈과 비교할 수 없이 세상에서 가장 아름답고 가장 위대한 소식입니다. 우리는 예수님이 살아나셨다는 이 복음을 전해야 합니다.

사람들이 우리가 전하는 부활을 쉽게 믿지 못하는 것은 당연한 일입니다. 앞서 말했듯이, 부활은 인간의 마음이나 의지로 받아들일 수 있는 것이 아니라 하나님께서 주셔야 믿을 수 있는 선물이기 때문입니다. 그렇다면 믿지 못하는 이들에게 우리는 어떻게 부활을 전할 수 있을까요?

가장 강력한 부활의 증거는 바로 우리 안에 살아 계신 예수님입니다. 다시 한번 강조합니다. 우리 안에 살아 계신 그분 자체가 확실한 부활의 증거입니다. 만일 예수님께서 부활하지 않으셨다면 여전히 돌로 막힌 무덤 속에 계셨을 테지요. 그러나 사망은 그분을 붙들어 둘 수 없었습니다. 예수님은 죽음을 이기고 부활하셨고, 지금도 우리 안에 살아 역사하십니다. 그분이 살아 계시기에 우리는 예배하고, 기도하고, 죄를 회개하며, 소망 가운데 살아갈 수 있습니다.

예루살렘에서 시작된 부활 신앙이 2천 년을 지나 우리가 사는 이 나라까지 전해진 이유는, 부활하신 주님이 제자들의 마음속에 살아 계셨기 때문입니다.

제자들을 보십시오. 그들은 본래 겁 많은 사람들이었습니다. 예수님이 체포되시던 날 밤, 모두 도망쳤습니다. 한 사람도 남지 않았습니다. 그런데 그들이 변했습니다. 이전과는 전혀 다른 담대함으로 '부활하신 주님'을 전했습니다. 전하지 말라고 해도 전했습니다. 매를 맞고, 감옥에 갇히고, 죽음의 위협을 받으면서도 멈추지 않았습니다. 누가 그들을 이렇게 바꾸었습니까? 바로 그들 안에 살아 계신 예수님입니다. 부활하신 주님이 그들의 두려움을 용기로 바꾸셨습니다.

형제자매 여러분, 여러분 안에도 예수님이 살아 계십니까? 그렇다면 믿으십시오. 그 예수님은 우리의 삶도 변화시키고 새 일을 행하십니다. 약한 자는 강하게 되고, 부족한 자는 온전해지며, 흔들리던 사람은 확신 위에 세워질 것입니다. 사랑이 메마른 사람은 은혜와 사랑으로 채워지고, 불평하던 사람은 소망 가운데 기뻐하는 사람으로 바뀔 것입니다. 우리가 이렇게 살아갈 때, 부활 신앙을 믿지 못하던 사람들은 우리의 삶을 통해 부활하신 예수님을 보게 될 것입니다. 지금도 살아 역사하시며 사람들의 삶을 변화시키는 주님을 목격하게 될 것입니다.

교부 아우구스티누스는 부활의 신비에 대해 이렇게 말했습니다. "예수 그리스도께서 육신으로 부활해 승천하셨다는 것이 믿을 수 없는 일이고, 이렇게 믿을 수 없는 일을 세상이 믿게 되었다는 것이 믿을 수 없는 일이며, 극소수의 비천하고 무식한 사람들이 그런 믿지 못할 일을 세상이 믿도록 설득할 수 있었다는 것이 또한 믿지 못할 일이다"(신국론 22.5).

부활은 믿지 못할 일로 가득 차 있습니다. 내가 부활 신앙을 가지고 있다는 사실이 믿지 못할 일입니다. 우리가 부활 신앙을 가지고 있다는 사실도 믿지 못할 일입니다. 그리고 우리를 통해 부활을 믿는 사람이 생기고 있다는 사실도 믿지 못할 일입니다. 그러나 그 믿지 못할 일이 지금도 일어나고 있습니다.

형제자매 여러분, 부활 신앙을 선물로 받은 자답게, 지금도 살아계신 부활의 주님을 의지하며 풍성한 삶을 살아가시기 바랍니다. 그럴 때, 여러분을 통해 이 세상이 부활하신 예수 그리스도를 만나게 되기를 간절히 소망합니다.

성령강림절

성령이 오시면

요한복음 16:12-15

사마리아의 한 우물가에 여인이 있었습니다. 그녀는 철저한 사마리아인이었고, 사마리아인들과 함께 예배했습니다. 그들이 예배한 곳은 그리심산이었습니다. 사마리아인은 모세오경만을 하나님의 말씀으로 인정했기 때문에 유대인이 예루살렘 성전에서 드리는 예배를 인정하지 않았습니다. 그래서 유대인과 사마리아인은 누가 드리는 예배가 참된 예배인지를 두고 오랫동안 다투었습니다.

이 문제는 끝내 해결되지 않았지만, 사마리아인들에게는 한 가

◐ 이 설교는 핵심 주제를 따라 본문을 선정했으며 성령의 사역에 초점을 두고 있다. 설교자는 '진리의 영이신 성령', '대언자이신 성령', '그리스도를 영화롭게 하시는 성령'이라는 세 가지 요점을 '병행 배열'해 '성령의 사역'이라는 중심 주제를 명쾌하게 드러낸다.

지 확신이 있었습니다. "메시아 곧 그리스도라 하는 이가 오실 줄을 내가 아노니 그가 오시면 모든 것을 우리에게 알려 주시리이다"(요 4:25). 그들에게 메시아의 오심은 참된 진리가 무엇인지 밝히 드러나는 사건을 의미했습니다.

오늘 본문과 관련해 사마리아인에 대해 중요한 사실을 알 수 있습니다. 그들은 예배를 드리면서도 확신을 갖지 못했습니다. 예배에 관한 한 어둠 가운데 있었고, 약속하신 메시아가 오셔서 참된 진리를 가르쳐 주시기를 소망했습니다. 그런데 우물가의 증언을 통해 예수님이 메시아이심이 드러났을 때, 사마리아인은 그분을 기쁨으로 받아들였습니다. 반면 유대인은 메시아를 거부했을 뿐 아니라 그분을 십자가에 못 박아 죽였습니다. 겉으로는 이스라엘인이었지만, 실제로는 마귀에게 속한 자들이었기 때문입니다(요 8:44).

예수님은 이 땅에 오셔서 말씀과 삶 전체로 아버지의 뜻을 온전히 가르치셨습니다. 그러나 문제는 그 예수님이 이제 더 이상 이 땅에 계시지 않는다는 사실입니다. 그분은 승천하셔서 하늘에 계십니다. 그렇다고 떠나시며 "내가 하나님의 뜻을 다 가르쳤으니 이제부터는 너희가 스스로 알아서 깨달아라"고 말씀하지 않으셨습니다.

주님은 우리의 연약함을 누구보다 잘 아십니다. 그래서 우리를 혼자 두지 않으시고, 우리를 돕는 분이신 보혜사 성령을 보내 주셨습니다. 만약 성령님이 오시지 않았다면, 우리 역시 사마리아 여인처럼 여전히 어둠 속에 머물러 있었을 것입니다. 성령강림주일을 맞아,

오늘 본문을 통해 우리 가운데 임하신 성령님의 사역이 무엇인지 함께 배우고자 합니다.

진리의 영이신 성령님

본문에 따르면 성령님은 어떤 분이십니까? 그분은 '진리의 영'이십니다. 이 사실은 아무리 강조해도 지나치지 않습니다. 특히 신비주의가 성도를 흔드는 오늘날, 우리는 반드시 성령이 진리의 영이시라는 사실을 붙들어야 합니다. 많은 사람이 성령의 이름으로 말하지만, 실제로는 자신의 주장과 욕망을 정당화하거나 오히려 진리를 거부하기도 하기 때문입니다.

한때는 '진리'가 절대 기준이었습니다. 사람들은 진리를 위해 생명까지 내어놓았습니다. 그러나 오늘 우리의 관심은 '무엇이 진리인가'보다 '어떻게 더 편하고 좋은 삶을 살 것인가'에 기울어 있습니다. 스펙과 경제적 안정이 중요해지면서 진리는 점점 뒷전으로 밀려났습니다.

더 나아가 포스트모던 사회에서는 '진리는 하나'라는 주장 자체가 거부됩니다. 우리가 "예수만이 진리입니다"라고 말하면 사람들은 이렇게 반응합니다. "그건 당신의 진리일 뿐이죠." "모든 사람에게 맞는 진리가 어디 있습니까?" 이런 분위기 속에서 복음을 전하는 일은 점점 더 어려워지고 있습니다.

더 심각한 문제는 진리와 성령을 분리해 버리는 풍조입니다. 많은 이들이 진리는 연구를 통해 알게 되고, 성령은 신비한 체험으로 느끼는 것이라고 생각합니다. 반대로 어떤 이들은 진리는 필요 없다며 "따지지 말고 믿는 것이 영적이다"라고 말하기도 합니다. 그러나 진리는 참된 성령을 분별하는 외적 기준입니다. 성령을 내세워 비합리적이거나 도덕적이지 못한 삶을 정당화하는 태도는 결코 성경적이지 않습니다.

그렇다면 본문이 말하는 '진리'는 무엇입니까? 주님은 먼저 이렇게 말씀하셨습니다. "내가 너희에게 이르지 못할 것이 많으나 지금은 너희가 감당하지 못하리라"(12절). 제자들은 예수님의 가르침을 온전히 이해할 능력이 없었습니다. 그래서 진리의 영이신 성령이 필요했습니다.

여기서 말하는 진리는 수학, 과학, 역사 같은 지식이 아닙니다. 생명과 구원, 영원에 관한 진리입니다. 예수님은 "내가 곧 길이요 진리요 생명"이라고 말씀하셨습니다(요 14:6). 수학을 몰라도 죽지 않지만, 빨간 신호등을 무시하면 죽습니다. 모르는 것이 변명이 되지 않는 것처럼 진리이신 예수님을 모르면 결국 영원한 멸망뿐입니다.

성경도 "영생은 유일하신 참 하나님과 그가 보내신 자 예수 그리스도를 아는 것"(요 17:3)이라고 말합니다. 그런데 이 중요한 진리는 사람의 머리나 노력만으로 깨달을 수 있는 것이 아닙니다. 진리의 영이신 성령님께서 우리의 눈을 열어 주셔야 합니다.

대언자이신 성령님

진리의 영이신 성령님은 대언자이십니다. 본문은 성령님을 '알리시는 분'으로 소개하는데, 이 동사가 세 번 반복됩니다. 이 표현에는 '공적으로 선포한다'는 의미가 담겨 있습니다. 이것은 성령을 이해하는 데 매우 중요한 요소이며, 참 교회와 사이비를 구분하는 핵심 표지 중 하나입니다.

불건전한 신비주의는 성령님의 역사를 비밀스럽고 특정 개인에게만 주어지는 특별한 체험으로 강조합니다. "우리 공동체에만 특별한 역사가 있다. 우리만 참된 계시를 받았다." 이런 주장은 늘 사이비가 사용하는 방식입니다. 그러나 성령님은 몇몇에게만 숨은 음성으로 속삭이시는 분이 아니라, 하나님의 백성 모두에게 공개적으로 진리를 선포하시는 분입니다.

'알린다'는 말은 또한 '대언한다', 곧 '메신저가 되어 전한다'는 뜻입니다. 성령님은 자신의 뜻으로 말씀하시지 않습니다. 그리스도께 들은 것을 말씀하시고, 그분에게서 받은 것을 우리에게 알리십니다.[1] 예수님께서 덧붙여 설명하신 것처럼, 성령님께서 아들로부터 들은 것을 말씀하시는 이유는 아버지께 있는 모든 것이 아들의 것이기 때문입니다.

성부가 알리신 것을 성자가 선포하셨고, 성령이 우리에게 알리십니다. 성부, 성자, 성령이 서로 다른 내용을 말씀하실 수는 없습니다. 성자는 성부께, 성령은 성자께 충실하십니다. 그러므로 '성령의 역사'라는 이름으로 성경과 다른 말을 할 수 없습니다.

예수님 역시 이 땅에서 대언자로서 아버지의 뜻을 가르치셨습니다. 그러나 제자들은 그 말씀을 충분히 이해하거나 기억할 수 없었습니다. 그래서 진리의 영이 오신 것입니다. 성령님은 사도들과 함께 하시며 그들로 하여금 담대히 복음을 전하게 하셨고, 오류 없이 기록하게 하셨습니다. 그러므로 성령님께서 우리를 "모든 진리 가운데로 인도하신다"는 것은, 성경 속 그리스도께로 우리를 인도하신다는 뜻입니다. 더 정확히 말하면, 기록된 말씀을 통해 그리스도를 증거하신다는 의미입니다.

우리는 성령님의 도우심이 반드시 필요합니다. 성경을 바르게 이해하고 그 말씀대로 살아야 하기 때문입니다. 그러나 성경을 읽어도 그 뜻을 온전히 깨닫기 어려울 때가 많습니다. 내용을 아는 듯하지

---

1 한글 성경에는 "내 것을 가지고"라고 되어 있다.

만 본문이 말하는 바가 무엇인지, 우리 삶에 어떤 의미인지 모를 때도 많습니다. 그래서 말씀을 해석하고 전하는 설교자가 필요합니다.

하지만 설교를 듣는 것만으로는 충분하지 않습니다. 말씀을 '알겠다'고 느껴도, 믿음과 순종으로 이어지지 않는 경우가 많기 때문입니다. 지식의 축적이 곧 신앙의 성숙은 아닙니다.

성경을 통해 하나님이 천지의 창조주이심을 알게 되었어도 여전히 "무엇을 먹을까, 무엇을 마실까" 염려한다면, 그 지식은 참된 지식이 아닙니다. 진정한 깨달음은 믿음과 순종으로 드러납니다. 진리의 영이신 성령님은 말씀을 깨닫게 하실 뿐 아니라, 그 말씀을 믿고 따를 능력도 주십니다.

승천하신 주님은 오순절에 성령을 보내 주셨고, 그 성령님은 영원히 우리와 함께 거하십니다. 지금도 계속해서 예수님의 말씀을 깨닫게 하시며, 그 말씀을 마음에 새기고 믿음으로 반응하도록 인도하십니다. 만약 성령님이 오시지 않았다면, 부활하신 예수님은 우리를 일일이 따라다니며 같은 말씀을 반복해서 가르치셔야 했을 것입니다. 그러나 성령님이 우리 안에 거하시기에, 주님의 말씀은 오늘도 살아 역사해 우리의 마음을 밝히시고, 믿음을 일으키며, 순종의 삶으로 인도하십니다.

이런 의미에서 성령님은 성도에게 "또 다른 보혜사"(요 14:16)이십니다. 이것은 성령님이 그리스도보다 더 위대하다는 뜻이 아니라, 임재 방식에서 언제나 우리 곁에 계시는 분이라는 뜻입니다.

그리스도를 영화롭게 하시는 성령님

진리의 영이신 성령님께서 하시는 또 하나의 중요한 사역은 그리스도를 영화롭게 하시는 일입니다. 여기서 '영화롭게 한다'는 말은, 그리스도가 본래 영화롭지 않은데 성령님이 그렇게 만드신다는 뜻이 아닙니다. 본문의 말씀을 하실 당시 예수님은 십자가의 수치를 앞두고 있었고 아직 높임을 받기 전이었으나, 그분의 본질은 언제나 영화로운 하나님이셨습니다.

그렇다면 이미 영화로운 그리스도를 성령님은 어떻게 영화롭게 하십니까?

이 질문을 이해하기 위해, 우리는 다음 장에 기록된 예수님의 기도를 기억해야 합니다. "아버지께서 내게 하라고 주신 일을 내가 이루어 아버지를 세상에서 영화롭게 하였나이다"(요 17:4). 예수님은 맡기신 일을 완전한 순종으로 이루심으로써 아버지를 영화롭게 하셨습니다. 이와 같이 성령님은 그리스도께 들은 모든 것을 남김없이 증거하심으로 그리스도를 영화롭게 하십니다. 예수님이 아버지께 충성된 증인이셨듯이, 성령님은 그리스도께 충성된 증인이십니다.

본문에는 '모든', '무엇이든'과 같은 표현이 반복됩니다. 성령님은 모든 진리 가운데로 우리를 인도하시고, 들으시는 것을 다 말씀하시며, 아버지의 모든 것을 알리십니다. 성령님은 진리의 일부만 가르치지 않으시며, 그리스도의 말씀 전체를 감추지 않고 남김없이 가르치십니다. 이렇게 성령님은 그리스도를 영화롭게 하십니다.

하나님은 아담과 하와를 자신의 형상으로 지으셨지만, 그들은 말씀을 거역해 영광을 드러내지 못했습니다. 그러나 예수 그리스도는 하나님의 뜻에 완전히 순종하심으로 하나님의 영광을 나타내셨습니다. 이제 성령님은 그리스도가 계시하신 모든 말씀을 하나도 빠짐없이 그의 백성에게 가르치며 그리스도를 영화롭게 하십니다.

◐

오늘 본문에서 예수님은 성령의 오심을 약속하셨고, 그 약속은 두 달도 지나지 않아 오순절에 정확히 성취되었습니다. 그러므로 우리는 더 이상 오실 성령을 기다릴 필요가 없습니다. 성령님은 이미 우리 안에 내주하고 계십니다.

그 성령님은 생명의 주이시며 진리의 영이십니다. 하나님께서 독생자를 보내신 이유는 우리를 사랑하시고 영생을 주시기 위함이었습니다. 아들은 다시 아버지께로 돌아가셨지만, 그분이 보내신 성령님은 우리 가운데 오셔서 영원히 함께하십니다.

오늘 본문을 통해 우리는 먼저 진리의 소중함을 깨달아야 합니다. 진리는 단순한 지식이 아니라 생명과 죽음이 달린 문제입니다. 진리의 가치를 알 때 우리는 진리의 영이신 성령님을 진정으로 사모하게 됩니다. 이 진리는 인간의 힘이나 지혜로 깨달을 수 없습니다. 겸손히 성령님을 의지하는 자만이 믿음으로 생명의 진리를 소유하게 됩니다. 진리를 사랑하고 소중히 여기는 사람만이 그 진리 안에서 참 생명을 얻습니다.

하지만 세상은 본질적으로 거짓을 사랑합니다. 진리이신 예수 그리스도를 대적하고 복음을 조롱합니다. 심지어 교회조차 성령의 역사를 말하면서도 성령님이 진리의 영이시며 우리를 진리 가운데로 인도하신다는 사실을 잊을 때가 있습니다.

그러나 성경은 분명히 가르칩니다. 우리가 성령을 사모해야 하는 이유는 진리 안에서 살기 위해서입니다. 이 일은 우리 스스로 할 수 없습니다. 말씀과 함께 역사하시는 성령님만이 이루실 수 있습니다. 성령님이 우리 안에 내주하신다면, 우리는 더 이상 어둠 속에 머물지 않습니다. 빛의 자녀로 살아가며 이 세상에서 빛과 소금의 사명을 감당하게 될 것입니다.

주현절

세례를 받으신 예수님

누가복음 3:21-22, 마태복음 3:13-14, 마가복음 1:9-11

오늘 본문에는 예수님께서 세례를 받으신 장면이 나옵니다. 개신교에서는 이 사건을 비중 있게 다루지 않는 편이지만, 로마가톨릭과 동방정교회는 이날을 '주현절'이라는 교회 절기로 지킬 만큼 중요하게 여깁니다. 주현절(主顯節)이란 말 그대로 성부, 성자, 성령 삼위 하나님께서 자신의 존재를 세상에 분명히 드러내신 날이기 때문입니다. 주현절을 반드시 교회 절기로 성대하게 지킬 필요는 없습니다.

◐ 이 설교는 동방 교회 전통의 주현절 핵심 본문에 근거해, 예수님께서 받으신 세례의 의미를 해설하고, 그 세례가 오늘 우리에게 어떤 의미를 지니는지 제시한다. 설교문의 상당 부분이 가르침에 할애되어 있다. 설교문의 구성 성분으로 볼 때, 서론과 본론은 거의 설명부에 해당한다. 적용부는 설교 결론에 집중적으로 배치되어 있다. 설교문의 구성 성분에 관한 자세한 설명은 조광현, 『질문과 함께 배우는 설교』, 117-122를 보라.

그러나 그리스도가 세례받으신 일을 모르거나 간과하는 태도는 바로잡을 필요가 있습니다.

'세례'라는 용어는 '씻을 세(洗)' 자라는 한자가 쓰여 '죄를 씻는다'는 의미가 두드러지지만, 성경에서 말하는 세례(baptism)는 씻음 이상의 깊은 의미를 담고 있습니다. 마태복음에 나타난 요한의 세례는 분명 죄 씻음을 위한 회개의 세례였습니다. 하지만 예수님께서 받으신 세례는 그 이상을 의미합니다. 그분은 씻을 죄가 없기 때문입니다. 그분은 세례를 통해 죄 사함을 받은 것이 아니라 하나님의 아들로 공적으로 즉위하셨습니다.

예수님께서 받으신 세례는 우리가 받는 세례의 원형입니다. 세례는 성령으로 새롭게 태어나 하나님의 자녀로 신분이 변화되는 사건을 의미합니다. 미국 시민이 되려면 미국에서 태어나야 하고, 한국인이 되려면 한국인에게서 태어나야 하듯이, 하나님 나라의 백성은 성령의 역사로 새롭게 태어남(중생)을 통해 그 나라에 속한 사람이 됩니다. 세례는 바로 그러한 중생의 은혜를 표시하고 확증하는 표지입니다.

본문 말씀을 바탕으로 예수님께서 받으신 세례가 무엇인지, 그 세례가 오늘 우리에게 어떤 교훈을 주는지 살펴보겠습니다.

본문을 본격적으로 살펴보기 전에, 마태복음이 예수님을 어떤 시각으로 바라보는지 간단히 점검하겠습니다. 마태복음에 따르면, 예수님은 무엇보다 다윗의 아들(자손)입니다. 한글 성경에는 아브라함의 이름이 먼저 나오지만, 헬라어 성경에는 다윗이 그보다 먼저 등장합니다("아브라함과 다윗의 자손 예수 그리스도의 계보라", 마 1:1). 간단히 말해, 예수님은 왕손이십니다. 그분은 하나님 나라의 왕으로 이 땅에 오셨습니다. 그 왕은 자기 백성을 죄에서 구원해 옛 이스라엘을 회복시키는 구원의 왕이십니다.

우리는 이 관점에서 마태복음 1장과 3장을 보아야 합니다. 1장이 아기 왕의 탄생을 묘사한다면, 3장은 성인이 된 왕의 즉위식을 묘사합니다. 이 두 사건은 몇 가지 점에서 대구를 이룹니다.

아기 왕의 탄생은 성령만으로 이루어지지만, 성인 왕의 즉위는 물과 성령으로 이루어집니다. 그리고 두 사건 모두에서 믿음이 중요한 역할을 합니다. 요셉은 동정녀 탄생을 이성적으로 이해할 수 없었지만 믿음으로 받아들였고, 세례 요한 역시 죄 없는 분께 시행하는 회개의 세례를 이해할 수 없었지만 믿음으로 받아들였습니다. 그 결과 아기 예수가 마리아에게서 탄생하셨고, 성인 예수는 왕으로 즉위하실 수 있었습니다.

요셉은 의로운 자로서 '주의 말씀을 이루기 위해' 순종했고, 세례

요한 역시 '모든 의를 이루기 위해' 순종했습니다. 이러한 순종으로 의로운 왕의 통치가 시작될 수 있었습니다.[1] 아기 예수가 탄생 후 애굽으로 쫓겨가 고난을 받으셨듯이, 성인이 되어 왕으로 즉위하신 예수님도 광야로 이끌려 나가 마귀에게 시험받으며 고난당하셨습니다. 마태복음 전체를 종합해 보면, 예수님은 우리를 위해 고난당한 왕이십니다.

한편, 예수님에게 세례를 베푼 요한은 예수님보다 약 6개월 먼저 태어나 왕의 길을 준비한 선지자였습니다. 하나님께서 다윗왕을 세우기 전에 사무엘을 준비시키셨던 것처럼, 왕이신 예수님을 위해 세례 요한을 준비시키셨습니다. 요한은 자신을 가리켜 "광야에서 외치는 자의 소리"(요 1:23)라고 말했습니다. 이는 당시 이스라엘의 영적 상태가 얼마나 악했는지를 보여 줍니다. 사무엘 시대에 그러했듯이 이스라엘 백성은 왕을 맞이할 준비가 전혀 되어 있지 않았습니다. 선지자가 사람들이 많이 모이는 시장이나 광장에서 하나님의 말씀을 외쳐도 아무도 들으려 하지 않았습니다.

그래서 세례 요한은 아무도 없는 광야로 나가 돌들을 향해 주의 말씀을 외쳤습니다. "회개하라! 천국이 가까이 왔느니라!" 로마의 압제 아래서 고통받는 민중에게 이보다 더 희망적인 말씀은 없었을 것

---

1 마태복음에서 '의'는 매우 중요한 주제이므로, 이 단어가 나오면 깊이 묵상해야 한다.

입니다. 그리고 놀라운 일이 일어났습니다. 수많은 사람이 그 소식을 듣고 요한에게 와서 죄를 고백하고 세례를 받기 시작했습니다. 특히 군인과 세리 등 당시 가장 포악하고 민중을 착취하던 자들이 회개하기 시작했습니다.

세례 요한의 메시지를 통해 알 수 있듯이 세례와 천국은 깊은 연관이 있습니다. 예수님께서 부자 관리였던 니고데모에게 "사람이 물과 성령으로 나지 아니하면 하나님의 나라에 들어갈 수 없느니라"(요 3:5)고 말씀하신 것을 기억하실 것입니다. 즉 회개하는 자에게 하나님의 나라가 임합니다.

그런데 하나님의 나라가 이 땅에 세워지기 위해서는 무엇보다도 그 나라의 왕이 즉위해야 합니다. 예수님의 세례는 바로 그 왕의 즉위식과 같습니다. 이 세례를 통해 예수님은 하나님의 아들로 공식적으로 선포되셨고, 하나님의 나라는 바로 이 왕을 통해 세상 가운데 나타나기 시작합니다.

이와 비슷하게 예수님은 나중에 제자들에게 "여기 서 있는 사람 중에 죽기 전에 인자가 그 왕권을 가지고 오는 것을 볼 자들도 있느니라"(마 16:28)고 말씀하시며 자신의 왕권이 나타날 것을 예고하셨습니다. 실제로 예수님은 변화산에서 기도하시다가 영광스러운 모습으로 변화되셨고, 그때에도 하늘에서 "이는 내 사랑하는 아들이요 내 기뻐하는 자니"(마 17:5)라는 동일한 음성이 들려왔습니다.

변화산에서 일어난 사건은 세례식 사건의 발전된 형태라고 할 수 있습니다. 다만 세례식과 달리 변화산의 영광스러운 주님의 모습은 오직 세 명의 제자만이 목격할 수 있었습니다.

예수님께서 세례를 받으신 이유: 우리와 동일하게 되심

예수님께서 왜 세례를 받으셔야 했는지 답하기는 쉽지 않습니다. 그분은 세례를 받으실 이유가 전혀 없었기 때문입니다. 특히 요한이 베푼 세례는 "죄 사함을 받게 하는 회개의 세례"(막 1:4)였습니다. 따라서 이 예식을 받는 사람들은 반드시 자기가 죄인임을 인식하고, 더 나아가 죄 용서를 받아야 한다는 사실을 인정하며, 실제로 자기 죄를 고백해야 했습니다. 예수님은 하나님의 아들로, 죄가 없으신 분입니다. 따라서 그분은 고백할 죄도 없고, 죄 용서를 받으실 필요도 없었습니다.

실제로 예수님께서 요한에게 세례를 받으러 오셨을 때, 요한은 처음에 세례 주기를 거부하며 "내가 당신에게서 세례를 받아야 할 터인데 당신이 내게로 오시나이까?"라고 물었습니다. 이에 예수님은 "이와 같이 하여 모든 의를 이루는 것이 합당하니라"고 대답하셨습니다(마 3:15).

의를 이룬다는 말은 문자적으로 의를 가득 채운다는 뜻입니다. 의를 채운다는 것은 하나님께서 약속하신 말씀이 완전히 이루어진다는 의미입니다. 마태복음 1장 22절에도 '이룬다'는 말이 하나님의 말씀에 적용되고 있습니다. 예수님은 하나님의 아들로서 하나님의 의와 말씀을 이루기 위해 세례를 받으셨습니다.

예수님은 세례가 아닌 다른 방식으로 매우 근엄하고 위엄 있게 왕으로 즉위하실 수도 있었을 것입니다. 그러나 그런 방식을 택하지 않으셨습니다. 이 점에서 우리는 누가복음에 주목할 필요가 있습니다. 누가복음은 예수님께서 백성과 함께 세례받으셨음을 강조합니다. "백성이 다 세례를 받을새 예수도 세례를 받으시고"(눅 3:21). 즉 예수님은 홀로 위엄 있고 근엄하게 세례를 받으신 것이 아닙니다. 죄 많고 흠 많은 모든 백성과 함께 세례받기에 동참하셨습니다. 곧 백성의 대표로서 세례를 받고 왕으로 즉위하신 것입니다.

예수님께서 이와 같은 방식으로 즉위하신 의도는 분명합니다. 그분은 그렇게 하심으로 우리와 완전히 동일시되셨습니다. 예수님께서 성령으로 잉태되어 인간과 같은 존재가 되셨다면, 세례를 받으심으로 죄인들과 자신을 하나로 여기셨던 것입니다. 히브리서 2장 11절은 "거룩하게 하시는 이와 거룩하게 함을 입은 자들이 다 한 근원에서 났기 때문에" 예수님께서 우리를 "형제라 부르시기를 부끄러워하지 아니하셨다"고 말합니다. 누가복음의 족보 역시 예수님이 우리와 마찬가지로 한 분 하나님에게서 난 존재임을 강조합니다.

이 모든 것을 종합해 보면, 세례란 그리스도께서 우리를 자신과 연합시키시는 사건임이 분명해집니다. 우리는 흔히 세례를 "내가 믿고, 그 믿음으로 그리스도께 연합하는 것"으로 생각하지만, 실제로는 그 반대입니다. 세례는 그리스도께서 성령으로 우리 안에 믿음을 일으키시고, 그 믿음을 통해 우리를 그분과 하나 되게 하시는 은혜의 수단입니다.

세례의 결과

예수님은 세례를 받으실 때 기도하셨습니다. 특히 누가복음은 이 사실을 강조합니다. 성경은 주님께서 무엇을 위해 기도하셨는지 구체적으로 밝히지 않지만, 그 이후 일어난 세 가지 사건을 보면 그 기도의 내용을 어느 정도 짐작할 수 있습니다. 요약하자면, 예수님은 세례를 통해 하나님의 뜻, 곧 하나님의 의가 이루어지기를 기도하셨을 것입니다.

예수님께서 세례를 받고 물에서 올라오시자 하늘이 열리고, 성령이 임하며 "이는 내 사랑하는 아들이라"는 하나님의 음성이 들렸습니다. 물론 예수님께서 이런 현상 자체를 일으켜 달라고 기도하신 것은 아닐 것입니다. 그러나 기도하는 가운데 이 일들이 일어났다는 사실은 매우 중요합니다. 왜냐하면 기도는 하나님의 뜻이 이루어지는 통로이기 때문입니다.

하늘이 열렸습니다

성경에서 하늘이 열리는 것은 여러 가지 의미를 지닙니다. 말라기서는 하나님의 백성이 십일조를 드릴 때 하늘 문을 열어 복을 주신다고 말씀합니다. 스데반은 복음을 전하다 돌에 맞아 죽기 직전, 하늘이 열리고 예수님께서 하나님 보좌 우편에 서 계신 모습을 보았다고 증언합니다. 그리고 기도와 하늘 문을 가장 직접적으로 연결하는 본문은 이사야 64장 1절인데, 여기서 이사야는 "원하건대 주는 하늘을 가르고 강림하소서"라고 간구합니다. 저는 이사야의 이 기도가 예수님의 기도와 맞닿아 있다고 생각합니다.

예수님은 이스라엘의 왕으로서 공생애를 시작하려 하셨고, 그분에게 가장 필요한 것은 하나님과의 깊은 교제였습니다. 성경적 관점에서 하늘 문이 닫혔다는 것은 하나님께서 자기 백성을 받지 않으심을 의미합니다. 반대로 하늘 문이 열린다는 것은 하나님께서 이제 자기 백성을 위해 일하기 시작하셨다는 뜻입니다.

사실 하나님은 한동안 이스라엘을 향해 하늘의 문을 닫은 채 아무 일도 하지 않으셨습니다. 부모가 자녀에게 줄 수 있는 가장 큰 벌이 때로는 그냥 내버려 두는 것이듯, 하나님도 이스라엘의 기도에 응답하거나 간섭하지 않으셨습니다. 그러나 이제 하나님은 자기 아들 그리스도를 통해 다시 역사하기를 원하십니다. 그러므로 하늘이 열린 사건은 하나님께서 다시 구원 역사에 개입하기 시작하셨음을 상징적으로 보여 주는 장면입니다.

성령께서 임하셨습니다

하늘 문이 열린 다음 가장 먼저 일어난 일은 성령께서 비둘기 형체로 임하신 사건이었습니다. 여기서 주목해야 할 중요한 점은 기도와 성령의 임재가 긴밀하게 연결되어 있다는 사실입니다. 우리가 잘 아는 것처럼 오순절에도 120명의 제자들이 한자리에 모여 기도할 때 성령께서 임하셨습니다.

성령은 부활하신 주님께서 교회에 주신 선물입니다. 예수님은 태어나실 때 성령으로 잉태되셨고, 성인이 되어 왕으로 등극하실 때에도 성령께서 충만하게 임하셨습니다. 이스라엘의 왕으로서 사역을 감당하기란 결코 쉬운 일이 아닙니다. 인간적인 힘으로는 불가능합니다. 반드시 성령의 도우심이 있어야 그 사역을 감당할 수 있습니다. 그리고 이 성령 하나님은 주님과 끝까지 함께하실 분이십니다.

예수님의 세례 장면에서는 성부, 성자, 성령 삼위 하나님의 공동사역이 선명하게 드러납니다. 주님께서 승천하시며 제자들에게 "모든 민족을 제자로 삼아 아버지와 아들과 성령의 이름으로 세례를 베풀라"(마 28:19)고 명하신 것도 같은 이유입니다. 본질적으로 세례는 인간이 주도적으로 행하는 의식이 아닙니다. 전적으로 삼위 하나님께서 일하시는 사건입니다. 우리가 입으로 신앙을 고백하고 그 고백 위에 세례를 시행하지만, 그 세례를 실제로 효과 있게 하시는 분은 성부 하나님, 성자 하나님, 성령 하나님이심을 잊지 말아야 합니다.

다음 장인 누가복음 4장을 보면, 왕이신 예수님은 성령으로 충만한 상태에서 40일 동안 광야에서 하나님 나라의 적, 곧 마귀의 시험을 받으십니다. 40일 금식으로 육신이 극도로 약해진 상황에서도 마귀와 대적하여 이기신 이유는 바로 성령께서 그분과 함께하셨기 때문입니다.

하늘에서 음성이 들렸습니다

성령께서 비둘기같이 임하신 후, 하늘에서 음성이 들렸습니다. "너는 내 사랑하는 아들이라. 내가 너를 기뻐하노라"(막 1:11). 여기서 우리는 세례의 중요한 의미를 발견합니다. 예수님의 세례를 통해 분명히 알 수 있는 것은, 세례란 하나님께서 우리를 자신의 아들이라고 공식적으로 선포하시는 사건이라는 사실입니다. 세례를 받은 우리는 더 이상 죄의 자녀가 아니라 하나님의 자녀입니다.

하늘에서 들린 이 음성은 시편 2편 7절, "너는 내 아들이라. 오늘 내가 너를 낳았도다"의 인용입니다. 이 구절은 다윗왕의 즉위식을 노래한 왕의 찬송입니다. 즉 예수님은 세례를 통해 모든 사람 앞에서 왕으로 공식 등극하신 것입니다. 당시 예수님의 세례를 목격한 사람들은 아마도 그분을 다른 죄인들과 동일한 존재로 여겼을 것입니다. 그러나 하늘의 성부 하나님은 그분이 죄인이 아니라 자신의 사랑하는 아들임을 선포하셨습니다. 그 선언을 들은 사람들은 세례의 의미를 새로운 시각으로 이해하게 되었을 것입니다.

예수님의 세례는 우리에게 다음과 같은 중요한 교훈을 줍니다.

첫째, 우리는 세례를 통해 하나님의 아들이 되었습니다. 빛의 자녀와 어둠의 자녀는 무엇으로 구별될까요? 물론 우리의 선한 행실은 구별된 삶의 중요한 증거입니다. 그러나 궁극적으로 우리를 세상과 구분 짓는 것은 우리의 행실이 아니라 하나님께서 우리에게 주신 세례입니다. 그래서 세례를 참된 교회의 표지라고 말합니다.

둘째, 왕으로 등극하신 주님은 왕처럼 살지 않으셨습니다. 세례를 통해 왕으로 공식 등극하신 직후, 예수님은 성령에 이끌려 광야로 가서 사탄의 시험을 받으셨습니다. 마찬가지로 우리가 세례를 받았다고 해서 근심과 걱정이 없는 평탄한 삶이 보장되는 것이 아닙니다. 왕이신 주님께서 걸으신 길은 겸손과 복종과 고난의 길이었으며, 이것이 곧 우리가 따라야 할 모범입니다.

셋째, 세례를 행할 때마다 주님의 세례를 기억해야 합니다. 죄 없는 예수님께서 세례를 받으셨다면, 허물과 죄로 죽은 우리는 더욱더 세례를 통해 삼위 하나님께서 주시는 은혜를 의지해 살아가야 하지 않겠습니까?

넷째, 세례는 교회의 사명입니다. 부활하신 주님은 제자들에게 "아버지와 아들과 성령의 이름으로 세례를 주어 제자를 삼으라"고 명하셨습니다. 이것은 온 교회에 주신 지상명령입니다. 우리도 이 명령을 충실히 준행함으로써 하나님의 의를 이루는 교회가 되어야 합니다.

종려주일

온 세상의 왕이신 주를 따르는 길

누가복음 19:28-44

오늘은 종려주일입니다. 종려주일은 예수님의 예루살렘 입성을 기념하는 절기입니다. 물론 예수님께서 예루살렘을 단 한 번만 방문하신 것은 아닙니다. 성경에는 열두 살 때 유월절을 지키기 위해 예루살렘을 방문하신 소년 예수의 이야기가 기록되어 있습니다. 예수님은 아마 매년 유월절마다 예루살렘을 찾으셨을 것입니다.

◐ 이 설교는 종려주일의 핵심 본문을 바탕으로, 예수님이 단지 예루살렘의 왕이 아니라 온 세상과 모든 민족의 왕이심을 선포한다. 환영과 배척이 대비되는 장면 속에서, 설교는 주님을 따르는 길에 반대와 고난이 있을지라도 끝까지 왕이신 주님의 편에 서야 한다는 신앙적 결단을 촉구한다. 또한 구원 계획이 예루살렘을 넘어 열방으로 확장됨을 강조하며, 계시록이 보여 주는 비전처럼 모든 나라와 족속이 왕이신 주님을 찬양하게 될 미래의 소망을 오늘의 신실한 순종과 연결한다.

그러나 종려주일이 기념하는 이번 방문은 이전의 모든 방문과 그 성격이 전혀 다릅니다. 이것은 예수님의 마지막 예루살렘 입성, 곧 고난과 십자가의 길이 시작되는 순간이기 때문입니다. 육신을 입고 예루살렘에 들어오시는 마지막 발걸음이기에 이 입성은 특별한 의미를 지닙니다.

예수님도 이 여정이 특별하다는 사실을 알고 계셨습니다. 누가복음은 예수님께서 마지막으로 예루살렘을 향해 가시는 여정을 상당한 분량으로 다루고 있습니다. 그 시작은 누가복음 9장 51절입니다. "예수께서 … 예루살렘을 향하여 올라가기로 굳게 결심하시고."

예수님은 결심하셨고, 누가는 그 긴 여정을 따라갑니다. 그리고 오늘 본문에서 그 여정이 마침내 끝에 이릅니다. 28절은 이렇게 기록합니다. "예수께서 이 말씀을 하시고 예루살렘을 향하여 앞서서 가시더라." 예수님은 앞장서서 예루살렘으로 향하십니다. 이제 그분과 제자들은 거의 도착했습니다.

왕의 도시 예루살렘

그렇다면 예수님은 왜 예루살렘으로 가셔야 했을까요? 예루살렘은 단순한 도시가 아니라 하나님께서 택하신 왕의 도시입니다. 하나님은 다윗 왕조를 세우셨듯이 예루살렘을 하나님의 도성으로 선택하셨습니다. 시편 48편 1-2절은 이렇게 노래합니다. "여호와는 위대하시니 우리 하나님의 성, 거룩한 산에서 극진히 찬양받으시리로다. 터가 높고 아름다워 온 세계가 즐거워함이여, 큰 왕의 성 곧 북방에 있는 시온산이 그러하도다."

예루살렘은 하나님의 도시이자 왕의 도시입니다. 그렇다면 하나님의 아들, 메시아적 왕의 최종 목적지는 어디여야 할까요? 바로 그 예루살렘입니다. 예수님은 지금 하나님의 아들로서, 메시아적 왕으로서 왕의 도성 예루살렘으로 들어가고 계십니다. 38절은 이렇게 외칩니다. "찬송하리로다, 주의 이름으로 오시는 왕이여. 하늘에는 평화요 가장 높은 곳에는 영광이로다."

예수님은 '주의 이름으로 오시는 왕'으로서 예루살렘에 입성하고 계십니다.

왕이신 예수님

예수님께서 예루살렘에 들어가실 때 걸어서도 아니고, 말을 타고서도 아니라 나귀를 타고 입성하신 이유가 있습니다. 구약은 메시아적 왕이 '나귀 새끼'를 타고 예루살렘에 들어올 것을 이미 예고했습니다. 스가랴 9장 9절입니다. "시온의 딸아, 크게 기뻐할지어다. 예루살렘의 딸아, 즐거이 부를지어다. 보라, 네 왕이 네게 임하시나니 그는 공의로우시며 구원을 베푸시며 겸손하여서 나귀를 타시나니 나귀의 작은 것 곧 나귀 새끼니라." 메시아는 나귀 새끼를 타고 왕의 도성 예루살렘으로 오셔야 했습니다.

예수님은 제자들에게 타고 갈 나귀 새끼를 끌고 오라고 명하셨습니다. 나귀 주인이 그 이유를 묻거든 "주께서 쓰시겠다"라고 하라고 하셨습니다. 제자들이 그대로 전하자 나귀 주인은 아무 말 없이 나귀를 내어 주었습니다.

그렇습니다. 왕의 권위 앞에서 백성은 기꺼이 순종합니다. 고대 세계에서 왕은 짐승을 징발할 권한을 가졌습니다. 왕이 필요로 하면 백성은 자신의 짐승을 내어 놓아야 했습니다. 지금 예수님은 메시아적 왕으로서 나귀를 징발하셨고, 그 나귀를 타고 왕의 도시로 들어가고 계십니다.

왕이 자기 도시로 들어올 때 어떤 일이 일어나야 할까요? 왕의 백성들은 마땅히 왕을 환영하고 그의 이름을 높여야 합니다. 고대 로마에서도 황제가 어느 도시로 들어온다는 소식이 전해지면, 그 도시는 황제를 위해 곳곳을 장식했습니다. 황제가 도착하는 날이면 원로원, 관리들, 시민 대표들이 성 밖으로 나가 황제를 맞이했고, 황제는 의전과 환호 속에 장엄하게 도시로 입성했습니다. 그때 백성들은 노래와 환호로 황제의 오심을 환영했습니다. "당신은 우리의 왕이십니다. 당신은 우리 주이십니다. 우리는 당신을 환영합니다." 이는 도시 전체가 황제를 왕이요 주로 인정한다는 선언이었습니다.

예수님의 예루살렘 입성 때에도 마찬가지였습니다. 누가복음은 사람들이 예수님께서 지나가시는 길에 자기 겉옷을 깔았다고 기록합니다. 요한복음 12장에서는 사람들이 '종려나무 가지'를 들고 예수님을 맞으러 나왔다고 전합니다. 여기서 '종려주일'이라는 이름이 비롯되었습니다. 백성들은 겉옷을 길에 깔고, 종려나무 가지를 흔들며 왕으로 오시는 예수님을 환영했습니다. 그리고 이렇게 외쳤습니다. "이르되 찬송하리로다, 주의 이름으로 오시는 왕이여. 하늘에는 평화요 가장 높은 곳에는 영광이로다"(38절). 예루살렘의 백성들은 왕 되신 예수님을 환영하며 하나님께 영광을 돌렸습니다.

"주의 이름으로 오시는 왕이여, 하늘에는 평화요 가장 높은 곳에는 영광이로다." 이 찬양은 어디서 들은 것처럼 익숙하지 않나요? 그렇습니다. 예수님께서 탄생하셨을 때, 베들레헴 들판의 목자들에게 나타난 천사들이 이렇게 노래했습니다. "지극히 높은 곳에서는 하나님께 영광이요 땅에서는 하나님이 기뻐하신 사람들 중에 평화로다"(눅 2:14). 예수님께서 태어나실 때는 하늘의 백성, 천군 천사들이 하나님께 영광을 돌렸습니다. 그리고 예수님께서 왕으로 예루살렘에 들어오실 때는 땅의 백성이 하나님께 영광을 돌립니다.

예수님은 왕으로서 도성인 예루살렘에 들어오셨고, 백성들은 왕을 환영하며 하나님을 찬양했습니다. "예수님을 환영합니다. 하나님께 영광을 돌립니다."

그러나 예루살렘의 모든 백성이 왕으로 오시는 예수님을 환영한 것은 아니었습니다. 39절을 보십시오. "무리 중 어떤 바리새인들이 말하되 선생이여, 당신의 제자들을 책망하소서 하거늘."

얼핏 제자들을 꾸짖는 것처럼 보이지만, 사실 그 꾸짖음은 제자들을 통해 예수님을 향한 반응을 드러내는 말이었습니다. 바리새인들은 자신들이 보기에 왕이 아닌 자가 왕처럼 행동하고, 왕처럼 대접받는 모습이 못마땅했습니다. 그들은 예수님을 참된 왕으로 인정하지 않았습니다. 눈앞에서 왕의 입성을 보면서도 그가 왕임을 알지 못했습니다.

예수님은 바리새인들의 말에 이렇게 답하십니다. "내가 너희에게 말하노니 만일 이 사람들이 침묵하면 돌들이 소리 지르리라"(40절). 이 말씀은 지금까지 예수님이 보이셨던 모습과 대조적입니다. 예수님은 종종 사람들의 환호를 피하셨고, 영광을 자신에게 돌리는 일을 삼가셨습니다. 사람들이 억지로 예수님을 왕으로 세우려 할 때에도 조용히 그 자리를 피하셨습니다. 오히려 한적한 장소로 가서 기도하셨습니다.

그러나 이번에는 달랐습니다. 예수님은 백성의 환호를 받아들이셨고, 침묵시키려는 바리새인의 요청을 단호히 거부하셨습니다. 왕이 백성에게 환호받는 것은 당연한 일이기 때문입니다. 예수님은 바리새인들 앞에서 "내가 왕이다"라고 말씀하신 것입니다. 그러나 그들은 알아듣지 못했습니다. 눈과 귀가 가려져 왕을 알아보지도, 왕의 말씀을 이해하지도 못했습니다. 그래서 오히려 왕을 배척했습니다.

왕을 거부하다니, 놀랍지 않습니까? 그러나 이것은 성경 전체가 증언하는 현실입니다. 요한복음 1장 9-11절은 이렇게 말합니다. "참 빛 곧 세상에 와서 각 사람에게 비추는 빛이 있었나니 그가 세상에 계셨으며 세상은 그로 말미암아 지은 바 되었으되 세상이 그를 알지 못하였고 자기 땅에 오매 자기 백성이 영접하지 아니하였으나."

모든 사람이 예수님을 받아들이는 것은 아닙니다. 많은 이들은 왕이신 예수님을 알지 못했고, 받아들이지 않았으며, 심지어 적극적으로 대적했습니다. 그 결과, 예수님은 왕의 도시 예루살렘에서도 환영받지 못하고 배척당하셨으며, 마침내 성 밖에서 십자가에 못 박히시게 되었습니다.

그러므로 우리가 주님을 따를 때 항상 환영받고 칭찬받을 것이라고 기대해서는 안 됩니다. 그것은 애초에 가능하지 않은 일입니다. 주님조차 모든 사람에게 환영받지 못하셨습니다. 그렇다면 주님을 따르는 우리에게 반대와 어려움, 고난이 있는 것은 당연한 일입니다. 가정, 직장, 학교, 그 어디에서든 믿음 때문에 어려움을 겪을 수 있습니다. 이것은 여러분의 잘못이 아니라 믿음으로 살아가는 현실입니다. 그러므로 주님을 따르는 길에서 반대와 어려움을 만나더라도 낙심하지 마십시오.

왕으로 오셨지만 왕의 도시에서 배척당한 예수님은 예루살렘을 보시고 우셨습니다. "가까이 오사 성을 보시고 우시며"(41절).

왜 우셨을까요? 그 도시에 닥칠 미래가 너무도 비참했기 때문입니다. 예수님은 43-44절에서 예루살렘이 원수들에게 포위되고, 백성과 자녀들이 잔혹하게 살해되며, 성이 돌 하나도 남지 않고 무너질 것을 예언하셨습니다. 이 말씀은 주후 70년 로마에 의해 예루살렘이 완전히 파괴될 때 그대로 이루어졌습니다.

왜 이런 일이 벌어졌을까요? 왜 이렇게 비참한 최후를 맞아야 했을까요? 그 이유는 하나님께서 선택하신 도시, 왕의 도시 예루살렘이 정작 왕을 알아보지 못했기 때문입니다. 왕이 오셨지만 환영하지 않았고, 받아들이지 않았으며, 오히려 공격하고 몰아냈습니다. 그 결과, 예루살렘은 멸망하게 되었습니다. 왕을 배척하는 길은 결국 멸망으로 이어집니다.

그러므로 우리는 끝까지 왕의 편에 서야 합니다. 주님을 따르는 길에 반대와 어려움, 때로는 고난이 따를지라도 그 길은 멸망이 아니라 결국 승리로 이어지는 길입니다. 지금은 왕을 대적하는 이들의 목소리가 더 크고 세력이 커 보일지라도, 결국 그들은 스스로 멸망의 길로 사라질 것입니다. 그러니 상황에 흔들리거나 좌고우면하지 말고, 끝까지 왕의 편에 서서 주님을 따라가야 합니다.

온 세상의 왕이신 예수

왕의 도시 예루살렘의 백성은 자신들의 왕을 배척했습니다. 그러나 하나님의 계획은 사람의 악함에 의해 결코 중단되지 않습니다. 왕의 도시가 왕을 거부했다고 해서 예수님이 왕이 아니신 것은 아닙니다. 오히려 그 배척을 통해 예수님은 단지 예루살렘의 왕, 단지 유대인의 왕에 머물지 않으십니다.

이 땅의 예루살렘은 왕이신 주님의 영광을 담기에는 너무 작습니다. 주님은 유대인의 왕으로만 제한되기에는 너무 큰 분이십니다. 주님은 예루살렘뿐 아니라 모든 나라와 모든 도시의 왕이 되어야 하며, 유대인뿐 아니라 모든 민족이 주님의 것이 되어야 합니다. 이방인과 열방, 온 세계가 주님을 왕으로 인정해야 합니다.

예루살렘은 멸망했지만 하나님의 구원 계획은 이제 예루살렘에 매이지 않고 이제 온 세상으로 확장됩니다. 복음은 국경을 넘어 흘러갔고, 각 나라와 족속과 방언 가운데서 무수한 이들이 왕이신 예수님을 믿고 따르는 큰 무리가 일어났습니다.

우리는 바로 온 세상의 왕, 모든 민족의 왕이신 주님을 따르고 있습니다. 그리고 이 길의 끝에서 우리는 모든 민족과 함께 그 왕을 찬양하게 될 것입니다. 계시록 7장 9-10절은 이렇게 말합니다. "각 나라와 족속과 백성과 방언에서 아무도 능히 셀 수 없는 큰 무리가 나와 흰 옷을 입고 손에 종려 가지를 들고 보좌 앞과 어린 양 앞에서서 큰 소리로 외쳐 이르되 '구원하심이 보좌에 앉으신 우리 하나님과 어린 양에게 있도다' 하니." 아멘.

그날에는 어떤 세력도, 어떤 바리새인 같은 자들도 우리의 찬양을 막을 수 없습니다. 주님은 온 세상과 모든 민족의 왕이시기 때문입니다.

형제자매 여러분, 지금 우리가 걷고 있는 길은 온 세상의 왕을 따르는 길입니다. 이 길에 어려움과 방해가 있을지라도 끝까지 걸어가야 합니다. 예루살렘을 향한 여정에서 '앞서서' 걸어가셨던 주님은 지금도 우리 앞에 서서 같은 길을 걷고 계십니다. 우리보다 앞서 가시는 주님을 신뢰하며 신실하게 걸어갑시다. 이 길의 끝에서, 모두가 왕이신 주님을 말할 수 없는 기쁨으로 찬양하게 되기를 바랍니다.

승천절

하늘을 추구하고 하늘에 집중하는 삶

골로새서 3:1-4

중생의 중요성과 올바른 이해

예수님은 이스라엘의 선생 니고데모에게 중생의 절대적 중요성을 분명히 가르치셨습니다. "진실로 진실로 네게 이르노니 사람이 거듭나지 아니하면 하나님의 나라를 볼 수 없느니라"(요 3:3). 니고데모가

◐ 이 설교는 중생을 단순한 심리적 변화로 축소하는 이해를 넘어, 그리스도와의 연합이라는 관점에서 그 본질을 새롭게 규정한다. 특히 중생 신앙은 승천절 신앙과 분리될 수 없으며, 거듭난 신자는 그리스도와 함께 죽고 함께 살아날 뿐 아니라, 더 나아가 함께 승천하여 하나님의 우편에 앉아 있는 자임을 선포한다. 그러므로 "위의 것을 찾으라", "위의 것을 생각하라"는 명령은 단순히 고상한 것을 사색하라는 권면이 아니라, 승천하신 주님을 바라보며 그분의 다스림 아래 살아가는 승천 신앙의 실천으로 이해된다. 이 설교는 바로 이러한 핵심 주제를 중심으로 본문을 선택한 대표적 사례라 할 수 있다.

이 말씀을 잘 이해하지 못하자, 예수님은 책망하시며 더욱 분명하게 말씀하셨습니다. "진실로 진실로 네게 이르노니 사람이 물과 성령으로 나지 아니하면 하나님의 나라에 들어갈 수 없느니라"(요 3:5).

참된 성도라면 누구나 중생 교리를 알고 이해해야 합니다. 예수님께서 두 번이나 반복하신 "진실로 진실로"(아멘, 아멘)라는 표현은, 이 가르침이 단순한 의견이나 선택 사항이 아니라 절대적 진리임을 강조합니다. 요지는 분명합니다. 중생은 물과 성령으로 거듭나는 것이며, 중생 없이는 하나님의 나라에 들어갈 수 없습니다. 이 문제는 영생과 직결되기에 이 땅에서의 어떤 고민보다도 더 중대한 문제입니다.

이쯤에서 자연스럽게 이런 질문이 떠오릅니다. "그렇다면 어떻게 중생할 수 있는가?" 많은 신학자들이 이 질문을 던졌지만, 예수님은 니고데모에게 그 과정을 상세히 설명하지 않으셨습니다. 대신 바람의 비유를 사용해 말씀하십니다. "바람이 임의로 불매 … 성령으로 난 사람도 다 그러하니라"(요 3:8).

예수님께서 중생을 바람에 비유하신 이유는 히브리어에서 '바람'과 '성령'이 같은 단어, 곧 '루아흐'라는 사실을 알면 이해하기 쉽습니다. 중생은 바람, 곧 숨처럼 역사하시는 성령의 사역으로 이루어지는 일입니다. 우리는 바람의 실체를 눈으로 볼 수는 없지만, 흔들리는 가지를 통해 바람이 불고 있음을 알 수 있습니다. 마찬가지로 중생 역시 성령의 보이지 않는 사역이지만, 그 외적인 열매를 통해 확인할 수 있습니다.

예수님의 가르침을 정리하면 다음과 같습니다. 첫째, 중생은 성령의 사역이며 구원에 절대적으로 필수적입니다. 중생 없는 구원은 없습니다. 둘째, 중생의 본질은 인간이 완전히 파악할 수 없습니다. 셋째, 그러나 중생의 외적인 증거를 통해 자신의 중생을 확증해야 합니다.

모든 참된 신자는 반드시 중생한 사람입니다. 그러나 이것을 당연하게 여기며 방심해서는 안 됩니다. 중생이 뿌리라면, 신자의 삶은 열매입니다. 우리는 끊임없이 자신의 삶을 통해 중생의 실제를 확인해야 합니다. 성경은 중생의 '과정'보다, 중생한 사람이 '어떻게 살아가는가'에 훨씬 더 큰 관심을 둡니다. 오늘 본문도 마찬가지입니다.

그러므로 "내가 거듭났는가?"라는 질문보다, "나는 거듭난 자답게 살고 있는가?"라는 질문이 더 중요합니다. 그럼에도 오늘날에는 "거듭났습니까?"라는 질문만을 반복하며 신자의 확신을 흔드는 이들이 있습니다. 그들은 중생을 절대적 가치로 강조하면서도, 정작 중생한 자의 삶에는 무관심합니다. 더 근본적인 문제는, 그들이 말하는 중생이 과연 성경이 말하는 중생이냐는 점입니다.

오늘 본문을 통해 중생을 올바로 이해하고, 중생한 자로서 승천하신 그리스도를 바라보며 하늘에 속한 삶을 살아가기를 소망합니다.

“그리스도와 함께”

“당신은 거듭났습니까?” “오늘 죽어도 천국에 갈 자신이 있습니까?” 이 질문 앞에서 많은 신자들이 쉽게 답하지 못합니다. “확신합니다”라고 말하면서도 어딘가 마음이 불편하고, “잘 모르겠습니다”라고 답하면 신앙이 부족한 사람처럼 느껴지기 때문입니다.

이런 당혹감은 종종 질문 자체의 결함에서 비롯됩니다. 오늘날 중생에 대한 가장 흔한 오류는 중생을 심리적 변화로 이해하는 것입니다. 곧 중생을 개과천선, 나쁜 사람이 착한 사람이 되는 정도로 해석하는 것입니다. 이런 이해 아래에서는 모태신자나 큰 방황 없이 자라온 신자들이 중생을 확신하기 어렵습니다. 예수님을 믿고 있지만, 예전과 지금 사이에 극적인 변화를 찾기 어렵기 때문입니다. 중생을 심리적 변화로만 이해하는 한, 신자는 늘 불안에서 벗어날 수 없습니다.

그러나 오늘 본문은 중생을 이해하는 가장 중요한 열쇠로 ‘함께’라는 개념을 제시합니다. 짧은 본문 안에서 “그리스도와 함께”라는 표현이 무려 세 번이나 반복됩니다(1, 3, 4절). 이는 중생을 이해할 때 그리스도를 중심에 두어야 함을 강조합니다. 그럼에도 우리는 중생을 말할 때 자주 그리스도를 밀어내고 ‘나’에게 초점을 맞춥니다. “나는 거듭났는가?” “나는 구원받았는가?” “나는 천국에 갈 수 있는가?”

하지만 '함께'라는 단어는 '나 중심'의 사고를 근본적으로 뒤집습니다. 이제 질문을 이렇게 바꾸어야 합니다. "나는 그리스도와 함께 중생했는가?" "나는 그리스도와 함께 구원받았는가?"

대부분의 성도는 예수님께서 부활하셨다는 사실을 믿습니다. 그러나 거기서 멈춘다면 그것은 역사적 믿음에 머물 뿐입니다. 그 믿음은 참일 수 있으나, 우리를 구원하는 믿음은 아닙니다.[1] 우리를 구원하는 믿음은, 나 역시 그리스도와 '함께' 부활했음을 믿는 믿음입니다. 이것을 믿지 못한다면, 그 믿음은 우리 삶과 아무런 관계를 맺지 못합니다. 우리가 중생을 확신하지 못하는 가장 큰 이유는, 그리스도와 자신을 분리해 놓기 때문입니다.

웨스트민스터 신앙고백서 제10장은 중생이 어떻게 일어나는지를 분명히 가르칩니다. 말씀이라는 외적 부르심 가운데 성령께서 역사하실 때, 우리의 지성과 마음과 의지가 변화되어 그리스도를 믿게 됩니다. 그 정확한 시점과 방식은 우리가 알지 못할 수 있습니다. 그러나 지금 우리가 참으로 그리스도를 믿고 있다면, 중생은 분명히 일어났습니다. 중생하지 않은 사람은 참된 믿음을 가질 수 없기 때문입니다.

이 믿음을 통해 우리는 그리스도와 연합되고, 그 결과 그리스도

---

1 '구원하는 믿음'에 대해서는 웨스트민스터 신앙고백서 제14장과 이성호, 『비록에서 아멘까지』, 281-293을 참조하라.

의 모든 사역에 참여하게 됩니다. 그리스도의 사역을 한마디로 요약하면 십자가이며, 십자가는 죽음과 부활로 이루어져 있습니다. 그리스도의 죽음과 부활이 신자에게 적용된 사건, 그것이 바로 중생입니다.

그리스도의 십자가가 죽음과 부활로 이루어져 있듯이, 신자의 중생 역시 죽음과 부활로 구성됩니다. 이 둘을 구분하기 위해 사(死, mortification)와 생(生, vivification)이라 부르기도 합니다. 다시 살기 위해서는 반드시 먼저 죽어야 합니다. 바울은 이미 앞에서 우리가 "그리스도와 함께 죽었다"(골 2:20, 3:3)는 사실을 강조합니다. 그러므로 중생에 대한 질문은 이렇게 바뀌어야 합니다. "나는 그리스도와 함께 죽고, 그리스도와 함께 부활했는가?"

바울은 이 두 가지 기적이 성도에게 어떻게 적용되었는지를 분명히 말합니다. "너희가 세례로 그리스도와 함께 장사되고 또 죽은 자들 가운데서 그를 일으키신 하나님의 역사를 믿음으로 말미암아 그 안에서 함께 일으키심을 받았느니라"(골 2:12). 세례는 신자가 그리스도와 함께 죽고, 그리스도와 함께 살아난 사람임을 보여 주는 가장 분명한 표지입니다.

결론적으로 이렇게 말할 수 있습니다. 그리스도의 부활을 진심으로 믿으면서 자신의 중생을 부정하는 것은 불가능합니다. 믿음은 그리스도와 우리를 하나로 묶는 연합이기 때문입니다. 그리스도의 부활을 믿으면서도 자신이 중생했음을 믿지 않는다면, 그 믿음은 반쪽짜리 믿음입니다. 그런 믿음은 우리를 구원할 수 없습니다.

정말로 그리스도의 부활을 믿는다면, 우리는 그 부활에 '함께' 참여한 사람입니다. 이미 중생했다는 사실은 너무도 분명합니다. 그렇지 않다면, 그리스도께서 부활하셨을 이유 자체가 사라지고 말기 때문입니다.

"위의 것을 추구하고, 위의 것에 집중하라"

"거듭났습니까?"라는 질문은 이제 이렇게 바뀌어야 합니다. "거듭난 사람은 어떻게 살아야 합니까?"

대개 이런 대답이 돌아옵니다. "이제는 죄를 짓지 말고, 하나님 말씀대로 착하게 살아야지요." 틀린 말은 아닙니다. 그러나 어딘가 허전합니다. 이런 대답은 중생하지 않은 사람도 어떤 계기만 주어지면 충분히 할 수 있는 말이기 때문입니다. 왜 이런 허전함이 생길까요? 이유는 분명합니다. 이 질문에서도 여전히 그리스도가 빠져 있기 때문입니다.

사도 바울은 중생한 자의 삶에 대해 다소 의외의 답을 제시합니다. "위의 것을 찾으라"(1절). "위의 것을 생각하라"(2절). 그러나 이 말씀을 "하늘의 보상을 얻기 위해 여기저기 찾아다니라"거나 "머릿속으로 천상 세계를 상상하라"는 뜻으로 이해해서는 안 됩니다. 원문의 뉘앙스를 살펴보면 '찾으라'는 추구하라, '생각하라'는 집중하라는 의미에 가깝습니다. 이것은 삶의 방향과 중심을 말하는 표현입니다.

그렇다면 중생과 '위의 것'은 어떻게 연결될까요? 많은 성도들이 이 질문에 쉽게 답하지 못합니다. 중생한 사람은 이 땅의 삶에 무관심해야 할까요? 현실을 외면하고 하늘만 바라보며 살아야 할까요? 우리가 이 연결을 어려워하는 이유 역시, 다시 그리스도를 중심에서 밀어내고 생각하기 때문입니다.

우리는 매주 사도신경을 통해 이렇게 고백합니다. "그리스도께서 부활하시고 승천하셨다." 이 고백은 무엇을 뜻합니까? 그리스도와 함께 부활한 자는 그리스도와 함께 승천한 자라는 뜻입니다. 그리스도께서 승천하셨다면, 그분과 연합한 우리는 이미 그 승천에 참여한 사람입니다.

승천하셔서 구속 사역을 완성하신 그리스도는 지금 하나님 우편에 앉아 계십니다. 이것이 의미하는 바는 분명합니다. 우리 역시 그리스도와 함께 하나님 보좌 우편에 앉아 있다는 것입니다.

우리는 대체로 "그리스도와 함께 죽었다"는 진리는 비교적 잘 받아들입니다. "그리스도와 함께 부활했다"는 고백도 어느 정도는 익숙합니다. 그러나 "그리스도와 함께 승천했다", "그리스도와 함께 하나님 우편에 앉아 있다"는 진리는 쉽게 받아들이지 못합니다. 우리의 신앙이 여전히 부활의 단계에 머물러 있기 때문입니다.

그러나 부활의 신앙은 반드시 승천의 신앙으로 자라가야 하며,

승천의 신앙은 좌정(坐定)의 신앙으로 확장되어야 합니다. 신앙이 부활에만 머물면, 우리의 관심은 자연히 다시 땅의 것으로 내려옵니다. 그러나 신앙이 부활에서 승천으로, 승천에서 좌정으로 자라갈 때, 우리는 필연적으로 위의 것을 추구하고 위의 것에 집중하는 삶으로 나아가게 됩니다. 그 이유는 단순합니다. 우리의 생명이신 그리스도께서 그곳에 계시기 때문입니다.

바울은 "그리스도는 우리의 생명"이라고 단정적으로 말합니다(4절). 예수님도 친히 "내가 곧 길이요 진리요 생명이니"(요 14:6)라고 말씀하셨습니다. 또한 바울은 우리의 생명이 "그리스도와 함께 하나님 안에 감추어졌다"고 선언합니다(3절). 이는 우리의 생명이 그리스도와 함께 있으며, 그분 안에서 완전히 보호받고 있다는 뜻입니다.

그러므로 "위의 것을 추구하고, 위의 것에 집중하라"는 말씀은 현실을 등지고 막연히 하늘만 바라보라는 권면이 아닙니다. 승천하신 주님, 우리의 생명이신 그리스도를 바라보라는 초청입니다. 그분의 뜻을 따르고, 그분을 의지하며, 그분을 삶의 중심에 두고 살아가라는 부르심입니다.

"영광 중에 나타나리라"

우리의 신앙은 승천과 좌정에서 멈추지 않습니다. 사도신경은 승천하신 그리스도께서 "저리로서", 곧 성부 하나님 우편으로부터 다시 오실 것을 고백합니다. 니케아 신경 또한 그리스도께서 "영광 중에 다시 오시며, 그의 나라는 영원무궁하다"고 선포합니다. 두 신경은 한 목소리로 그분의 재림 목적이 산 자와 죽은 자를 심판하시는 데 있음을 분명히 가르칩니다.

그렇다면 우리는 이 재림을 어떻게 이해해야 할까요? 재림은 마치 주님만 홀로 이루시는 사건처럼 보일 수 있습니다. 그러나 우리가 이미 그리스도와 함께 부활했고, 함께 승천했으며, 함께 하나님 우편에 앉아 있다면, 그 재림 또한 그리스도와 함께 참여하는 사건이 아니겠습니까? 오늘 본문이 바로 이 사실을 분명히 말합니다. "우리 생명이신 그리스도께서 나타나실 그때에 너희도 그와 함께 영광 중에 나타나리라"(4절).

오늘날 성도들이 땅의 것에 지나치게 집착하는 이유는 무엇입니까? 승천과 재림에 대한 신앙이 약해졌기 때문입니다. 그러나 주님은 반드시 오십니다. 어디에서 오십니까? 그곳에서부터, 곧 위에서부터 오십니다. 어떻게 오십니까? 영광 중에 오십니다.

그리스도의 초림은 겸손과 낮아짐으로 이루어졌습니다. 여인의 몸에서 태어나셨고, 마굿간과 구유에서 시작하셨으며, 마침내 이 땅에서 십자가에 달려 죽으셨습니다. 그리고 믿음으로 우리는 그분과 함께 이 땅에 대해 죽었습니다. 그러나 재림은 전혀 다를 것입니다. 그리스도는 영광 가운데 다시 오시며, 우리는 그분의 영광과 심판의 권세에 참여하는 자로 나타날 것입니다. 이 재림의 확신이 있다면, 우리는 땅의 것에 매달릴 이유가 없습니다.

그러므로 "위의 것을 추구하라"는 명령은 막연히 고상하고 신비한 무언가를 찾으라는 뜻이 아닙니다. 위에 계신 그리스도, 곧 우리의 생명이신 주님을 추구하라는 뜻입니다. 결국 '위'란 어떤 추상적인 공간이 아니라 그리스도께서 계신 자리입니다.

또한 "땅의 것을 생각하지 말라"는 명령은 현실의 삶을 무시하거나 도피하라는 말이 아닙니다. 바울은 곧바로 이렇게 덧붙입니다. "땅에 있는 지체를 죽이라"(5절). 그리고 그 의미를 매우 구체적으로 설명합니다. "곧 음란과 부정과 사욕과 악한 정욕과 탐심이니 탐심은 우상 숭배니라."

골로새 교인들은 그리스도를 알기 전에는 이 땅의 욕망에 묶여 살아갔습니다. 그러나 이제는 그리스도와 함께 죽었습니다. 더 이상 땅의 욕망을 따라 살 존재가 아닙니다. 이제는 위에 계신 주님께 속한 사람으로서 그분의 의와 거룩을 추구하며 살아야 합니다.

◐

"당신은 거듭났습니까?"라는 질문에 어떻게 답하시겠습니까? 중생은 본질적으로 과거에 일어난 사건이며, 성령의 신비로운 사역이기에 우리의 지성으로 완전히 파악하기 어렵습니다. 그러나 우리는 성부와 성자와 성령의 이름으로 베풀어진 세례를 통해, 우리가 거듭난 자임을 믿음으로 확신합니다.

그러나 더 중요한 질문은 현재를 향합니다. "거듭났습니까?"라는 물음은 곧 "당신은 그리스도와 함께 승천하여 하나님 우편에 있습니까?"라는 질문으로 확장되어야 합니다.

오늘 본문은 중생의 신앙이 승천의 신앙을 통해 검증된다고 가르칩니다. 중생과 승천은 구분되지만 결코 분리될 수 없습니다. 중생했으나 승천하지 않은 신자는 없고, 그리스도와 함께 승천한 자는 반드시 중생한 사람입니다. 승천은 중생한 신자에게만 주어진 복입니다. 여러분이 승천하신 주님을 바라보고, 영광 중에 다시 오실 그리스도를 기다리고 있다면, 여러분은 이미 중생한 사람입니다. 우리가 '위의 것'을 생각하지 못하는 이유는 단 하나입니다. 승천하시고 좌정하신 주님에 대한 신앙이 아직 희미하기 때문입니다.

'위'가 단순한 공간이 아니라 그리스도께서 계신 자리라는 사실을 알게 되면, 우리의 시각도 달라집니다. 구약 시대에 하나님은 성전에 임재하셨고, 성전은 하늘의 모형이었습니다. 제사장이 성전에 들어가는 것은 하늘에 들어가는 것과 같았습니다. 오늘날 이 성전은 교회입니다. 말씀이 선포되고 성례가 집행되는 곳이 바로 '위'이며, 참된 예배가 이루어지는 곳은 곧 하늘입니다.

신자들은 주일마다 이 예배의 처소에 들어갑니다. 그리고 믿음으로 승천을 경험합니다. 오직 중생한 신자만이 이 승천의 영광을 맛볼 수 있습니다. 예배 가운데 선포되는 말씀과 집행되는 성례를 통해 우리는 그리스도를 듣고, 보고, 먹습니다. 그 순간 우리는 승천의 현실 속에 참여하게 되고, 그 경험을 통해 우리의 중생을 확신하게 됩니다. 특히 성찬은 하늘의 잔치를 미리 맛보는 자리입니다.

그러므로 이제 더 이상 "나는 중생했는가?", "나는 구원받았는가?"라는 질문 앞에서 흔들리지 마십시오. 세례와 말씀과 성례가 여러분의 중생을 확증하고 있습니다.

중생은 반드시 승천-좌정-재림의 신앙으로 자라가야 합니다. 그리고 이 모든 일은 "그리스도와 함께" 이루어졌습니다. 그리스도의 사역과 우리를 분리하는 순간 우리는 구원의 확신을 잃습니다. 그러므로 위에 계신 그리스도를 바라보십시오. 그분을 추구하십시오. 그리고 그리스도와 함께 여러분도 이미 위에 있다는 사실을 믿음으로 보십시오.

비록 이 땅 위에 살고 있지만, 참된 믿음으로 하늘의 삶을 살아가는 모든 성도에게 확신과 위로가 늘 충만하기를, 성부와 성자와 성령의 이름으로 축원합니다.

종교개혁주일

한국 교회의 닻

디모데후서 3:14-17

아무리 큰 배라도 바람과 물결을 이길 수는 없습니다. 바람이 불면 배는 떠밀려 갈 수밖에 없습니다. 그래서 바다를 항해하는 배에게 가장 필요한 것은 닻입니다. 닻이 있어야 거친 파도 속에서도 제자리를 지킬 수 있습니다.

지금 한국 교회에는 거센 바람이 붑니다. 큰 물결이 끊임없이 교

◐ 이 설교는 성경의 권위와 필요성을 분명히 드러내는 대표 본문을 바탕으로, 종교개혁의 핵심 정신인 '오직 성경'을 따라 교회가 성경에 단단히 닻을 내려야 함을 강조한다. 더 나아가 말씀 사역의 중요성을 되짚고, 말씀 사역자를 세우는 신학교의 역할까지 시야를 확장한다. 바람과 파도, 물결과 풍랑, 닻이라는 이미지를 효과적으로 활용해, 청중이 설교의 핵심 메시지를 직관적으로 이해하고 오래 기억하도록 구성했다. 설교의 주제를 청중의 기억에 남게 하는 방식에 대해서는 조광현, 『질문과 함께 배우는 설교』, 69-72를 보라.

회를 때립니다. 거짓 가르침이 난무합니다. 이단이 복음을 훼손할 뿐 아니라 교회 안에서도 복음이 아닌 것이 복음인 듯 포장되기도 합니다. 그래서일까요? 하나님보다 세상을 사랑하는 이가 많아졌고, 하나님보다 자기 자신을 사랑하는 이도 많아졌습니다. 한때 복음으로 세상을 변화시키고자 했던 열정은 사그라졌고, "이제는 교회도 세상과 다를 바 없다"는 자조 섞인 말도 들려 옵니다. 교회가 세상을 변화시키기보다 오히려 세상을 닮아 가며 그 흐름에 휩쓸리는 모습입니다.

"그러나 너는"

우리는 세상의 바람과 물결에 떠밀려서는 안 됩니다. 바울은 거대한 풍랑 앞에 선 디모데에게 이렇게 말문을 엽니다. "그러나 너는…" 세상이 어디로 흘러가든, 사람들이 무엇을 좇든 디모데는 그들과 달라야 한다는 것입니다. 바람에 밀려가는 무리와 같아서는 안 된다는 말입니다. 우리도 마찬가지입니다. 많은 사람이 세상의 물결을 따라가지만, 우리는 거기에 휩쓸려서는 안 됩니다.

16세기 종교개혁은 바로 이 "그러나 너는"에서 시작되었습니다. 당시 중세 교회는 진리에서 멀어졌습니다. 성경보다 전통을 앞세웠고, 공덕과 선행으로 구원을 얻는다고 가르쳤습니다. 교회는 권력과 결탁했고 권력을 탐냈습니다. 말 그대로 교회가 세상의 바람과 파도에 휩쓸려 가고 있었습니다.

그러나 마르틴 루터는 "그러나 너는"의 길을 걸었습니다. 오직 성경, 오직 그리스도, 오직 믿음, 오직 은혜, 오직 하나님께 영광을 외쳤습니다. 종교개혁 신앙을 철회하라는 교황의 무서운 압박 앞에서 루터는 담대히 말했습니다. "내 양심은 하나님의 말씀에 사로잡혀 있습니다. 나는 내 확신을 거스를 수 없으며 거슬러서도 안 됩니다. 하나님이여, 나를 도우소서."

그러므로 개혁주의 신앙은 "그러나 너는"이라는 한마디에서 시작되었다고 할 수 있습니다. 많은 사람이 세상의 물결을 따라갑니다. 그러나 우리는 그래서는 안 됩니다. 우리도 루터처럼 "그러나 너는"의 길을 걸어야 합니다.

성경에 닻을 내리라

그렇다면 우리는 어디에 닻을 내려야 합니까? 무엇이 우리를 세상의 바람과 물결에 떠밀리지 않도록 붙들어 줄 수 있을까요?

"그러나 너는 배우고 확신한 일에 거하라"(14절). 바울은 디모데에게 새로운 비책을 제시하지 않습니다. 이미 배우고 확신한 것에 머물라고 말합니다. 바로 이어지는 15-16절이 말하는 성경입니다. 디모데는 어려서부터 성경을 배웠고 그 말씀을 신뢰했습니다. 바울은 그에게 바로 그 성경 안에 거하라고 말합니다. 성경이야말로 세상의 거센 물결에 떠내려가지 않도록 붙들어 주는 닻이기 때문입니다. 성경에 닻을 내릴 때, 우리는 바람과 파도에 휩쓸리지 않습니다.

성경의 출처가 하나님이시므로

왜 성경에 닻을 내리면 세상의 파도에 휩쓸리지 않을까요? 그 이유는 무엇보다 성경의 출처가 하나님이시기 때문입니다. "모든 성경은 하나님의 감동으로 된 것으로…"(16절).

'하나님의 감동'은 하나님께서 성경에 숨결을 불어넣으셨다는 뜻입니다. 하나님께서 아담에게 생기를 불어넣어 생명이 되게 하신 것처럼 성경에도 자신의 숨을 불어넣으셨습니다. 그래서 성경은 인간의 지적 산물이 아니라 성령의 감동으로 기록된 하나님의 말씀입니다. 베드로도 말합니다. "오직 성령의 감동하심을 받은 사람들이 하나님께 받아 말한 것임이라"(벧후 1:21).

성경은 하나님에게서 왔습니다. 성경의 궁극적 저자는 하나님이십니다. 그러므로 성경은 우리가 신뢰할 수 있고, 붙들 수 있고, 우리의 닻이 될 수 있습니다. 이 사실이 폭풍 앞에 선 우리에게 주는 의미는 분명합니다. 성경 속에서 우리는 하나님을 만납니다.

시편 19편은 말씀을 통해 드러나는 하나님의 영광을 노래합니다. 특히 7-10절에서 말씀의 성품을 이렇게 찬양합니다.

> 여호와의 율법은 완전하여 영혼을 소성시키며 여호와의 증거는 확실하여 우둔한 자를 지혜롭게 하며 여호와의 교훈은 정직하여 마음을 기쁘게 하고 여호와의 계명은 순결하여 눈을 밝게 하시도다…여호와의 법도 진실하여 다 의로우니 금 곧 많은 순금보다 더 사모할 것이며 꿀과 송이꿀보다 더 달도다.

말씀의 성품은 곧 하나님의 성품입니다. 말씀은 완전하고, 확실하며, 정직하고, 순결하고, 의롭고, 달콤합니다. 말씀은 하나님의 영광을 비추고, 우리는 성경을 통해 하나님을 알고 그분 앞에 서게 됩니다. 우리가 성경 속에 닻을 내려야 하는 이유가 바로 여기에 있습니다. 문제는 세상의 바람이 얼마나 강하냐가 아닙니다. 아무리 높은 파도라도 하나님 앞에서는 아무것도 아닙니다. 세상은 하나님의 손 아래 있고, 예수 그리스도는 이미 세상을 이기신 분입니다.

중요한 것은 우리가 무엇을 바라보느냐입니다. 세상을 바라보면 흔들리지만, 하나님을 바라보면 폭풍 속에서도 흔들리지 않습니다. 성경을 통해 하나님을 바라볼 때, 우리는 거센 바람과 물결 속에서도 든든히 설 수 있습니다.

성경은 구원에 이르게 하는 지혜가 있으므로

우리가 성경에 닻을 내려야 하는 두 번째 이유는, 성경이 예수 그리스도를 통해 얻는 구원의 지혜를 우리에게 주기 때문입니다. "성경은 능히 너로 하여금 그리스도 예수 안에 있는 믿음으로 말미암아 구원에 이르는 지혜가 있게 하느니라"(15절).

성경은 세상의 어떤 지식으로도 얻을 수 없는 지혜를 줍니다. 그 지혜는 구원으로 인도하는 길입니다. 아무리 뛰어난 지도나 철학도 구원의 길을 제시할 수 없습니다. 구원의 진리는 인간의 연구로 발견되는 것이 아니라 하나님의 계시로만 알 수 있는 진리이기 때문입니다. 하나님은 성경을 통해 이 길을 분명히 알려 주십니다. 아우구스티누스가 "톨레 레게(Tole lege, 집어 들고 읽으라)"라는 음성을 듣고 성경을 펼친 순간 방황을 끝내고 구원의 길로 들어섰듯이, 성경은 본질적으로 구원의 안내서입니다.

그러나 구원은 단순한 지식으로 이루어지지 않습니다. 구원은 오직 예수 그리스도로 말미암습니다. 그래서 성경 전체는 그리스도를 가리킵니다. 부활하신 주님은 엠마오로 가던 두 제자에게 말씀하셨습니다. "모세와 모든 선지자의 글로 시작하여 모든 성경에 쓴 바 자기에 관한 것을 자세히 설명하시니라"(눅 24:27).

구약도, 모세도, 모든 선지자도 결국 그리스도를 증언합니다. 성경의 모든 길과 모든 페이지는 우리를 예수 그리스도께로 인도합니다. 우리는 성경을 통해 그리스도를 만나고, 그분을 믿음으로 구원을 얻습니다.

디모데의 시대에도 이 단순하고 분명한 도리를 뒤흔드는 거짓 교사들이 있었습니다. 그들은 "그리스도를 믿기만 하면 구원받는다"는 복음을 지나치게 단순하다며 비웃었습니다. 자신들만이 알고 있는 특별한 영적 비밀을 배워야 구원받을 수 있다고 주장했습니다. "율법을 지켜야 한다, 할례를 받아야 한다, 금욕적으로 살아야 한다, 보다 높은 영적 체험이 필요하다"고 미혹했습니다. 이렇듯 예수 그리스도로 말미암는 구원을 부인하는 거짓 교사는 항상 존재했습니다.

지금도 마찬가지입니다. 상대주의와 다원주의는 "모든 종교는 결국 같은 길"이라고 말하며, 구원의 유일한 길이신 그리스도를 구식으로 취급합니다. 교회 안에서도 건강, 부, 번영의 복음이 득세합니다. 수많은 거짓 교리와 이단이 사람들의 마음을 혼란하게 합니다.

그러므로 우리는 더욱 성경에 닻을 내려야 합니다. 성경이 증언하는 예수 그리스도로 말미암는 구원을 굳게 붙들어야 합니다. 그리고 그리스도를 담대히 전해야 합니다. 사도 베드로가 말한 것처럼 은과 금의 능력이 아니라 우리가 가진 것, 곧 예수 그리스도를 전해야 합니다.

성경에 닻을 내리고, 성경이 전하는 그리스도의 복음을 붙드는 교회만이 세상의 거대한 바람과 파도를 이겨 낼 수 있습니다.

성경은 우리를 온전한 하나님의 사람으로

우리가 성경에 닻을 내려야 하는 또 하나의 이유가 있습니다. 성경은 구원의 지혜를 줄 뿐 아니라, 구원받은 성도가 성장해 온전한 하나님의 사람이 되도록 이끕니다. "교훈과 책망과 바르게 함과 의로 교육하기에 유익하니 이는 하나님의 사람으로 온전하게 하며 모든 선한 일을 행할 능력을 갖추게 하려 함이라"(16-17절).

그리스도를 믿어 구원받았다고 해서 곧바로 천국으로 옮겨지는 것은 아닙니다. 우리는 여전히 이 땅에 두 발을 딛고 살아야 합니다. 하나님께서 부르시는 날까지 본향을 소망하며 이 땅에서 믿음의 삶을 살아야 합니다. 그러나 이 삶이 쉽지 않다는 것을 우리는 잘 압니다. 우리 안에는 여전히 죄된 성품이 남아 있고, 세상의 유혹은 날마다 강해집니다. 디모데가 거대한 파도와 바람 앞에 서 있었던 것처럼 우리 역시 시험과 유혹의 한가운데 서 있습니다.

그래서 성경이 필요합니다. 성경은 우리를 교훈하고, 잘못을 책망하며, 비뚤어진 길을 바르게 하고, 의로 훈련합니다. 성경은 가장 뛰어난 스승이요, 가장 정직한 책망자요, 가장 정확한 교정자요, 가장 지혜로운 훈련자입니다. 성경은 결국 우리를 하나님의 사람으로 온전하게 만들며, 죄된 성품을 이기고 선한 일을 행할 능력을 갖추도록 이끌어 줍니다.

그러나 한국 교회의 현실은 어떠합니까? 적지 않은 이들의 신앙이 주일과 주중으로 나뉘어 있습니다. 주일에는 예배자로 살지만, 월요일부터는 세상 사람과 다르지 않게 살아갑니다. 생각도, 말도, 가치관도, 열망도 비신자와 크게 다르지 않습니다. 그러니 세상이 교회를 어떻게 보겠습니까? 한국 교회의 신뢰도가 떨어진다는 소식은 이제 더 이상 낯설지 않습니다.

그러므로 성경에 닻을 내려야 합니다. 성경을 읽고, 묵상하고, 암송하고, 배우며, 그 말씀이 우리 삶을 지도하도록 순종해야 합니다. 그럴 때 우리는 하나님의 사람으로 온전하게 되고, 선한 일을 행할 능력을 갖추며, 거친 파도와 바람 속에서도 흔들리지 않게 됩니다.

성경에 닻을 내리도록 권면하는 말씀 사역자

성경에 닻을 단단히 내리기 위해 우리에게 꼭 필요한 존재가 있습니다. 말씀 사역자입니다. 디모데에게는 바울이 있었습니다. 바울은 디모데에게 성경을 가르쳤고, 그 가르침 위에 계속 머물러 있으라고 반복해서 권면했습니다. 마찬가지로 우리에게도 바울과 같은 이들이 필요합니다. 성경을 가르치고, 성경에 닻을 내리라고 꾸준히 촉구하는 말씀 사역자가 필요합니다.

개혁주의 교회는 말씀 사역의 회복에서 시작되었습니다. 중세 교회는 성경보다 전통과 교황의 권위를 앞세웠고, 설교가 예배의 중심이 아니었습니다. 심지어 라틴어 설교가 대부분이었기에 일반 교인들은 설교를 들어도 이해하기 어려웠습니다.

그러나 종교개혁자들은 달랐습니다. 그들은 설교를 예배의 중심에 두었고, 말씀이 선포되는 순간 하나님께서 은혜를 베푸신다고 믿었습니다. 그래서 말씀 사역자를 가장 귀히 여겼습니다. 개혁주의 전통에서 목회자를 '하나님의 말씀의 종'이라 부른 이유가 여기에 있습니다. 지금도 다르지 않습니다. 여전히 말씀 사역이 중요하며, 말씀 사역자가 필요합니다. 세상의 거센 파도 속에서도 흔들리지 않는 교회가 되기 위해, 교회를 말씀 위에 단단히 세울 신실한 말씀 사역자가 필요합니다. 그러므로 우리는 말씀 사역자를 귀히 여기고, 그들이 맡은 사역을 흔들림 없이 감당하도록 지지하며 기도해야 합니다. 또한 교회의 말씀 사역자를 세우는 신학 교육을 후원하고, 다음 세대의 말씀 사역자를 세워 보내야 합니다.

아무리 세찬 바람이 불고 큰 파도가 일어도 닻을 내린 배는 떠내려가지 않습니다. 성경에 닻을 내립시다. 성경 속에서 세상보다 크신 하나님을 만나고, 성경이 증언하는 예수 그리스도를 붙들어 복음을 전합시다. 말씀으로 우리 삶의 길을 찾고, 말씀 사역자를 귀히 여깁시다. 그렇게 성경에 닻을 내린다면 우리 교회가 한국 교회의 닻이 될 것입니다. 흔들리고 떠밀려 가는 한국 교회를 다시 제자리로 붙들어 두는 닻이 될 것입니다.

절기와 설교, 하나님을 배우다

초판 1쇄 발행 2026년 1월 25일

지은이 이성호, 조광현

펴낸이 신은철

펴낸곳 좋은씨앗

출판등록 제4-385호(1999. 12. 21)

주소 (06753) 서울시 서초구 바우뫼로 156(양재동, 엠제이빌딩) 402호

주문전화 (02) 2057-3041 주문팩스 (02) 2057-3042

페이스북 www.facebook.com/goodseedbook

이메일 good-seed21@hanmail.net

ISBN 978-89-5874-430-6 03230